一、2021年江苏省高校哲学社会科学研究基金项目《核心素养下高校公共体育课程体系构建与路径研究》研究成果，课题编号：2021SJA0544

二、2020年江苏省学生体质健康促进研究中心基金项目《基于体能发展敏感期视角下的江苏儿童青少年力量发展特征的研究》研究成果，课题编号：2020A003

儿童青少年力量与灵敏发展敏感期的年龄特征及干预效果研究

周国海 著

吉林大学出版社

·长春·

图书在版编目（CIP）数据

儿童青少年力量与灵敏发展敏感期的年龄特征及干预效果研究/周国海著.—长春：吉林大学出版社，2021.10

ISBN 978-7-5692-9428-6

Ⅰ.①儿… Ⅱ.①周… Ⅲ.①青少年—体能—体育锻炼—研究 Ⅳ.①G808.17

中国版本图书馆CIP数据核字（2021）第225079号

书　　名	儿童青少年力量与灵敏发展敏感期的年龄特征及干预效果研究 ERTONG QINGSHAONIAN LILIANG YU LINGMIN FAZHAN MINGANQI DE NIANLING TEZHENG JI GANYU XIAOGUO YANJIU
作　　者	周国海　著
策划编辑	代红梅
责任编辑	米司琪
责任校对	安　萌
装帧设计	马静静
出版发行	吉林大学出版社
社　　址	长春市人民大街4059号
邮政编码	130021
发行电话	0431-89580028/29/21
网　　址	http://www.jlup.com.cn
电子邮箱	jldxcbs@sina.com
印　　刷	三河市德贤弘印务有限公司
开　　本	710mm×1000mm　1/16
印　　张	17
字　　数	265千字
版　　次	2022年4月　第1版
印　　次	2022年4月　第1次
书　　号	ISBN 978-7-5692-9428-6
定　　价	84.00元

版权所有　翻印必究

前　言

当前，儿童青少年的体质健康状况不容乐观，尤其是体能水平的持续下降已成为全社会共同关注的热点问题。体能是反映儿童青少年体质健康水平的关键性指标，良好的体能是一切竞技运动和身体活动的基础。儿童青少年在校时间长，且体育课作为其健康促进的主渠道，因此，学校体育课理应探寻更有效的方法和措施去促进儿童青少年体质健康水平的提高。

本书在文献综述的基础上，基于敏感期的研究视角，通过探讨儿童青少年不同年龄段的生长特点与体能发展规律，进而为提高体育课堂教学质量，更好地促进儿童青少年体质健康发展提供一定科学依据。本书在查阅体能发展敏感期相关文献的基础上，发现诸多学者从不同学科视角对儿童青少年体能发展敏感期进行过相关研究与论述，如从运动训练学视角，探讨不同年龄段儿童青少年运动能力与运动项目形成的规律；从运动生理学视角，探讨儿童青少年生长发育与体能发展的内在关联；从体质研究视角，探讨不同年龄段儿童青少年体能的特点及发展趋势。以上研究多是从理论层面进行的分析或推导，或是少数运动训练实践的案例，抑或是进行过个别年龄段、小样本且较为宏观的设计与实验干预，尚难以全面、客观地反映体能发展敏感期的特征与规律。因此，本书尝试基于敏感期的研究视角，采用横断面调查研究与实证研究相结合的方法，通过三项相互间具有逻辑性、递进性的调查研究和教学干预实验，探讨儿童青少年力量与灵敏相关指标敏感期的年龄特征及敏感期与非敏感期运动干预下的效果。

本研究发现把握儿童青少年的身体特点及体能发展的一般规律，将体能发展敏感期的相关理论与方法应用于教学实践，能有效促进儿童青少年体能水平不断提高。这项研究对于体育教学改革具有一定启示价值，认识和遵循体能发展敏感期的理论与价值，并积极付诸体育教学实践将会成为我国体育课堂教学的常见形态。令人欣喜的是，国内越来越多的学者和教师们正积极关注着体能发展敏感期的研究动态，并在体育教学、运动训练等实践环节加以应用。

  本书的出版离不开老师的指导和朋友的帮助，感谢导师季浏教授对本书研究框架、研究方法、研究内容、实验设计等方方面面的指导，导师国际化的视野、缜密的学术思维、严谨的治学态度和常年如一日的辛勤工作是我永远学习的榜样。自己有幸见证导师构建"中国健康体育课程模式"的过程，并积极地参与课程模式实施效果研究，使自己的学业能力有了长足进步。

  尽管本人对儿童青少年体能发展敏感期理论和实践研究所做的努力是刻苦的、真诚的，但由于本人学术能力和水平仍有待提高，书中难免会有偏颇之处，真诚地期待来自各方读者朋友们的批评和指正，谨致谢忱。

作者
2021年10月

目 录

1 绪 论 ... 1

  1.1 选题依据 ... 2
    1.1.1 基于学生体质健康状况持续下滑的严峻态势 ... 2
    1.1.2 体能作为学校体育与健康课程的重要维度受到国家高度重视 ... 4
    1.1.3 现代体能促进理论与方法的兴起为体能研究提供了新思路 ... 6
    1.1.4 提升体能研究科学性是学校体育与健康课程改革的必然趋势 ... 8
  1.2 研究目的和意义 ... 10
    1.2.1 研究目的 ... 10
    1.2.2 研究意义 ... 10
  1.3 研究方法 ... 11
    1.3.1 文献研究法 ... 11
    1.3.2 调查法 ... 11
    1.3.3 实验法 ... 12
    1.3.4 数理统计法 ... 12
  1.4 研究思路与技术路线 ... 12
    1.4.1 研究思路 ... 12
    1.4.2 技术路线 ... 13

2 文献综述   15

2.1 体能概念及体能与健康的关系   16
     2.1.1 体能概念的评述   16
     2.1.2 体能与健康的关系   18

2.2 敏感期研究缘起及体能发展敏感期概念的界定   22
     2.2.1 敏感期研究缘起   22
     2.2.2 体能发展敏感期概念界定   23

2.3 儿童青少年体能发展敏感期影响因素的研究   25
     2.3.1 遗传因素   26
     2.3.2 环境因素   27

2.4 儿童青少年体能发展敏感期年龄特征的研究   30
     2.4.1 敏感期年龄特征的研究   30
     2.4.2 敏感期年龄界定标准的研究   38
     2.4.3 研究评述   42

2.5 儿童青少年体能发展敏感期干预与促进的研究   44
     2.5.1 不同时间与强度运动干预效果研究   44
     2.5.2 持续性与间歇性运动干预效果研究   49
     2.5.3 运动技能与体能教学干预研究   53
     2.5.4 敏感期干预方式的研究   60
     2.5.5 敏感期干预效果是否"敏感"的研究   62
     2.5.6 研究评述   65

2.6 小结   67

3 儿童青少年力量与灵敏相关指标发展敏感期年龄的筛选：基于横断面研究   69

3.1 引言   70
3.2 调查方法   72
     3.2.1 调查对象   72

- 3.2.2 调查内容 ... 74
- 3.2.3 质量控制 ... 80
- 3.2.4 统计分析方法 ... 81
- 3.3 筛选结果 ... 81
  - 3.3.1 握力指标敏感期的筛选 ... 81
  - 3.3.2 背力指标敏感期的筛选 ... 84
  - 3.3.3 1min仰卧起坐指标敏感期的筛选 ... 87
  - 3.3.4 立定跳远指标敏感期的筛选 ... 90
  - 3.3.5 纵跳指标敏感期的筛选 ... 92
  - 3.3.6 20s反复侧跨步指标敏感期的筛选 ... 95
  - 3.3.7 往返跑(10m×4)指标敏感期的筛选 ... 98
- 3.4 分析与讨论 ... 101
  - 3.4.1 对握力指标敏感期的分析 ... 101
  - 3.4.2 对背力指标敏感期的分析 ... 103
  - 3.4.3 对仰卧起坐指标敏感期的分析 ... 105
  - 3.4.4 对立定跳远指标敏感期的分析 ... 106
  - 3.4.5 对纵跳指标敏感期的分析 ... 108
  - 3.4.6 对20s反复侧跨步指标敏感期的分析 ... 110
  - 3.4.7 对往返跑(10m×4)指标敏感期的分析 ... 112
  - 3.4.8 综合分析与讨论 ... 114
- 3.5 结论与建议 ... 115
  - 3.5.1 结论 ... 115
  - 3.5.2 建议 ... 116

4 实验一 敏感期下运动干预对儿童青少年力量与灵敏相关指标的影响研究 ... 117

- 4.1 引言 ... 118
- 4.2 实验方法 ... 121
  - 4.2.1 实验对象 ... 121

4.2.2	实验程序	122
4.2.3	实验干预方案	124
4.2.4	实验测试指标	126
4.2.5	实验仪器	127
4.2.6	统计分析方法	127

4.3 研究结果　　128

4.3.1	运动强度的监测结果	128
4.3.2	敏感期运动干预下握力的变化	130
4.3.3	敏感期运动干预下背力的变化	131
4.3.4	敏感期运动干预下1min仰卧起坐的变化	133
4.3.5	敏感期运动干预下立定跳远的变化	135
4.3.6	敏感期运动干预下纵跳的变化	137
4.3.7	敏感期运动干预下20s反复侧跨步的变化	139
4.3.8	敏感期运动干预下往返跑(10m×4)的变化	141

4.4 分析与讨论　　143

4.4.1	对儿童青少年握力的影响分析	143
4.4.2	对儿童青少年背力的影响分析	144
4.4.3	对儿童青少年1min仰卧起坐的影响分析	146
4.4.4	对儿童青少年立定跳远的影响分析	148
4.4.5	对儿童青少年纵跳的影响分析	150
4.4.6	对儿童青少年20s反复侧跨步的影响分析	152
4.4.7	对儿童青少年往返跑(10m×4)的影响分析	154
4.4.8	综合分析与讨论	157

4.5 结论与建议　　158

4.5.1	结论	158
4.5.2	建议	158

目 录

5 实验二 敏感期与非敏感期下运动干预对儿童青少年力量与灵敏相关指标的效果研究　　161

5.1　引言　　162
5.2　实验方法　　163
　　5.2.1　实验对象　　163
　　5.2.2　实验程序　　164
　　5.2.3　实验干预方案　　166
　　5.2.4　实验测试指标　　167
　　5.2.5　实验仪器　　168
　　5.2.6　统计分析方法　　168
5.3　研究结果　　169
　　5.3.1　运动强度的监测结果　　169
　　5.3.2　敏感期与非敏感期运动干预下握力的变化　　171
　　5.3.3　敏感期与非敏感期运动干预下背力的变化　　173
　　5.3.4　敏感期与非敏感期运动干预下1min仰卧起坐的变化　　176
　　5.3.5　敏感期与非敏感期运动干预下立定跳远的变化　　179
　　5.3.6　敏感期与非敏感期运动干预下纵跳的变化　　182
　　5.3.7　敏感期与非敏感期运动干预下20s反复侧跨步的变化　　184
　　5.3.8　敏感期与非敏感期运动干预下往返跑(10m×4)的变化　　187
5.4　分析与讨论　　190
　　5.4.1　对儿童青少年握力干预效果的分析　　190
　　5.4.2　对儿童青少年背力干预效果的分析　　193
　　5.4.3　对儿童青少年1min仰卧起坐干预效果的分析　　195
　　5.4.4　对儿童青少年立定跳远干预效果的分析　　197
　　5.4.5　对儿童青少年纵跳干预效果的分析　　199
　　5.4.6　对儿童青少年20s反复侧跨步干预效果的分析　　201
　　5.4.7　对儿童青少年往返跑(10m×4)干预效果的分析　　203
　　5.4.8　综合分析与讨论　　205

5.5　结论与建议　　　　　　　　　　　　　　　　207
　　　　5.5.1　结论　　　　　　　　　　　　　　　　207
　　　　5.5.2　建议　　　　　　　　　　　　　　　　208

6　研究总结　　　　　　　　　　　　　　　　　　209

　　6.1　本书做的主要工作　　　　　　　　　　　　　210
　　6.2　研究结论与建议　　　　　　　　　　　　　　212
　　　　6.2.1　研究结论　　　　　　　　　　　　　　212
　　　　6.2.2　研究建议　　　　　　　　　　　　　　213
　　6.3　研究创新与不足　　　　　　　　　　　　　　214
　　　　6.3.1　研究创新　　　　　　　　　　　　　　214
　　　　6.3.2　研究不足　　　　　　　　　　　　　　214

参考文献　　　　　　　　　　　　　　　　　　　217

附　录　　　　　　　　　　　　　　　　　　　　246

后　记　　　　　　　　　　　　　　　　　　　　256

1 绪 论

1.1 选题依据

青少年学生的身心健康、体魄强健、意志坚强、充满活力,是一个民族生命力旺盛的体现,是社会文明进步的标志,是国家综合实力的重要方面。[①]然而,自1985年以来全国多民族大规模的学生体质与健康调查研究结果表明:近30年来,儿童青少年身体形态、机能和身体素质的发展极不平衡,体质健康状况严重滑坡,尤其是反映体能的诸多指标(速度、力量、耐力等)持续下降。[②]教育部原部长袁贵仁在谈到青少年体质健康时曾说:体质不强何谈栋梁。[③]因此,当前儿童青少年体能促进研究与实施过程中存在哪些问题,如何破解这些问题,是本书重点研究的问题。基于上述背景,通过查阅儿童青少年体能研究相关的国家政策、国内外文献及诸多研究成果为本书的开展提供了依据。

1.1.1 基于学生体质健康状况持续下滑的严峻态势

20世纪50年代,人类开始步入知识经济时代和信息社会,激烈的社会竞争和快节奏的生活方式,使人们没有充足的时间进行身体锻炼,从而导致身

---

① 中共中央、国务院.关于加强青少年体育增强青少年体质的意见[Z]. 2007-05-07.
② 邢文华.中国青少年体质的现状及加强青少年体育的紧迫性[J]. 青少年体育, 2012(1): 5-6.
③ 张春丽.体质不强,何谈栋梁[N]. 光明日报, 2013-01-16(014).

体活动严重不足，体能水平不断下降。① 耐克公司于2012年发布的一部黑皮书《体能活动纲领》指出：人类的体能活动水平已经出现了大幅度的下降，美国从1961—2009年，在不到两代人的时间里，体能活动下降了32%，预计到2030年将下降46%；与此同时，中国预计分别下降45%与51%。② 值得关注的是，儿童青少年目前已经成为体力活动不足的高发人群，据2010年的《长江日报》刊载，日本儿童青少年体育研究所曾对中、美、日三国的初中和高中的学生参与课外体育活动率调查排序显示，日本的初中生为65.4%，美国为62.8%，中国为8%；美国的高中生为53.3%，日本为34.5%，中国为15%，显示我国初中生和高中生参与课外体育活动率均远远低于日本和美国。③

已有研究证明，儿童青少年体质健康水平持续滑坡的主要原因为身体活动的严重不足，国际著名的运动流行病学专家Steven Blair认为身体活动不足将成为21世纪最大的公共卫生问题。④ 2009年，世界卫生组织（World Health Organization，WHO）指出，身体活动不足已经成为全球范围内导致死亡的第四位危险因素（占全球死亡归因的6%），依据世界卫生组织推断，全球每年有大约300多万人的死亡是由于身体活动不足所导致。⑤ 有研究证实，因身体活动不足而导致的健康问题对国家公共医疗财政造成巨大经济负担。据权威机构测算：2008年，我国因身体活动不足而造成的经济损失达到200亿美元，占当年医疗保健总值的1/3。⑥ 据2014年学生体质与健康调研数据结果显示，对比2010年，尽管我国城乡学生在身体形态、身体机能及发育状况上继续呈现上升的态势，中小学生体能的一些指标有稳中向好的趋势，但总体来

---

① 乔玉成. 进化·退化：人类体质的演变及其成因分析——体质人类学视角[J]. 体育科学，2011，31（6）：87-97.
② 王登峰. 学校体育的困局与破局——王登峰同志在天津市学校体育工作会议上的报告（摘登）[J]. 中国学校体育，2013（4）：6-12.
③ 王晓易. 金牌赚了一大堆体质输了一大截[N]. 长江日报，2010-10-29.
④ BLAIR SN. Physical inactivity: the biggest public health problem of the 21st century[J]. British Journal of Sports Medicine, 2009, 43（1）：1.
⑤ WHO. Global health risk[R]. 2004.
⑥ 王登峰. 强健体魄健全人格——学校体育改革总体思路与路径[J]. 中国德育，2014（4）：7.

看依然不容乐观，特别是学生力量与耐力令人担忧。另外，视力不良检出率仍然居高不下，继续呈现低龄化趋势；各年龄段学生的肥胖检出率持续上升。①

钟南山院士曾指出："青少年体质健康下降是一个全球性难题，美、日、韩等国都先后出现过类似情况，但他们已经迈出第一步，而现在我国青少年的体质健康也正处于持续下滑的阶段。"②有学者认为：全球学生"体能和运动技能退化"已是一个不争的事实，其"成年后果"也已清晰可见。我们只知"大势将至"，却不知"未来"已经到来！少年退化，何来家国强盛？③

1.1.2 体能作为学校体育与健康课程的重要维度受到国家高度重视

《国家中长期教育改革和发展规划纲要（2010—2020年）》明确指出："加强体育，牢固树立健康第一的思想，确保学生体育课程和课余体育活动时间，提高体育教学质量，加强心理健康教育，促进学生身心健康、体魄强健、意志坚强。"④党的十八届三中全会通过的《中共中央关于全面深化改革若干重大问题的决定》也强调："强化体育课和课外锻炼，促进青少年身心健康、体魄强健。"⑤国家相关重要政策文件的颁布与实施，给我国学校体育

---

① 教育部.2014年全国学生体质与健康调研结果[J].中国学校卫生，2011，32（9）：1024-1026.

② 新浪网.忧青少年体质持续滑坡[EB/OL].（2007-02-15）[2007-02-15].http://news.sina.com.cn/c/2007-02-15/082011248007s.shtml.

③ 搜狐网.南京体院王正伦教授：我们要重新认识"学校体育"！[EB/OL].（2017-08-25）[2017-08-25].http://www.sohu.com/a/167197213_613653.

④ 《教育规划纲要》工作小组办公室.教育规划纲要学习辅导百问[M].北京：教育科学出版社，2010：14.

⑤ 编写组.党的十八届三中全会《决定》学习辅导百问[M].北京：党建读物出版社，2013：37.

健康发展带来了历史性的机遇和挑战。

体育课程在近现代中国的起步与发展都承载着强烈的社会使命。1930年，蔡元培先生曾寄语当代学生：要有"狮子样的体力，猴子样的敏捷，骆驼样的精神"[①]。新中国成立初期，毛泽东就提出了"身体好，学习好，工作好"和"健康第一，学习第二"等理念。1979年5月，北体大徐超英教授在第一次全国学校体育卫生工作会议（"扬州会议"）上正式提出"体质教育"思想，指出学校体育工作的重要任务是增进健康，促进青少年学生体质发展。体能"课课练"正是基于当时社会背景下提出并付诸实施。21世纪以来，《义务教育体育与健康课程标准（2011年版）解读》在中小学（水平一至水平四）的身体健康学习方面明确提出"全面发展体能与健身能力"的目标；[②]2017年，新颁布的《普通高中体育与健康课程标准（2017年版）》将"运动能力""健康行为""体育品德"作为体育与健康课程的三大核心素养，而"体能"作为"运动能力"的主要方面，已经成为高中阶段学生的"必修必学"模块。[③]纵观我国体育课程标准演变与发展，不难发现，促进儿童青少年体质健康发展已经成为新时代体育与健康课程永恒的价值追求。据2010年日本文部科学省公布的国民运动能力及体力状况调查显示，2010年日本儿童青少年体能状况达到1998年以来的最高水平，日本文部科学省将儿童青少年体质的提高归功于学校体育课程改革。[④]尽管儿童青少年体质滑坡的归因很多，学校体育也难以承担全部责任，但学校体育作为提升儿童青少年体质又是最有保证、最有力度、最为有效的途径，决不能推卸应有的责任。[⑤]

---

① 搜狐网.蔡元培：青年人要有狮子样的体力，猴子样的敏捷，骆驼样的精神[EB/OL].（2018-02-13）[2018-02-13]. https://www.sohu.com/a/222510547_529012.

② 杨文轩，季浏.义务教育体育与健康课程标准（2011年版）解读[M].北京：高等教育出版社，2012：119.

③ 季浏，钟秉枢.普通高中体育与健康课程标准（2017年版）解读[M].北京：高等教育出版社，2017：91-95.

④ 梁月红，崔颖波.日本小学体育课教学内容对我国的启示[J].体育学刊，2014（2）：75-80.

⑤ 杨文轩.认真思考深化研究努力实践推动新时期我国学校体育大发展[J].体育学刊，2013（5）：1-2.

因此，季浏教授认为想要充分发挥体育课健身育人的独特价值，凸显体育学科的不可替代性，迫切需要改革传统的体育教育理念与教学方式，倡导"以学生发展为中心"的课程理念，把学生的健康发展作为本课程设计和实施的出发点和落脚点，把体育课从"三无"改成"三有"，让体育课回归应有的健康体育课堂形态，让体育运动在校内和校外同时"开花"，促进青少年学生身心健康、快乐成长。①

1.1.3 现代体能促进理论与方法的兴起为体能研究提供了新思路

20世纪50年代以来，全球范围内儿童青少年体质健康状况严重滑坡，尤其是体能水平的持续下降已经成为不争的事实。面对困境，各国先后出台系列旨在促进儿童青少年体质健康的政策及措施，意图扭转当下困局。②如美国"总统挑战杯"③（The President's Councilon Fitness，Sports & Nutrition，1966），CATCH研究项目④（Children and Adolescent Trial for Cardiovascular Health，1991），美国第一夫人米歇尔·奥巴马发起并创立"活力校园"⑤（Let's Move！Active Schools，LMAS，2010），美国的《健康公民2020》⑥

---

① 张鹏．"三无"体育课如何"育人"[N]．文汇报，2016-10-30（003）．

② 周国海，季浏，尹小俭．儿童青少年体能发展敏感期相关热点问题[J]．成都体育学院学报，2016，42（6）：114-120．

③ CHALLENGE T P．President's Council on Fitness，Sports，and Nutrition[R]．2015．

④ OSGANIAN S K，PARCEL G S，STONE E J．Institutionalization of a school health promotion program：background and rationale of the CATCH-ON study[J]．Health Educ Behav，2003，30（4）：410-417．

⑤ WOJCICKI J M，HEYMAN M B．Let's Move-childhood obesity prevention from pregnancy and infancy onward．[J]．New England Journal of Medicine，2010，362（16）：1457-1459．

⑥ ULTON J E，WARGO J，LOUSTALOT F．Healthy People 2020：Physical Activity Objectives for the Future[J]．Presidents Council on Physical Fitness & Sports Research Digest，2011．

（Healthy People 2020），体育创新计划[①]（Designed to Move，2013），运动是良药[②]（Exercise is Medicine），巴西"传递的足球"[③]（lnstituto Bola Pra Frcntc，2000），日本提出"体育振兴基本计划"[④]（2006年修订），中国提出"全国亿万学生阳光体育活动"[⑤]（2007）等。不仅如此，为积极引导儿童少年进行科学锻炼，欧美许多国家举全国之力纷纷致力于基于儿童青少年的身体活动指南研制。如2008年10月7日，美国联邦政府在全球率先发布的《2008美国国民体力活动指南》推荐：儿童青少年每天参加不少于60min中高强度身体活动，每周至少3次力量性练习。[⑥]随后新西兰、澳大利亚、新加坡、英国、加拿大等国家纷纷出台了基于本国的儿童青少年身体活动指南。我国于2018年1月首次颁布的《中国儿童青少年身体活动指南》亦推荐：儿童青少年每天至少累计达到60min的中高强度身体活动，包括每周至少3天的高强度身体活动和增强肌肉力量、骨骼健康的抗阻活动。[⑦]

21世纪以来，在许多体育发达国家，体能相关专业设置及体能专业人才的培养逐渐成为各国体育教育中的关注点，体能教练员已成为竞技体育训练中的一种职业。中国在2008年北京奥运会和2012年伦敦奥运会的备战过程及取得的优异成绩来看，离不开世界范围内许多发达国家高水平体能训练与康

---

① NIKE. Designed to Move[R]. Beaverton，2013.
② SALLIS R E. Exercise is medicine and physicians need to prescribe it![J]. British Journal of Sports Medicine，2009，43（1）：3.
③ SUSANA. Instituto Bola Pra Frente, no Rio; na busca por umplacar social justo[EB/OL].（2012-07-01）[2012-07-01]. http: //redeglobo，globo，com/esporte-cidadania/noticia/2012/11/instituto-bola-pra-lrente-no-rio-na-busca-pot-um-placat-social-justo，html.
④ 周爱光. 日本体育政策的新动向——《体育振兴基本计划》解析[J]. 体育学刊，2007，14（2）：16-19.
⑤ 中国政府网. 教育部发出开展全国亿万学生阳光体育运动的通知[EB/OL].（2006-12-25）[2006-12-25]. http: //www. gov. cn/gzdt/2006-12/25/content_477488. htm.
⑥ 2008 Physical Activity Guidelines for Americans[R]. U. S Department of Health and Human Services，2008.
⑦ 张云婷，马生霞，陈畅，等. 中国儿童青少年身体活动指南[J]. 中国循证儿科杂志，2017，12（6）：401-409.

复医疗的经验与做法。[①]由此可见，在我国成人体能训练中取得成功案例及其宝贵经验带来了训练理念的不断革新，必将对儿童青少年体能促进与发展提供科学指导与实践路径。

1.1.4 提升体能研究科学性是学校体育与健康课程改革的必然趋势

  体育学科作为我国中小学阶段的一门必修课程，长期以来存在困扰我国学校体育发展的三个现象："学生喜欢体育活动却不喜欢体育课""中国学生学了12年的体育课却一项运动也未掌握""我国学生体质健康水平30多年持续下降"。[②]究其原因，莫衷一是。不过，回望学校体育教学发展历程或许会有触动。首先，当前广泛关注的体育课程内容一体化问题。教育部体卫艺司原司长杨贵仁认为我国14年的大、中、小学的体育与健康课程缺少有效衔接，缺少从学生身心发展特点、运动技能与体能发展的规律进行整体深层布局，形成了松散、脱节、无序的状态，从而出现"铁路警察各管一段"的现象，势必导致低水平的重复。[③]其次，体育课堂的"失范"问题。季浏教授将当下的体育课比作"三无"课堂，就是"无运动量""无战术""无比赛"。[④]体育课上不出汗，运动负荷不达标，就难以提高学生体能水平；一节课上只教学生"单个技术"，而不强调结构化运动技能的教学，结果学了12~14年的单个技术，一项完整的运动项目都没学会；体育课堂中缺乏比赛及对抗，就难以真正地培养学生的意志品质、团队精神和对规则的了解与

---

① 陈小平，褚云芳，纪晓楠.竞技体能训练理论与实践热点及启示[J].体育科学，2014（2）：3-10.
② 季浏.中国健康体育课程模式的思考与构建[J].北京体育大学学报，2015，38（9）：72-80.
③ 陈国成.对大中小学体育教学衔接问题的研究[J].北京体育大学学报，2004，27（8）：1105-1106.
④ 张鹏."三无"体育课如何"育人"[N].文汇报，2016-10-30（003）.

掌握。[1]再次,体育课程教学评价中的"失真"问题。在当今应试教育背景下,学校体育形同鸡肋,从而出现领导"说起来重要、做起来次要、忙起来不要"的短视,教师"考什么,教什么""测什么,练什么"的轻视,学生"学好学差一个样"的漠视。因此,出现轻视体育教学也就不足为奇。究其原因,主要是对体育学科研究不够透彻,缺乏对不同学段学生身心发展特点、体能与运动技能形成规律进行深层次的研究。国务院办公厅发布的《关于强化学校体育促进学生身心健康全面发展的意见》(国办发〔2016〕27号)指出:"体育教学要加强健康知识教育,注重运动技能学习,科学安排运动负荷,重视实践练习。"[2]由此可见,当前"付出与收获"不匹配现象较为突出,儿童青少年学生体能促进中的三个核心问题依然没有得到有效的解决,即"练什么""怎么练""练多少"。[3]正如Slava所言:培养学生终身体育意识,养成良好锻炼习惯应成为学校体育的重要关注点,通过帮助学生"构筑体能"而不是"给予学生体能"。[4]这是为了达成重要的公共健康的目标,也是为了促进学生的锻炼,不是某些具体动作的训练。[5]因此,随着体育课程改革的不断深入,积极探索有助于儿童青少年体能发展的理论与实践路径显得尤为重要,意义深远。

---

[1] 季浏. 中国健康体育课程模式的思考与构建[J]. 北京体育大学学报, 2015, 38(09): 72-80.

[2] 中国政府网. 关于强化学校体育促进学生身心健康全面发展的意见[EB/OL].(2016-05-06)[2016-05-06]. http://www.gov.cn/zhengce/content/2016-05/06/content_5070778.htm.

[3] 国家体育总局训练局. 青少年体能训练大纲[M]. 北京:人民体育出版社, 2010:8.

[4] SLAVA S, LAURIE D R, CORBIN C B. Long-Term Effects of a Conceptual Physical Education Program[J]. Research Quarterly for Exercise and Sport, 1984, 55(2): 161-168.

[5] BRYNTESON P, ADAMS T M. The Effects of Conceptually Based Physical Education Programs on Attitudes and Exercise Habits of College Alumni after 2 to 11 Years of Follow-Up[J]. Research Quarterly for Exercise and Sport, 1993, 64(2): 208-212.

1.2 研究目的和意义

1.2.1 研究目的

本书基于横断面调查研究，对7~18岁儿童青少年力量与灵敏7项指标的发展敏感期的年龄进行筛选，在此基础上，探讨敏感期下运动干预对儿童青少年力量与灵敏相关指标的影响，及敏感期与非敏感期下运动干预对儿童青少年力量与灵敏相关指标干预效果的比较研究，从而为促进儿童青少年体能的科学有效发展，丰富体育教学实践提供一定的依据与策略。

1.2.2 研究意义

（1）理论意义。我国学校体育始终贯彻"以学生发展为中心"的课程理念，坚持"健康第一"的指导思想，不断探索更多科学有效的方法和措施促进儿童青少年的身心健康。本书是在基础教育阶段，立足于真实的体育课堂情境，探讨不同年龄段儿童青少年的体能发展敏感期的年龄特征，进而通过运动干预明确体能发展敏感期的实践效果与规律。探讨以儿童青少年体能发展敏感期为主线，对于深化基础教育体育课程改革，科学建构基础教育体育课程体能教学内容体系做出微小的贡献。

（2）实践意义。通过探讨敏感期的筛选方法、设计敏感期的运动干预方式、制定敏感期与非敏感期的实验干预方案等，有助于科学有效地把握儿童青少年体能发展敏感期的年龄特征与一般规律，突出体能发展敏感期在体育教学实践中的应用价值。同时，在实验设计环节，不同年龄段的儿童青少年运动技能与体能的实验干预方案对中小学一线体育教师有一定的应用价值，有助于体育课堂教学质量的提高。

1.3 研究方法

1.3.1 文献研究法

本书主要通过以下方式查找国内外有关体能、体能促进、敏感期及体能发展敏感期相关的文献资料。（1）书籍资料主要通过图书馆馆藏获取，在中国国家图书馆、上海图书馆、华东师范大学图书馆、南京图书馆及南京师范大学图书馆借阅，也有通过网络平台购买的部分专业书籍。（2）期刊资料主要从Web of Science、EBSCO、Medline、PubMed、Google Scholar、百度学术、中国知网、万方数据库等网络数据资源获取。

1.3.2 调查法

本书以横断面调查研究为基础，以某市六所中小学7～18岁3 953名（男生为1 972人，女生为1 981人）儿童青少年为调查对象，对儿童青少年的力量与灵敏7项指标进行测量，进而筛选出力量与灵敏7项指标的体能发展敏感期的年龄，为后续的实验研究做准备。

1.3.3 实验法

本书由两个实验部分组成。实验一主要探讨敏感期下运动干预对儿童青少年力量与灵敏相关指标的干预效果；实验二主要探讨敏感期与非敏感期下运动干预对儿童青少年力量与灵敏相关指标的干预效果。两个阶段的实验研究均在实验干预前，进行力量与灵敏相关指标的前测，实验干预结束后，完成力量与灵敏相关指标的后测，采用相应的统计方法，分析在运动干预下儿童青少年力量与灵敏相关指标的干预效果，进而形成研究结论，提出研究建议。

1.3.4 数理统计法

本书主要运用SPSS23.0统计软件，对实验数据的均值与标准差等进行描述性统计分析、配对样本T检验、单因素方差分析和协方差分析等统计学方法。

1.4 研究思路与技术路线

1.4.1 研究思路

通过查阅相关文献，发现敏感期对于儿童青少年体质健康的促进，特别是体能的发展具有理论支撑与实践应用价值。而在当前我国儿童青少年体质健康状况和体能发展水平持续下滑的严峻形势下，研究我国儿童青少年体能发展敏感期的特征情况，进而通过设计适宜的运动干预方案以促进儿童青少年体能发展具有重要价值。基于当下背景，本书不禁思考以下几个问题：

> 国内外儿童青少年体能发展敏感期的研究进展如何？其研究不足、热点及今后的研究趋势如何？
> 国内外儿童青少年体能发展敏感期年龄的界定标准是什么？界定标准是否一致？如不一致，界定标准有何差异？
> 促进儿童青少年身心健康及体能发展的运动干预方式的研究进展如何？
> 敏感期下运动干预对儿童青少年不同体能指标干预的效果如何？
> 敏感期与非敏感期下运动干预对儿童青少年不同体能指标干预的效果如何？

基于上述五个方面的问题，本书的具体研究思路是：（1）梳理国内外儿童青少年体能发展敏感期理论层面与实践层面的相关文献，为本书后续研究奠定基础。（2）梳理国内外儿童青少年体能发展敏感期年龄的界定标准，确定本书中敏感期年龄的界定标准，以此对儿童青少年体能发展敏感期的年龄进行筛选，明确不同体能发展敏感期的年龄特征。（3）通过梳理国内外促进儿童青少年身心健康及体能发展的运动干预方式，为本书中敏感期的实验运动干预方式提供科学依据。（4）探讨敏感期下运动干预对儿童青少年力量与灵敏体能相关指标的干预效果。（5）探讨敏感期与非敏感期下运动干预对儿童青少年力量与灵敏体能相关指标的干预效果。

1.4.2　技术路线

技术路线图如图1-1所示。

儿童青少年力量与灵敏发展敏感期的年龄特征及干预效果研究

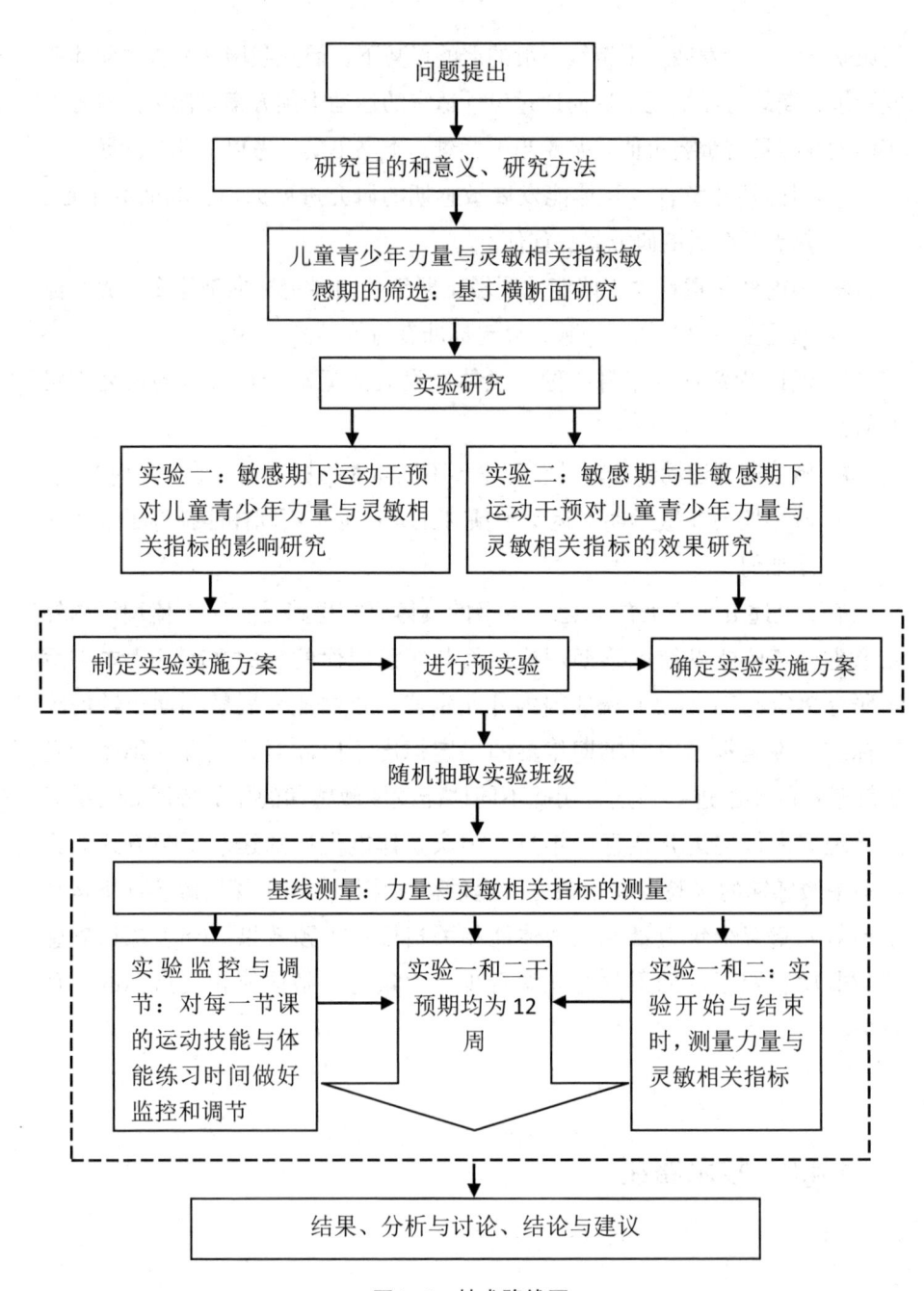

```
                    ┌─────────────┐
                    │  问题提出    │
                    └──────┬──────┘
                           ↓
              ┌─────────────────────────┐
              │ 研究目的和意义、研究方法 │
              └────────────┬────────────┘
                           ↓
           ┌───────────────────────────────┐
           │ 儿童青少年力量与灵敏相关指标敏 │
           │   感期的筛选：基于横断面研究   │
           └───────────────┬───────────────┘
                           ↓
                    ┌─────────────┐
                    │  实验研究    │
                    └──────┬──────┘
                ┌──────────┴──────────┐
                ↓                     ↓
      ┌──────────────────┐  ┌──────────────────────┐
      │ 实验一：敏感期下 │  │ 实验二：敏感期与非敏 │
      │ 运动干预对儿童青 │  │ 感期下运动干预对儿童 │
      │ 少年力量与灵敏相 │  │ 青少年力量与灵敏相关 │
      │ 关指标的影响研究 │  │   指标的效果研究     │
      └────────┬─────────┘  └──────────┬───────────┘
               └─────────────┬─────────┘
    ┌ ─ ─ ─ ─ ─ ─ ─ ─ ─ ─ ─ ─┼─ ─ ─ ─ ─ ─ ─ ─ ─ ─ ─ ┐
    │   ┌──────────────┐  ┌──────────┐  ┌──────────────┐  │
    │   │制定实验实施方案│→│进行预实验│→│确定实验实施方案│  │
    │   └──────────────┘  └──────────┘  └──────────────┘  │
    └ ─ ─ ─ ─ ─ ─ ─ ─ ─ ─ ─ ─┬─ ─ ─ ─ ─ ─ ─ ─ ─ ─ ─ ┘
                             ↓
                    ┌──────────────────┐
                    │  随机抽取实验班级 │
                    └─────────┬────────┘
    ┌ ─ ─ ─ ─ ─ ─ ─ ─ ─ ─ ─ ─┼─ ─ ─ ─ ─ ─ ─ ─ ─ ─ ─ ┐
    │        ┌────────────────────────────────┐         │
    │        │ 基线测量：力量与灵敏相关指标的测量 │         │
    │        └────────────────┬───────────────┘         │
    │   ┌────────────┐ ┌────────────┐ ┌────────────┐   │
    │   │实验监控与调 │ │实验一和二干 │ │实验一和二：│   │
    │   │节：对每一节课│ │预期均为12  │ │实验开始与结│   │
    │   │的运动技能与体│→│    周      │←│束时，测量力 │   │
    │   │能练习时间做好│ │            │ │量与灵敏相关│   │
    │   │监控和调节   │ │            │ │    指标    │   │
    │   └────────────┘ └─────┬──────┘ └────────────┘   │
    └ ─ ─ ─ ─ ─ ─ ─ ─ ─ ─ ─ ─┼─ ─ ─ ─ ─ ─ ─ ─ ─ ─ ─ ┘
                             ↓
              ┌──────────────────────────────┐
              │ 结果、分析与讨论、结论与建议 │
              └──────────────────────────────┘
```

图1-1　技术路线图

14

2

文献综述

2.1　体能概念及体能与健康的关系

2.1.1　体能概念的评述

概念是研究的逻辑起点，只有明确了研究的核心概念，才能明确研究的范畴。当前，随着体能研究在全球范围内的不断深入，体能概念在不同时期、不同区域、不同学科领域呈现出不同的解释与界定。因此，立足本书目标，通过查找、梳理及有效整合体能的相关概念，将有助于本书对体能概念的界定。

2.1.1.1　国外学者对体能概念的界定

体能也叫体适能，最初源于美国体育学界，是指人体适应外界环境的能力。在英文文献中，"体能"常被表达为"physical fitness、physical ability、physical capacity、physical performance、motor performance、physical condition"等。其中"体能"以"physical fitness"的表述较为广泛。[1]

20世纪50年代，由美国健康体育娱乐协会率先制定并开始实施国家青年适应能力测试（national youth fitness test），体适能的概念随之得以应用。[2]

---

[1] 周国海，季浏，尹小俭.儿童青少年体能发展敏感期相关热点问题[J].成都体育学院学报，2016，42（06）：114-120.

[2] 武海潭.体育课不同运动负荷组合方式对少年儿童健康体适能及情绪状态影响的实验研究[D].上海：华东师范大学，2014.

1971年，美国总统体能与竞技委员会将体适能定义为：每天以饱满的精力去参与工作而不感觉过度的劳累；以愉悦的精神和充足的活力去享受休闲活动，并能轻松地应对突发状况。[1]世界卫生组织（World Health Organization，WHO）将其定义为：在完成自身的日常工作后，机体不会感觉过度的疲倦，还有剩余的精力去享受闲暇，并能应对突发事件。[2]1985年，美国学者Caspersen对体适能进行了分类：一类是与机体健康相关的体适能，一类是与运动相关的体适能，称之为体适能的"二分类体系"。[3]美国体适能与竞技体育总统委员会于1997年将体适能"二分类体系"扩展为"三分类体系"，即健康体适能、运动体适能和生理体适能。[4]Greg Payne等指出体能是由多个维度组成的一个整体，内容涉及身体及生理的多项指标，表现为身体形态、心肺功能、肌肉素质、动作素质及新陈代谢能力。[5]2014年，美国运动医学学会出版的《ACSM运动测试与运动处方指南（第九版）》中指出：体能是指个体拥有或获得与完成体力活动能力相关的一组要素或特征。通常划分为健康相关和技术相关体适能。[6]

2.1.1.2　国内学者对体能概念的界定

何雪德等通过梳理"体能"一词在文献中出现的次数和时间，预测出体能概念的提出要晚于田麦久先生的项群理论。[7]王兴等认为体能是专项运动

---

[1] 邓树勋，王健.高级运动生理学——理论与应用[M].北京：高等教育出版社，2003：56-59.

[2] 王健，何秀玉.健康体适能[M].北京：高等教育出版社，2010：07.

[3] CASPERSEN C J, POWELL K E, CHRISTENSON G M. Physical activity, exercise, and physical fitness: definitions and distinctions for health-related research[J]. PublicHealth Rep, 1985, 100（2）: 126-131.

[4] 王健，何玉秀.健康体适能[M].北京：高等教育出版社，2010.

[5] 耿培新，梁国立.人类动作发展概论[M].北京：人民教育出版社，2008：423.

[6] 美国运动医学学会；ACSM运动测试与运动处方指南（第九版）[M].王正珍，等译.北京：北京体育大学出版社，2014：2.

[7] 何雪德，龚波，刘喜林.体能概念的发展演绎着新时期训练思维的整合[J].南京体育学院学报（社会科学版），2005（1）：9-13.

能力与体力的综合。专项运动能力是指在活动或竞赛的真实情境下，掌握运用各种技战术水平的能力，体力则是身体素质本身的潜力。[①]季浏等认为体能即体适能。它由与健康相关的和与动作技能相关的体能所构成，健康体适能包括肌肉耐力与力量、心肺耐力、柔韧性和身体成分等，动作技能体适能是人体运动时的速度、力量、灵敏性、协调性、平衡和反应时等。[②]《运动训练学》将其定义为：体能是通过力量、速度、耐力、协调、柔韧、灵敏等的素质表现出来的人体基本的运动能力，是运动员竞技能力所不可或缺的因素。[③]

国内外学者对于体能概念的不同认识与理解，反映出一定时期内体能概念的不断发展与演变过程。可以归纳为下几点：（1）从结构上分析，体能包括与健康相关的体能及与运动技能相关的体能。（2）从维度上分析，体能主要有身体形态、身体机能、身体成分及运动能力等。（3）从构成要素上看，体能包括与健康相关的体能（肌肉力量、肌肉耐力、心肺耐力、柔韧性和身体成分等）和与技能相关的体能（力量、速度、协调性、灵敏、反应时和平衡等）。（4）从影响因素分析，体能的影响因素包括遗传、环境、心理及运动技能发展水平等。

在对体能概念进行梳理分析的基础上，结合研究对象、研究任务及研究目标的需要，本书中的体能为健康相关体能与动作技能相关体能的综合体，其中，与健康相关体能的主要研究内容为身体形态及身体成分等，与动作技能相关体能的主要研究内容为力量与灵敏等。

2.1.2 体能与健康的关系

早在公元前400年，古希腊医学家希波克拉底（Hippocrates of Kos）在

---

① 王兴, 蔡犁, 吴雪萍, 罗慧慧, 刘海荣. 对竞技运动中体能训练若干问题的认识[J]. 上海体育学院学报, 1998（1）: 30-33, 39.

② 季浏, 孙麒麟. 体育与健康[M]. 上海: 华东师范大学出版社, 2001: 7-9.

③ 田麦久, 刘大庆. 运动训练学[M]. 北京: 人民体育出版社, 2012: 118-119.

《希波克拉底文集》中,从朴素唯物主义的视角提出了"体液学说",指出人体是由血液、黏液、黄疸和黑胆4种体液组成,论证了人体的体质成分与人体疾病之间的关系,并提出"体育锻炼是实现健康生活的根本手段"。[1]中国古代学者十分强调养生术,其中主要哲学思想早就有明确的表述,如《黄帝内经》中描述了生命活动、人体体质的存在、发展及其相互关系。且进一步指出,凡人的五脏六腑、气血、意志、形神相通、身心统一、意志调和为无病之人,反之则为病患。[2]由此可知,体能、体质与健康之间关系密切,不可割裂。体质是静态存在的,它是身体质量的体现;体能是身体适应的一种能力,是一种适应力的存在;健康是一种状态体现,三者既有联系,又有差异。[3]

2.1.2.1 生理

有研究表明,身体活动不足和较低体能水平直接或间接增加了许多慢性疾病发生的风险,甚至直接影响着人的寿命,导致早亡率的增加。[4][5][6][7]Bond等研究发现,高强度间歇性运动对超重和肥胖儿童青少年的心肺功能和心脏

---

[1] 陈佩杰. 运动与健康促进[J]. 体育科研, 2003, 24 (1): 46–48.

[2] 肖夕君. 体质、健康和体适能的概念及关系[J]. 中国临床康复, 2006 (20): 146–148.

[3] 于涛, 魏丕勇. "健康"语境中的"体质"概念辨析[J]. 天津体育学院学报, 2008, 23 (2): 134–136.

[4] 谌晓安, 王人卫, 白晋湘. 体力活动、体适能与健康促进研究进展[J]. 中国运动医学杂志, 2012, 31 (4): 363–372.

[5] EKELUND U, BRAGE S, FRANKS PW, et al. Physical activity en-ergy expenditure predicts progression toward the metabolicsyndro me independently of aerobic fitness in middle-agedhealthy caucasians[J]. Diabetes Care, 2005, 28 (5): 1195–1200.

[6] WARBURTON D, GLEDHILL N, QUINNEY A. The effects of changes in musculoskeletal fitness on health.[J]. Canadian Journal of Applied Physiology, 2001, 26(2):161–216.

[7] STEVENS. Fitness and Fatness as Predictors of Mortality from All Causes and from Cardiovascular Disease in Men and Women in the Lipid Research Clinics Study[J]. American Journal of Epidemiology, 2002, 156(9):832–841.

代谢健康状况的改善有积极的作用。[1]Diana等人进行的一项追踪调查研究显示，儿童早期体能发展水平，尤其是肌肉力量发展水平对成人以后的身体形态的维持，预防骨关节疾病有着长期的效益。[2]肌肉无力在中年以后经常被能够用来证明预测机体功能的局限性、残疾和死亡率。[3][4]Rey等人采用实验法探究了高强度间歇性体能练习结合饮食控制的干预方案对24名14~15岁青少年学生体成分、有氧耐力、肌肉力量与耐力以及身体自我感知的影响，实验共持续5周，研究结果表明，干预方案能够显著改善青少年学生体成分，提高有氧耐力、肌肉力量与耐力以及身体自我感知水平；提高男生肌肉力量与耐力以及身体自我感知的效果要好于女生。[5]Bouaziz等人采用实验法探究了间歇性有氧体能练习提高心肺功能与耐力水平的效果，30名参与者被随机分配到实验组或对照组，实验组在10周实验期间共完成19次，每次30min的间歇性有氧体能练习，每次共6组小练习，每组小练习4min（包括间歇时间），以及6min慢走。对照组在10周内共完成19次，每次完成6min慢走练习。研究结果表明，间歇性有氧体能练习能够显著提高心肺功能和耐力水平。[6]

---

[1] BOND B, WESTON K L, WILLIAMS C A, et al. Perspectives on high-intensity interval exercise for health promotion in children and adolescents[J]. Open access journal of sports medicine, 2017（8）: 243.

[2] DIANA KUH, JOAN BASSEY, REBECCA HARDY, et al. Birth Weight, Childhood Size, and Muscle Strength in Adult Life: Evidence from a Birth Cohort Study[J]. American Journal of Epidemiology, 2002, 156（7）: 627-633

[3] BASSEY E J, HARRIES U J. Normal values for handgrip strength in 920 men and women aged over 65 years, and longitudinal changes over 4 years in 620 survivors[J]. Clinical science, 1993, 84（3）: 331-337.

[4] REED R L, PEARLMUTTER L, YOCHUM K, et al. The relationship between muscle mass and muscle strength in the elderly[J]. Journal of the American Geriatrics Society, 1991, 39（6）: 555-561.

[5] REY O, VALLIER J M, NICOL C, et al. Effects of combined vigorous interval training program and diet on body composition, physical fitness, and physical self-perceptions among obese adolescent boys and girls [J]. Pediatric Exercise Science, 2017, 29（1）: 73-83.

[6] BOUAZIZ W, SCHMITT E, VOGEL T, et al. Effects of interval aerobic training program with recovery bouts on cardiorespiratory and endurance fitness in seniors [J]. Scandinavian Journal of Medicine & Science in Sports, 2018, 28（11）: 2284-2292.

2.1.2.2 心理

Klizień等人通过长达8个月对一所立陶宛小学36名6～7岁女生和34名男生的问卷调查和干预实验，通过数学模型分析测算了他们在身体活动前后的焦虑程度（MET）。实验组的结果显示，尽管男女生的平均MET呈显著差异，但有目的地应用和针对小学儿童进行运动干预能明显降低焦虑程度。[1] Yeatts等通过对美国南部来自不同种族的1 625名中学生（其中，789名男生、836名女生）的调查评估了心肺健康（CRF）水平，肌肉力量和耐力水平，并且对参与学生进行调查，结果显示身体健康变量对青春期神经质和抑郁之间存在调节作用，CRF水平较高者的神经质和抑郁之间的关系较弱，而对于神经质水平（影响抑郁程度）较高的青少年来说，促进身体健康是非常重要的。只有CRF可以减轻两性的神经质和抑郁之间的关系，CRF可以提供对青春期抑郁症发展的保护作用。[2] Skead和Rogers在澳大利亚通过对206名分别来自法学和心理学两个专业的大学生进行了身体活动和心理健康水平是否存在关联的比较研究，统计学结果显示，法学院中的很多学生由于在大学期间经历过心理困扰且频率较高，运动与心理健康评价之间的联系强于对照组的心理学专业学生，并指出鼓励大学阶段的青少年进行身体锻炼可能会增强心理健康和身体健康水平，可以使学业压力较大的青少年缓解抑郁症的症状，改善学业表现以及提高对学校和生活的满意度。[3] Lupu等对随机选取的30位大学生（其中15位经常参与体育活动，另外15位几乎不参与任何体育活动）通过问卷调查、对话访谈、分组实验和

---

[1] KLIZIEN I, KIMANTIEN L, IAUSKAS G, et al. Effects of an eight-month exercise intervention programme on physical activity and decrease of anxiety in elementary school children[J]. Baltic Journal of Sport and Health Sciences, 2018, 4(111):23–29.

[2] YEATTS P E, MARTIN S B, PETRIE T A. Physical fitness as a moderator of neuroticism and depression in adolescent boys and girls[J]. Personality and individual differences, 2017, 114: 30–35.

[3] SKEAD N K, ROGERS S L. Running to well-being: A comparative study on the impact of exercise on the physical and mental health of law and psychology students[J]. International Journal of Law and Psychiatry, 2016, 49: 66–74.

定量统计所展开的实证研究发现，对身体活动的参与不仅有助于身体发育，更能在形成积极的自我形象过程中发挥作用，能潜在促进青少年时期的心理健康水平，进而指出了体育课程的开设对于提升青少年自我认知的必要性。[1]

此外，体育锻炼对儿童青少年认知能力和学业表现影响的相关研究也不断证实，无论体力活动总量是中等或较高强度，体力活动时间均与执行功能正相关。[2]适量的体育锻炼有助于改善青少年认知能力，进而通过执行功能的转换对学业成绩产生积极影响。[3][4]

2.2 敏感期研究缘起及体能发展敏感期概念的界定

2.2.1 敏感期研究缘起

奥地利动物习性学家劳伦兹（K. Z. Lorenz）最先提出了关键期（critical

---

[1] LUPU E, PETRESCU A L. A study regarding teenagers' self-image and the importance of physical activities in its formation[J]. Procedia-Social and Behavioral Sciences, 2012, 33: 870-874.

[2] BOOTH J N, LEARY S D, JOINSON C, et al. Associations between objectively measured physical activity and academic attainment in adolescents from a UK cohort. [J]. Br J Sports Med, 2013, 48（3）: 265-270.

[3] 傅建，范亚荣. 不同时间中等强度体育锻炼对初中生执行功能和学业成绩影响的实验研究[J]. 体育与科学, 2016（6）: 110-116.

[4] ALICIA L FEDEWA, SOYEON AHN. The effects of physical activity and physical fitness on children's achievement and cognitive outcomes[J]. Research Quarterly for Exercise and Sport, 2011, 82（3）: 521.

period）的概念，认为在某些特定的时间，人或动物的有些能力发展与行为特征表现出敏感性，并适机利用这个时期给予适当的良性刺激，往往对其能力与行为方面产生非常积极的影响，而忽视这个阶段的干预作用，导致某些行为与能力的严重缺失。[1]恩斯坦认为对于人的发展应该使用"敏感期"一词，以表示某些能力出现的最佳时期。[2]Gallahue等认为动作发展的敏感期应是一个更为宽泛的时期。在敏感期内，个体易于接受某些刺激的影响，易于进行某些形式的学习，若在敏感期内进行学习则会达到事半功倍的效果，而在敏感期外学习则会事倍功半。[3]相关研究认为敏感期不仅客观存在而且具有其关键特征：其一，敏感期是相对短暂的；其二，在敏感期发展过程中应适时地给予相应的刺激；其三，敏感期在人一生中的影响是巨大的。[4][5]

2.2.2 体能发展敏感期概念界定

体能发展敏感期源于体能与敏感期等相关理论基础之上。国内外学者对"体能发展敏感期"一词表述不一，但其研究内容大体相同。苏联学者将敏感期称之为"sensitive period"或"critical period"；[6]欧美等国家将敏感期称为某项素质的"加速适应窗口（window of accelerated adaptation）"；[7]也有部

---

[1] 刘万伦，田学红.发展与教育心理学[M].北京：高等教育出版社，2011：45.

[2] 劳拉·贝克.婴儿、儿童和青少年（第5版）[M].桑标，等译.上海：上海人民出版社，2014：30.

[3] GALLAHUE D, OZMUN J, GOODWAY J. Understanding motor development: Infants, children, adolescents, adults (7th edition) [J]. New York: Mc Graw-Hill, 2012: 68.

[4] 周加仙.敏感期的神经可塑性机制研究[J].华东师范大学学报（教育科学版），2010，28（3）：50-53.

[5] 习玉翠.3~10岁儿童基本运动技能发展与教育促进研究[D].上海：华东师范大学，2018.

[6] LOKO J, AULE R, SIKKUT T. Sensitive periods in physical development[J]. University of Tartu，1994：12-15

[7] BALYI I, HAMILTON A. Long-term athlete developmenttrainability in childhood and adolescence[J]. Olympic Coach.2004，35 (2):25–28.

分国外学者将其称为"机会之窗（windows of opportunity）"。[1]国内学者对体能发展敏感期表述颇多，如"身体素质发展的敏感期"[2]"身体素质增长敏感期"[3]"运动素质的发展敏感期"[4]"运动素质敏感期发展期"[5]"竞技能力敏感发展期"[6]"敏感优效期"[7]"体能敏感期"[8][9]等。

邢文华等最早将敏感期应用到体育中，在对1979—1980年进行的针对全国大、中、小学生的体质调查结果进行统计归纳分析的基础之上，进而提出运动素质发展敏感期的概念。《研究少年儿童身体素质发展的特点对改进中小学体育教学的启示》中对敏感期做了如下定义：在青少年身体素质发展的过程中，存在着一个连续的、增长速度特别快的年龄段，称之为身体素质发展敏感期。[10]张铁明在《试论少儿在敏感期内的运动训练》中将敏感期定义为：敏感期是指在身体素质增长的过程中，不仅存在着一个连续的增长速度较快的快速增长阶段，而且还存在着一个或几个增长速度特别快的连续的年龄段或年龄点。[11]《运动生理学》将敏感期定义为："在不同的年龄段，各项素质增长的速度不同，把身体素质增长快的年龄阶段称之为增长敏感期。"[12]另有研究表明，敏感期并不只有一个阶段，而是连续的几个时间段或时间

---

[1] MAIA J A, LEFEVRE J, CLAESSENS A L, et al. A growth curve to model changes in sport participation in adolescent boys[J]. Scand J Med Sci Sports. 2010, 20（4）：679–685.

[2] 邢文华，曲宗湖. 研究少年儿童身体素质发展的特点对改进中小学体育教学的启示[J]. 北京体育学院学报，1982（1）：45–52.

[3] 邓树勋，王健，乔德才. 运动生理学[M]. 北京：高等教育出版社，2009：72.

[4] 过家兴. 运动训练学[M]. 北京：人民体育出版社，1986：329.

[5] 徐本力. 早期训练科学化的提出及系统化训练理论——对早期训练科学化中几个理论问题的再认识（之一）[J]. 山东体育学院学报，2001（2）：1–6.

[6] 董国珍. 儿童少年身体训练特点[J]. 沈阳体育学院学报，1988（4）：60–65.

[7] 茅鹏. 运动训练新思路[M]. 北京：人民体育出版社，1994：111.

[8] 季浏，胡增荦. 体育教育展望[M]. 上海：华东师范大学出版社，2001：102.

[9] 耿培新，梁国立. 人类动作发展概论[M]. 北京：人民教育出版社，2008：3–29.

[10] 邢文华，曲宗湖. 研究少年儿童身体素质发展的特点对改进中小学体育教学的启示[J]. 北京体育学院学报，1982（1）：45–52.

[11] 张铁明. 试论少儿在敏感期内的运动训练[J]. 少年体育训练，2002（6）：7–8.

[12] 王瑞元. 运动生理学[M]. 北京：人民体育出版社，2002：102–103.

点，即体能在不同的年龄阶段显示出不同的发展状态，既有阶段性的迅速增长，又会表现出较长时期的缓慢增长趋势。[1][2][3]

2.3 儿童青少年体能发展敏感期影响因素的研究

许多研究表明，如果在儿童青少年敏感期，将遗传与自然生长发育等内因和运动干预等外因有效结合，势必对体能发展起到积极促进作用。[4][5][6]

---

[1] ONIS M. Relationship between physical growth and motor development in the WHO Child Growth Standards[J]. Acta Paediatrica, 2007, 95(S450):96−101.

[2] NARIYAMA K, HAUSPIE R C, MINO T. Longitudinal growth study of male Japanese junior high school athletes[J]. Am J Hum Biol, 2001, 13（3）: 356−364.

[3] A FERRÁNDEZ, CARRASCOSA A, L AUDÍ, et al. Longitudinal pubertal growth according to age at pubertal growth spurt onset: data from a Spanish study including 458 children (223 boys and 235 girls).[J]. Journal of Pediatric Endocrinology & Metabolism, 2009, 22(8): 715−726.

[4] BORNSTEIN M H. Sensitive periods in development: structural characteristics and causal interpretations[J]. Psychol Bull, 1989, 105（2）: 179−197.

[5] LOKO J, AULE R, SIKKUT T, et al. Age differences in growth and physical abilities in trained and untrained girls 10—17 years of age[J]. American Journal of Human Biology, 2003, 15（1）: 72−77.

[6] CHAUHAN N R, KAPOOR B S. Prospective and Retrospective Longitudinal Studies of the Growth, Maturation, and Fitness of Polish Youth Active in Sport[J]. International Journal of Sports Medicine, 1997, 18(S 3):S179−S185.

2.3.1 遗传因素

人类遗传学的研究证实，人类体能的差异有遗传基础。[1]遗传学认为，人体所有内在与外在的表现，都取决于遗传基因及环境因素相互作用的结果。[2][3]体能与基因的研究表明，近年来，已经发现70多个与体能相关的基因座，证明基因与最大摄氧量（VO_2max）、肌肉力量和乳酸阈值等有关。[4]有研究表明，人体最大摄氧量的遗传度达到93%，人体的平衡能力、灵敏能力及中枢神经系统的活动强度遗传度达到90%。[5]还有研究表明，身体成分受遗传的影响较大，其中体脂遗传度为60%，去脂体重遗传度为57%，纵跳的遗传度为77%，上肢握力的遗传度为23%。[6]也有研究表明，基因对肌肉力量的遗传度为65%。[7]此外，国外有关研究分析，从儿童到青年的孪生子和同胞兄妹相关性及对遗传率的评估中，遗传率在不同研究的力量实验中存在差异，通常男孩高于女孩，孪生子高于同胞兄妹。[8][9][10]在特定肌肉群的力量、几个肌肉群加合的力量及每单位体重的力量方面，遗传率的估计趋于一致。女性

---

[1] 张传芳，王沥，张涛. 人类的体能与遗传[J]. 遗传学报，2004，31（3）：317-324.

[2] 曾凡辉，王路德，邢文华. 运动员科学选材[M]. 北京：人民体育出版社，1992：19-20.

[3] 何子红，胡扬. 体能训练个性化新指标——基因标记[J]. 中国运动医学杂志，2010（5）：597-606.

[4] 张涛，张传芳，金锋，等. 体能相关基因研究的新进展[J]. 遗传，2004，26（2）：219-226.

[5] 戴朝曦. 遗传学[M]. 北京：高等教育出版社，1998：156-164.

[6] 杨锡让，符浩坚，张士祥，等. 人类身体成份特征与运动能力（第一部分）[J]. 北京体育大学学报，1994（2）：30-35.

[7] REED T, FABSITZ R R, SELBY J V, et al. Genetic influences and grip strength norms in the NHLBI twin study males aged 59-69. [J]. Annals of Human Biology, 1991, 18（5）：425-432.

[8] KOVAR R. Human Variation in Motor Abilities and its Genetic Analysis (Variación de las habilidades motrices del hombre y su análisis genético)[J]. Praga. Faculty of Physical Education and Sport, 1981. 56(3): 15-19.

[9] SZOPA J. Familial studies on genetic determination of some manifestations of muscular strength in man[J]. Genetica Polonica, 1982, 23（1-2）：65-79.

[10] MALIA R M, BOUCHARD C. Genetic considerations in physical fitness. In：Assessing physical fitness and physical activity inpopulation-base surveys. Hyattsville, MD：Department of Health and Human Services [J]. National Center for Health Statistics, 1989：453-473.

之中相对较低的遗传率表明，环境差异对肌肉力量和耐力也具有重要作用。

2.3.2 环境因素

2.3.2.1 自然环境

自然环境对儿童青少年体能的影响主要表现在生理机能方面。在对生活在高原地区藏族儿童和平原地区儿童的最大摄氧量比较中，有研究者指出，与低海拔地区儿童比较，藏族儿童的最大摄氧量水平明显较高。其原因在于长期生活在高海拔缺氧地区，藏族儿童比生活在平原地区的儿童有较大的胸围和肺体积，更大的肺活量及残气量，在运动过程中，藏族儿童可保持着较快的血液流动和增加对脑的氧供。[1][2]流行病学的研究证实，长期生活在空气污染的环境中会导致心肺功能水平的下降。[3]Gao等人通过对中国香港2 048名8～10岁的儿童在污染环境和无污染环境下的心肺耐力研究发现，污染程度较高地区的儿童心肺耐力低于其他地区的儿童。[4]亦有诸多研究表明，大气污染（PM_{10}、$PM_{2.5}$、SO_2、NO_2和O_3等）明显损害儿童心肺功能等的健康，进而影响儿童的体能发展水平。[5]

---

[1] 段文义. 甘肃省师范类高校学生身体素质达标与饮食状况关系研究[J]. 中国体育科技, 2003（11）: 36-38.

[2] SCD J L, BENNETT K J, MSPH N H, et al. Urban-Rural Differences in Overweight Status and Physical Inactivity Among US Children Aged 10—17 Years[J]. Journal of Rural Health, 2008, 24（4）: 407-415.

[3] III P, ARDEN C. Lung Cancer, Cardiopulmonary Mortality, and Long-term Exposure to FineParticulate Air Pollution[J]. Jama, 2002, 287(9):1132-1141.

[4] YANG G, CHAN E, ZHU Y, et al. Adverse effect of outdoor air pollution on cardiorespiratory fitness in Chinese children[J]. Atmospheric Environment, 2013, 64(1):10-17.

[5] 尹小俭, 邓玉强, 饶坤. 加强大气污染对儿童心肺功能影响的研究[J]. 中国学校卫生, 2015（6）: 805-808.

2.3.2.2　社会环境

（1）社会经济条件

改革开放以来，我国城乡儿童营养和生长发育状况得到明显改善。例如1979—2000年，7~17岁城市男生平均身高增长6.2cm，体重增长8.2kg，女生身高增长4.8cm，体重增长5.4kg；农村男生身高增长7.5cm，体重增长5.1kg，女生身高增长6.0cm，体重增长3.8kg。[①]周君来等人在对6~22岁学生身体素质敏感期变化特征研究发现，学生身体素质敏感期年龄下限提前，且敏感期结束年龄也有提前趋势，其中全国不同区域之间学生身体素质敏感期年龄有所差异，经济较发达地区敏感期出现的年龄较落后地区提前，城市较农村提前。[②③]

（2）营养

营养不仅是人体生长发育的物质基础，也是人体活动的能量来源，是保证机体能够持续做功的基础，体能的发育过程离不开营养物质的保障。营养物质的摄取是从食物中得来，这就牵涉到饮食习惯方面的问题。例如，蛋白质的摄入可以保证氧气的运输，增强肌肉收缩和免疫作用；脂肪主要为机体长时间活动提供必要的能量储备；无机盐可以保持神经和肌肉的兴奋性和灵敏性；等等。[④]而儿童青少年生长突增期需要足够的蛋白质、脂肪、维生素、矿物质及微量元素等来维持正常的生长，充足合理的膳食营养可以促进他们机体的生长发育，如果缺少这些营养，就会妨碍他们正常的生长发育。[⑤]与此同时，相应的敏感期出现的年龄点也会提前或延后。

（3）规律运动

研究表明，规律运动对维持机体正常的生长发育与体能发展必不可少，

[①] 陶芳标.儿童生长长期趋势的几个研究热点[J].中国学校卫生，2003，24（5）：429-432.

[②] 周君来，李爱春.6~22岁学生身体素质敏感期变化特征研究[C].浙江省第十四届运动会体育科学论文报告会论文集，2010.

[③] 苏士强.力量素质训练敏感期的实验研究[D].北京：北京体育大学，2013.

[④] 田野.运动生理学高级教程[M].北京：高等教育出版社.2006：479-492.

[⑤] 周迎松，陈小平.六大营养素与体能[J].中国体育科技，2014，50（4）：91-101.

2 文献综述

都会对机体生长及体质健康产生积极的效应。[1][2][3][4]Rarick等人研究认为适宜运动负荷强度的身体活动对人体健康发展有积极效应,即使最小运动负荷强度的肌肉练习对于人体正常生长及细胞组织的完整性也相当重要。[5][6]有研究表明,一定负荷强度的抗阻练习能有效改善青少年身体成分、肌肉的体积,还能有效降低超重与肥胖青少年的皮下脂肪和内脏脂肪。[7]

影响青少年生长发育及敏感期的因素还远不止这些,儿童青少年时期不同区域、不同种族以及不同个体之间都存在一定的差异,许多时候体能的发展还受到生物学和文化背景的影响。[8]此外,一些心理、教育的因素以及健康状况等也在某种程度上发挥着作用。

---

[1] MALINA M. 生长发育与体力活动,运动表现及体适能关系研究的10大问题[J]. 北京体育大学学报,2015(10):43-57.

[2] MALINA R M. Critical Review: Exercise as an Influence Upon Growth: Review and Critique of Current Concepts[J]. Clinical pediatrics,1969,8(1):16-26.

[3] MALINA R M. The effects of exercise on specific tissues, dimensions and functions during growth[J]. Studies in Physical Anthropology,1979,5:21-52.

[4] STEINHAUS A H. Chronic effects of exercise[J]. Physiological Reviews,1933,13(1):103-147.

[5] Malina M. 生长发育与体力活动,运动表现及体适能关系研究的10大问题[J]. 北京体育大学学报,2015(10):43-57.

[6] RARICK G L. Exercise and growth[J]. Science and medicine of exercise and sports,1960:440-465.

[7] STRONG W B, MALINA R M, BLIMKIE C J R, et al. Evidence based physical activity for school age youth[J]. The Journal of pediatrics,2005,146(6):732-737.

[8] MALINA R M. Biocultural factors in developing physical activity levels[J]. Youth physical activity and sedentary behavior: Challenges and solutions,2008:141-166.

2.4 儿童青少年体能发展敏感期年龄特征的研究

2.4.1 敏感期年龄特征的研究

研究儿童青少年体能发展变化的规律，是科学地对儿童青少年进行早期运动训练的重要依据，也是选择有效体育教学内容和教学方式的依据。对于敏感期的探讨，研究者从不同体育学科视角进行分析，如从体质研究视角、运动生理学研究视角及运动训练学研究视角等，探讨儿童青少年不同体能类别及项目的发展趋向及敏感期的年龄特征。

2.4.1.1 体质研究视角

20世纪70年代，苏联科学院少儿生理研究所曾在莫斯科和亚美尼亚等地观察了11 000多名学生，从体质研究视角提出了不同年龄段儿童青少年体能发展的特点和敏感期的年龄特征（见表2-1）。[1]

---

[1] 邢文华,曲宗湖.研究少年儿童身体素质发展的特点对改进中小学体育教学的启示[J].北京体育学院学报, 1982(1):45–52.

表2-1 苏联中小学生身体素质发展最佳期

年龄（岁）	最佳身体素质及其特点
7~10	柔韧性与灵巧性快速发展；极易引起动力性练习耐力不足
7~11	肌肉力量较小，能适应快速的负荷量，适于发展速度素质；静力性练习易引起动力性练习耐力不足
11~12	男女孩开始具备动力性耐力，采用手段是走、慢跑和滑雪；男女孩肌肉力量差异明显
12~14	可做投掷准确性和跳跃准确性练习
14	耐力提高到成人50%~70%水平，并取决于生物学成熟的程度
13~15	柔韧性达到最高水平
14~17	男孩肌肉力量增长的最好时期。女孩稍早，女孩的相对力量增长不如男孩，其16岁时的耐力达到成人的80%

Loko等通过横断面研究调查爱沙尼亚902名10~17岁普通中小学女生身体运动能力的特点，选取对象为只参加学校体育课程学习的学生，而平时经常参加各种体育活动的学生不作为研究对象（见表2-2）。

表2-2 各项体能指标的敏感期

体能指标	年龄（岁）	体能指标	年龄（岁）
身高	10~15	抛实心球	10~13、15~16
体重	10~15、17	多级跳	10~13、16
30m冲刺	10~13	背肌	10~13、15~16
立定跳远	12	体前屈	11~13、15
纵跳	10~12、14~16	1min功率自行车	10~13、15

通过调查实验对象的身体形态指标（身高、体重、体重指数）、运动能力指标（30m冲刺、立定跳远、纵跳、多级跳、背肌、体前屈、1min功率自

行车等），得出10~17岁普通中小学生不同体能指标敏感期的年龄特征。[1]

20世纪70年代末，中国青少儿体质研究组首次对全国十六省市超过18万名的大中小学生进行体质健康抽测，结果表明，在男生19岁前、女生12~13岁以前五项素质指标（60m跑、50m×8往返跑、1min仰卧起坐、立定跳远、屈臂悬垂等）随年龄的增长而增长。[2]男生在15岁前运动能力提高特别快，运动能力的高峰出现在22岁。女生在12岁各项素质出现第一波峰，经过一段停滞和下降后（青春发育期），女生在22岁出现第二波峰，第二波峰略高于第一波峰（见表2-3）。

表2-3 身体素质敏感期

素质指标	男（岁）	女（岁）
60m跑	7~10、14~15	7~10
50m×8往返跑	7~11、13~14	7~11
1min快速仰卧起坐	7~10、12~13	7~9
立定跳远	7~10、13~14	7~11
屈臂悬垂	7~10、13~14	7~8

2.4.1.2 运动生理学研究视角

邓树勋等学者从运动生理学视角指出，儿童青少年生长发育的过程中存在着波浪性和阶段性、非等比性及非同步性等解剖生理特征，儿童青少年体能发展包括增长阶段和稳定阶段。[3]增长阶段表现为体能随年龄增长而递增的阶段，包括快速增长阶段和缓慢增长阶段；稳定阶段是体能增长速度明显

---

[1] LOKO J, AULE R, SIKKUT T, et al. Motor performance status in 10 to 17-year-old Estonian girls[J]. Scand J Med Sci Sports, 2000, 10（2）: 109-113.

[2] 邢文华，曲宗湖. 研究少年儿童身体素质发展的特点对改进中小学体育教学的启示[J]. 北京体育学院学报，1982（1）: 45-52.

[3] 邓树勋，王健，乔德才. 运动生理学[M]. 北京：高等教育出版社，2009: 79-82.

减慢或停滞，甚至有所下降的阶段。[1]体能由增长阶段到稳定阶段按先后顺序排列为：速度素质最先，耐力素质次之，力量素质最晚，男女排列顺序基本一致。[2]同时，在不同的年龄段，体能发展的速度不同（见表2-4）。

表2-4 青少年身体素质发展的最佳期

运动项目	发展的最佳年龄（岁）	发展的最高峰年龄（岁）
灵敏性	10~12	—
协调性	10~13	—
速度	11~13	16~17
有氧耐力	9~11	15~18
速度力量	9~10	14~17
绝对力量	14~17	18~22
速度耐力	15~17	18~22

儿童青少年的生物学特征主要包括形态结构、生理学与心理学特征。主要表现为以下特征：首先，从出生到20岁，生长发育速度呈现双波段的规律。主要形态指标的年增长值和年增长率曲线又可分为：10岁左右以前为第一生长发育阶段，20岁左右为第二生长发育阶段（相当于青春发育期）（如图2-1所示）。从图2-1中生长发育速度变化的规律看，11~14岁这一儿童期是人体生长发育十分重要的时期，这一时期生长发育的快慢与好坏，对今后身体形态的影响非常大。[3]

---

[1] 赵刚，刘丹，严小虎.足球运动员体能训练过程特征的研究[J].体育科学，2006，26（6）：47-50.
[2] 常璐艳.我国中小学体育教学内容体系构建研究[D].开封：河南大学，2012.
[3] 徐本力.早期训练科学化的提出及系统化训练理论——对早期训练科学化中几个理论问题的再认识（之一）[J].山东体育学院学报，2001，17（2）：1-6.

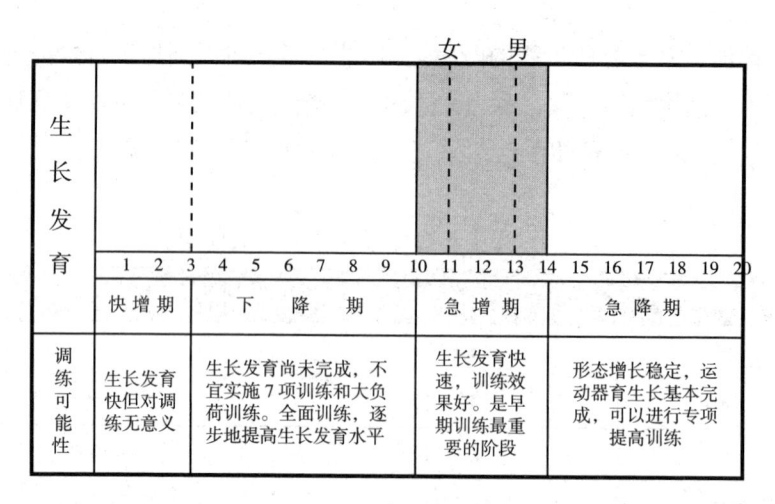

生长发育	1 2 3	4 5 6 7 8 9	女 男 10 11 12 13 14	15 16 17 18 19 20
	快增期	下　　降　　期	急增期	急降期
调练可能性	生长发育快但对调练无意义	生长发育尚未完成，不宜实施7项训练和大负荷训练。全面训练，逐步地提高生长发育水平	生长发育快速，训练效果好。是早期训练最重要的阶段	形态增长稳定，运动器官生长基本完成，可以进行专项提高训练

图2-1　儿童青少年生长发育的双波段规律及训练特点

谢敏豪对各项身体素质发展高峰年龄的描述是："男子均在19~22岁，23岁后缓慢下降，呈单峰型；女子在11~14岁出现第一个高峰，14~17岁趋于停滞或下降，18岁后回升，19~25岁出现第二次高峰，呈双峰型。"[1]

2.4.1.3　运动训练学研究视角

Suslov认为儿童青少年体能发展敏感期的年龄特征表现为：男、女生在16~18岁最大力量达到发展高峰，男生在14~18岁、女生在12~16岁速度力量达到发展高峰；男生在18~20岁、女生在16~18岁力量耐力达到发展高峰。不同运动中的速度发展也有差异，其中，7~11岁为肌肉反应速度最佳发展时期，10~13岁为运动频率反应速度最佳发展时期，11~16岁为复杂运动顺序反应速度最佳发展时期。[2]

田麦久在《运动训练学》中指出，一般运动素质敏感期为11~21岁，而专项素质敏感期为14~21岁，一般协调能力敏感期为9~16岁，专项协调

---

[1] 谢敏豪. 运动员基础训练的人体科学原理[M]. 北京：北京体育大学出版社，2005：20-24.

[2] SUSLOV F. For school and beginers—About the sensitive age in the development of physical capacities [J]. Modern Athlete and Coach, 2002, 40（3）：31-33.

能力敏感发展期为9～16岁和18～21岁，复杂技术敏感发展期为13～16岁和18～21岁。由此可见，儿童青少年早期训练应着重考虑其生长发育特征及其发展规律，选择在儿童青少年身体发育突增阶段，有重点地进行训练，这样才能取得事半功倍的效果。遵循从下肢到上肢再到躯干的训练顺序，并根据身体不同部位发展规律，有侧重点地给予干预。[①]

徐本力教授于2001—2002年在山东体育学院连载4篇有关儿童早期系统训练问题的论文，提出了儿童青少年早期训练的九大理论，其中包括敏感发展期的理论。该理论认为儿童青少年生长发育不同阶段，其生理结构、器官、神经机制、内分泌等系统决定着运动能力的发展。不同的运动能力在不同年龄阶段有所不同，对处于敏感期的运动能力适时给予针对性的训练，其提高速度非常明显，起到了事半功倍的训练效果。而对处于运动能力敏感期阶段，有时即使不进行针对性训练，其相应的运动能力也会有明显的提高（见表2-5）。

表2-5　不同竞技能力可训练性年龄的特征

竞技能力		可训练性年龄（岁）			
		可谨慎开始训练	可提高性训练	可强化训练	最高水平年龄
总体	一般	5~8~12	8~12~16	14~18~25以上	15~20~25
	专项	8~10~12	10~13~17	13~15~30以上	17~25~30
	柔韧	5~8岁以上			
耐力	有氧耐力（一般）	8~12*8~12	12~16*12~16	16~18以上	
	无氧耐力（专项）	14~16*12~14	16~8*14~16	18~20*16~18以上	
速度	反应速度	8~12*8~12	12~16*12~16	16~18*16~18以上	25~30
	动作速度	12~14*10~12	14~16*12~16	16~18*16~18以上	19~22
	移动速度	12~14*10~12	14~16*12~16	16~18*16~18以上	

---

① 田麦久，董国珍，徐本力，等.运动训练学[M].北京：人民体育出版社，1999：184-190.

续表

竞技能力		可训练性年龄（岁）			
		可谨慎开始训练	可提高性训练	可强化训练	最高水平年龄
力量	速度力量	12~14*10~12	14~16*12~14	16~18*14~16以上	
	最大力量	14~16*12~14	16~18*14~16	18~20*16~18以上	
	力量耐力	14~16*12~14	16~18*14~16	18~20*16~18以上	
	小强度静力性力量耐力	7~13	13~18	18~20	20~25
协调	一般协调能力	4~10	10~14	14~16	
	专门协调能力	9~13	13~16	16~20	
心理	反应能力	8~12	12~16	16~18	25~30
	定时、定位能力	10~12	12~14	15~16	
	空间定向能力	10~13	13~15	15~17	16~17
	肌肉用力分化能力	5~7	7~10	10~12	
	注意力能力	7~10	11~12	12~14	
	平衡、稳定能力	7~10	10~14	14~18	

注：*左侧是男生年龄区间，右侧是女生年龄区间。

李鸿江认为，儿童青少年时期的运动训练是未来能够取得优异运动成绩不可逾越的阶段。运动员的成才规律与经验表明，运动能力发展一定遵循各年龄阶段身体发展的自然基础（见表2-6）。[①]

表2-6　各运动素质运动敏感期

素质	第一敏感期（岁）	第二敏感期（岁）
有氧耐力	10~12	17~18
专项耐力	14~16	—
无氧耐力	15~19	—

---

① 李鸿江.青少年体能锻炼[M].北京：高等教育出版社，2007：15.

续表

素质	第一敏感期（岁）	第二敏感期（岁）
动作速率	9~12	14~16
运动反应	9~12	—
快速力量	9~10	14~17
绝对力量	14~17	—
柔韧性	7~10	13~14
灵敏性	7~10	16~17

杨世勇认为，儿童青少年运动素质发展敏感期与其生长发育现象紧密相关，不同运动素质在特定的一些年龄阶段或年龄点提高非常明显，呈现出最佳的发展期（见表2-7）。合理利用儿童青少年运动素质发展敏感期是运动员科学选材的重要依据，体能训练如果遵循并运用青少年体能发展敏感期的一般规律，势必会对未来专项运动能力的提高和创造高水平的运动成绩奠定坚实的基础。[①]

表2-7 各运动素质开始和加强训练的时期

运动素质	年龄（岁）							
	5~8	8~10	10~12	12~14	14~16	16~18	18~20	20以上
最大力量			AA′	AB′	BB′	BC′	CC′	→
速度力量			AA′	BB′	BB′	BC′	CC′	→
力量耐力				AB′	BB′	CC′	→	→
反应速度		AA′	BB′	BB′	CC′	→	→	→
动作速度		AA′	BB′	BB′	CC′	→	→	→
动作频率		AA′	AA′	BB′	BB′	CC′	→	→
移动速度	AA′	AA′	AB′	BB′	BB′	CC′	→	

---

① 杨世勇.体能训练[M].北京：人民体育出版社，2012：19.

续表

运动素质	年龄（岁）							
	5~8	8~10	10~12	12~14	14~16	16~18	18~20	20以上
有氧耐力		AA′	AA′	BB′	BB′	CC′	→	→
无氧耐力				A′	AB′	BC′	CC′	→
柔韧性	BB′	BB′	BB′	CC′	→	→	→	→
灵敏性	AA′	BB′	BB′	CC′	→	→	→	→

注：A、B、C表示男子，A′、B′、C′表示女子。AA′表示谨慎训练，BB′表示提高训练，CC′表示高水平训练，→表示继续发展训练。

综上可知，研究者基于不同研究领域，从本学科研究视角剖析儿童青少年体能发展特点及敏感期的年龄特征，而基于体能类别或体能包含的许多指标敏感期的年龄特征并不完全一致，仍然存在较大差异。而当前国内外较多关于体质调查横断面的研究。如我国自1985年以来，国家体育总局、教育部、卫生计生委等多部门开展每五年一次，至今共七次的大规模全国学生体质调研，但并未对体能各指标做系统性的分析研究，从而找出儿童青少年体能发展的一般规律及敏感期年龄特征的曲线。由此可见，不同学科有不同的界定与理解，基于儿童青少年体能发展敏感期年龄特征的相关研究成果多偏向描述性研究，缺乏实证性研究。下一步，需要采用理论研究与实际研究相结合的方法对敏感期的年龄特征分体能类别或分具体体能指标进行系统研究。

2.4.2 敏感期年龄界定标准的研究

2.4.2.1 国外敏感期年龄界定标准的研究

20世纪七八十年代，苏联科学院生理研究所对莫斯科、亚美尼亚等地11 000多名学生进行身体素质的测试，并以年增长率的均值加一个标准差

($\bar{X}+s$)作为身体素质发展敏感期的界定标准，较早地提出了儿童青少年身体素质的特点和敏感期。[①]Loko等对爱沙尼亚10～17岁普通女生生长发育与运动成绩的特征进行研究，以年增长率的均值加一个标准差作为运动素质发展敏感期范围界定的标准。[②]Suslov基于同样界定标准，对儿童青少年体能发展敏感期实施运动干预效果的实证研究。[③]国外较多研究在划分、界定儿童青少年体能发展敏感期标准的选择与界定基本一致，从统计学意义来看，他们将各运动素质年增长率的均值加一个标准差作为确定敏感期范围的标准。[④⑤⑥]

2.4.2.2 国内敏感期年龄界定标准的研究

（1）年增长率的均值加一个标准差（$\bar{X}+s$）

在国内，邢文华等[⑦]将敏感期理论应用到体育中，提出运动素质敏感期的概念及界定方法。以年增长率的均值加一个标准差作为确定敏感期的界定标准，年增长率等于或大于标准值的年龄阶段为敏感期，小于标准值的为非

[①] 邢文华，曲宗湖. 研究少年儿童身体素质发展的特点对改进中小学体育教学的启示[J]. 北京体育学院学报，1982（1）：45-52.

[②] LOKO J, AULE R, SIKKUT T, et al. Motor performance status in 10 to 17-year-old Estonian girls[J]. Scand J Med Sci Sports, 2000, 10（2）：109-113.

[③] SUSLOV F. For school and beginers – About the sensitive age in the development of physical capacities [J].Modern Athlete and Coach, 2002, 40(3) :31-33.

[④] GROUP W M G R. Relationship between physical growth and motor development in the WHO Child Growth Standards[J]. Acta Paediatr Suppl, 2006, 450：96-101.

[⑤] SAAR M, JURIMAE T. The relationships between anthropometry, physical activity and motor ability in 10～17 year-olds[J]. Journal of Human Movement Studies, 2004, 47（1）：1-12.

[⑥] VESCOVI J D, RUPF R, BROWN T D, et al. Physical performance characteristics of high-level female soccer players 12—21 years of age[J]. Scandinavian Journal of Medicine & Science in Sports, 2011, 21（5）：670-678.

[⑦] 邢文华，曲宗湖. 研究少年儿童身体素质发展的特点对改进中小学体育教学的启示[J]. 北京体育学院学报，1982（1）：45-52.

敏感期。随着敏感期国内研究的不断深入，基于同一敏感期界定标准，邓树勋等[1]、王瑞元[2]、王步标等[3]、谢敏豪[4]、李恩荆[5]从儿童青少年生长发育与运动能力的视角；易妍[6]、任玉庆等[7]、李洁[8]、王伟杰[9]从中小学生体质研究的视角；杨世勇[10]、李鸿江[11]、刘怡麟[12]从儿童青少年体能训练的视角；支二林等[13]、乔秀梅等[14]、王伟杰[15]从中小学生体能促进的视角，对敏感期儿童青少年体能训练与教学提供了科学依据。

（2）年增长率的均值加0.75个标准差（$\bar{X}+0.75s$）

张楠采用动态分析法，基于相同的敏感期界定标准，对绵阳市两所中学生进行了为期四年的跟踪调查。其认为，男女学生身体素质敏感期存在着一定的差别，男生的敏感年龄分布比较均匀，项目随年龄的不同而不同。女生主要分布在初中阶段，同时敏感项次减少，有部分在小学阶段，这可能与男生、女生青春期发育早晚有关；从年龄结构分析，速度、弹跳的敏感年龄主

---

[1] 邓树勋，洪泰田，曹志发.运动生理学[J].北京：高等教育出版社，1999：444-445.

[2] 王瑞元.运动生理学[M].北京：人民体育出版社，2010：457.

[3] 王步标，华明.运动生理学[M].北京：高等教育出版社，2006：338.

[4] 谢敏豪.运动员基础训练的人体科学原理[M].北京：北京体育大学出版社，2005：20-24.

[5] 李恩荆.影响儿童少年运动能力的形态与机能发展特征研究[D].北京：北京体育大学，2014.

[6] 易妍.吉林省青少年学生身体素质发展敏感期的研究[D].长春：东北师范大学，2012.

[7] 任玉庆，潘月红.人体平衡机能增长敏感期和衰减明显期的研究[J].吉林体育学院学报，2012（5）：81-85.

[8] 李洁，陈仁伟.人体运动能力检测与评定[M].北京：人民体育出版社，2005：61-69.

[9] 王伟杰.儿童青少年身体素质敏感期的变化特点[D].北京：北京体育大学，2015.

[10] 杨世勇.体能训练学[M].成都：四川科学技术出版社，2002：19.

[11] 李鸿江.青少年体能锻炼[M].北京：高等教育出版社，2007：95-97.

[12] 刘怡麟.山东青少年跳高运动员素质敏感期训练的研究[D].济南：山东体育学院，2012.

[13] 支二林，郭宏伟.7～21岁城市男学生身体素质发展敏感期的研究[J].现代中小学教育，1992（3）：50-52.

[14] 乔秀梅，张秀枝，赵焕彬.敏感期小学生灵敏素质促进的干预实验研究[J].体育学刊，2013（5）：89-92.

[15] 王伟杰.儿童青少年身体素质敏感期的变化特点[D].北京：北京体育大学，2016.

要在初中阶段，而耐力、投掷素质能力项目的敏感年龄主要在高中阶段。[1]

（3）年增长率的均值加0.7个标准差（$\bar{X}+0.7s$）

李文家[2]对深圳市11～18岁中学生五项身体素质敏感期进行研究，以年增长率的平均数加0.7个标准差作为临界值得出敏感期年龄标准。研究表明，五项素质年增长量呈不等量的增长，其规律表现为一年增长量大，次年增长量小，呈大小交替增长的现象。年增长量最大年龄，男、女生都在11～14岁，男生在13～14岁出现年增长高峰，而女生的高峰略提前1～2个年龄阶段。

（4）年增长率的均值加0.5个标准差（$\bar{X}+0.5s$）

邓华源探讨儿童青少年速度的增长规律及较为合理地确定敏感期，在1979年湖北省青少儿五项素质测试的基础上，于1980年追踪测试了速度素质，用年增长率的平均值加0.5个标准差作为临界值来确定速度素质的敏感期和非敏感期。结果表明，速度敏感期有持续的年龄阶段，也有分散的年龄点。男生速度素质敏感期为8岁、13～15岁，女生为8～9岁、12岁。[3]杜海云等对云南省五个民族学生身体素质敏感期趋势进行了研究。[4]及化娟等对河北省城市学生青少年身体素质敏感期测定。[5]苏士强[6]和卓金源等[7]均基于相同敏感期界定标准进行了研究。

（5）年增长率在百分之九以上的敏感期

李志双通过对1985年、1991年、1995年三次体质调研数据的统计分析，准确地找出7～22岁青少年各项身体素质和运动能力的敏感期。以

---

[1] 张楠.对中学生身体素质发展敏感期的研究[J].绵阳师范高等专科学校学报，2000（5）：66-69.
[2] 李文家.深圳市中学生身体素质发展敏感期初探[J].体育师友，1997（3）：13-14.
[3] 邓华源.少年儿童速度素质的增长敏感期[J].武汉体育学院学报，1982（2）：61-65.
[4] 杜海云，郎佳麟，吕慧.云南省五个民族学生身体素质敏感期趋势研究[J].中国校医，1997（5）：328-329.
[5] 及化娟，梁月红.青少年身体素质敏感期测定及其体育课程设置探析[J].河北工业科技，2011（2）：112-114.
[6] 苏士强.力量素质训练敏感期的实验研究[D].北京：北京体育大学，2013.
[7] 卓金源，米靖，苏士强."敏感期"是否对训练敏感：不同年龄段青少年力量训练效果的实验研究[J].北京体育大学学报，2015，38（10）：139-145.

年度增长在百分之九以上的作为敏感期的一个评价标准，由此阐明青少年各项素质敏感期的变化趋向。[1]冯国群对青少年速度素质敏感期运动处方进行了研究。[2]周君来等基于相同的界定标准对6~22岁学生身体素质敏感期变化特征进行了研究。[3]此外，广东省青少儿体质研究组专门对少年儿童速度素质的敏感期做过探讨，确定敏感期的方法为求出逐年增长值，找出最大增长值的年龄，靠近最大增长值的上下两个年龄阶段则为敏感期。[4]

综上所述，对于体能发展敏感期标准的界定，国外在儿童青少年体能发展敏感期临界值标准的界定方法上基本一致，而国内学者对敏感期界定标准的研究尚不完全统一，存在一定的分歧。界定标准的差异，必然会导致体能发展敏感期界定结果出现多种解释，难以形成科学的、有价值的研究成果。由此可知，国内专家学者对于敏感期界定标准的研究还不够深入，敏感期的界定标准有待进一步的统一。

2.4.3 研究评述

国内外基于儿童青少年体能发展敏感期年龄特征的研究，有利于研究者和教育工作者认识并把握儿童青少年体能的发展特点及敏感期的界定标准，也为科学有效促进儿童青少年体质健康发展提供科学依据。上述研究为本书中横断面大样本调查研究提供了一定的理论依据和支撑，但当前国内的研究仍存在以下两个方面的问题。

其一，在查阅体能与敏感期相关文献的基础上，发现诸多学者从不同

---

[1] 李志双. 省会中小学生速度素质敏感期运动处方的研究[D]. 石家庄：河北师范大学，2002.
[2] 冯国群. 青少年速度素质敏感期运动处方的研究[D]. 石家庄：河北师范大学，2004.
[3] 周君来，李爱春. 6~22岁学生身体素质敏感期变化特征研究：浙江省第十四届运动会体育科学论文报告会[Z]. 浙江嘉兴，2010：244-248.
[4] 邓华源. 少年儿童速度素质的增长敏感期[J]. 武汉体育学院学报，1982（2）：61-65.

2 文献综述

学科视角对儿童青少年体能发展敏感期进行过相关研究与论述，如从运动训练学视角探讨儿童青少年运动能力与运动项目形成规律；从运动生理学视角探讨儿童青少年生长发育与体能发展的内在关联；从体质研究视角探讨不同年龄段儿童青少年体能的特点及发展趋势。以上研究多从理论层面进行了分析或推导，或是少数运动训练实践的案例，尚难以全面、客观反映儿童青少年体能发展敏感期的年龄特征与运动能力发展的规律，且前人许多敏感期年龄特征的相关研究年代较久。而近年来，儿童青少年体能发展敏感期年龄特征的大样本的横断面研究并不多见，相关的追踪研究更是缺乏。

其二，从对敏感期界定标准分析可知，尽管较多权威期刊与教材中将年增长率的均值加一个标准差（$\bar{X}+s$）作为体能发展敏感期的界定标准，但国内还有不少学者在敏感期的界定标准中存在多种敏感期临界值的界定方法。敏感期界定标准虽然只是统计学的一种方法，不过以此作为儿童青少年体能的研判标准，能总体上反映儿童青少年体能发展状况，可以对儿童青少年体育教学实践提供一定参考。但当前敏感期的界定标准还不统一，特别是在国内学者中存在多种选择，又缺少相关学科理论与实践的支撑，在儿童青少年体能发展敏感期的研究中显得不够严谨。鉴于此，未来研究需要在考虑儿童青少年体能发展敏感期的影响因素时，选择一定区域的儿童青少年作为研究对象，在明确敏感期界定标准的前提下，通过横断面大样本或追踪研究，尝试探讨儿童青少年体能发展敏感期的特点与规律。

2.5 儿童青少年体能发展敏感期干预与促进的研究

2.5.1 不同时间与强度运动干预效果研究

20世纪90年代，美国运动医学协会从提高健康体能角度提出"有规律的运动"。[1]国内外大量研究结果表明，一定运动强度和持续时间的体育锻炼可以提高儿童青少年心肺功能、肌肉力量和肌肉耐力，减少体脂、降低心血管和代谢性疾病风险、提高骨骼健康水平、减轻抑郁症状等。积极有规律地参与体育锻炼是一种增强儿童青少年体质健康的有效手段。[2][3][4]

基于运动与健康效应的研究成果，美国卫生与公共服务部建议儿童青少年每天至少保持60min的身体活动，其中大部分身体活动应当达到中高强

---

[1] VÁCLAV DOMBEK. The Recommended Quantity and Quality of Exercise for Developing and Maintaining Fitness in Healthy Adults[J]. Schweiz Z Sportmed, 1993, 22（2）: 127-137.

[2] JANSSEN I. Physical activity guidelines for children and youth [J]. Applied Physiology Nutrition and Metabolism, 2007, 32: 109-121.

[3] JANSSEN I, LEBLANC A G. Systematic Review of the Health Benefits of Physical Activity in School-aged Children and Youth [J]. International Journal of Behavioural Nutrition and Physical Activity, 2010, 7（1）: 40.

[4] Physical Activity Guidelines Advisory Committee Report, 2008. To the secretary of Helth and Human Services. Part A: executive summary. [J]. Nutrition reviews, 2009, 67（2）: 114.

度。[1]WHO建议5~17岁儿童青少年应每天不低于60min中等到高强度身体活动。同时，每周至少应进行3次高强度身体活动，包括强壮肌肉和骨骼的活动等。[2]欧洲一些国家（芬兰、卢森堡、挪威、瑞典等）还推荐在每周至少3次锻炼肌力和骨健康的抗阻运动外，应积极开展提高协调、柔韧、平衡、速度、灵活性等多项身体活动，以促进儿童青少年体能发展水平。[3]从相关专题的已有研究分析，研究者们通常都明确报告出干预的总时间、每周干预次数、每次干预的时间等信息，但在运动强度方面，许多研究并没有对干预的强度进行监测。

Ardoy等对67名12~14岁青少年进行一项持续16周体育课（55min/次）干预研究，对照组18人，每周两次体育课；实验1组26人，每周四次体育课；实验2组23人，每周完成四次高强度的体育课。研究发现，16周体育课干预后，对比对照组，实验1组与2组学生的速度、灵敏、柔韧及有氧耐力均呈现显著提高；对比实验1组，实验2组学生在上述指标上进步幅度更大；三组学生身体形态指标无显著改善。[4]

体能练习效果基于一定的时间与强度基础之上，练习时间与强度安排不合理，就不能产生良好的效果。综合以上研究及同类研究发现，在适度的体能练习时间与强度上，练习总时间的增加、每周干预次数的增加对儿童青少年身心健康发展具有更好的促进效果。有研究表明，有针对性的抗阻运动对发展儿童青少年肌肉力量与耐力等体能发挥积极作用。Avery对55名7~12岁被试进行一项为期8周（每周1天和2天）的力量训练对儿童上肢力量、下肢力量和运动能力影响的研究，分为实验1组（每周1次力量练习，8周）、实验2组（每周2次力量练习，8周）和对照组（不干预，8周）。每个训

---

[1] U. S. A. Department of Health and Human Services. Physical activity guidelines for Americans [Z]. 2008.
[2] 世界卫生组织.有关身体活动有益健康的全球建议[S]. 日内瓦：世界卫生组织出版物，2010.
[3] 世界卫生组织.有关身体活动有益健康的全球建议[S]. 日内瓦：世界卫生组织出版物，2010.
[4] ARDOY D N, JUAN M. FernándezRodríguez, Ruiz J R, et al. Improving Physical Fitness in Adolescents Through a School-Based Intervention: the EDUFIT Study[J]. Revista Espaola De Cardiología, 2011, 64（6）: 484-491.

练课包括一组10~15次的重复练习，共12次。结果表明，与对照组相比，每周进行1次与2次力量训练的被试在1RM胸部压力强度上有显著的提高（分别为4.4%和11.5%）；每周训练1次和2次的被试在1RM腿部压力强度有显著提高（分别为14.2%和24.7%）；每周进行1次力量训练的被试1RM力量能够增加67%。研究进一步指出，肌肉力量可以在儿童时期得到有效改善，对普通的儿童来说，每周2次的力量练习对儿童青少年力量增加及身心健康发展比较有益。[1]Dorgo等对222名青少年进18周抗阻（manual resistance training，MRT）干预研究，实验对象共分为三组，实验1组为63名学生，每周完成3次（80min/次）抗阻练习，包括10~15min热身活动、20~30min抗阻练习（循环练习为主）、23~30min正常体育课活动内容；实验2组为30名学生，每周同样完成3次（80min/次）抗阻练习，除热身活动与抗阻练习与实验1组相同外，另有20~30min用于心肺耐力训练，至少有15min心率维持在最大心率60%以上；实验3组为129名学生，要求完成每周3次（80min/次）正常体育课。结果显示，与对照组相比，实验1组学生的肌肉力量与肌肉耐力均得到显著提高，实验2组学生除肌肉力量与肌肉耐力得到显著提高外，学生心肺耐力也得到显著提高，但实验1组与实验2组学生的身体成分及部分身体形态指标没有发生显著的改善。[2][3]

有研究者发现，在一定干预周期之上，每周干预次数的不同或每次干预时间的不同都对干预效果存在一定差异，在相同干预周期，适度增加抗阻练习次数与练习时间能有效促进儿童青少年肌肉力量与耐力的发展。Baquet等对551名11~16岁青少年进行10周高强度体能干预研究，实验选取503名青少年组成实验组，每周3次体育课，每次持续时间为1h，3h中有1h进行3

---

[1] AVERY D FAIGENBAUM, LAURIE A MILLIKEN, RITA LAROSA LOUD, et al. Comparison of 1 and 2 Days per Week of Strength Training in Children[J]. Research Quarterly for Exercise and Sport, 2002, 73（4）: 416-424.

[2] DORGO S, KING G A, CANDELARIA N G, et al. Effects of manual resistance training on fitness in adolescents [J]. Journal of Strength & Conditioning Research, 2009, 23（23）: 2287-2294.

[3] DORGO S, KING G A, RICE C A. The effects of manual resistance training on improving muscular strength and endurance [J]. Journal of Strength & Conditioning Research, 2009, 23（1）: 293.

次从100%到120%的10s（间歇时间）最大有氧速度（maximal aerobic speed, MAS）的干预。其中48名青少年组成对照组，完成每周3次、每次1h的体育课。研究发现，学生（11~16岁）立定跳远显著提高，20m折返跑和7min最大距离跑非常显著性提高，而对照组没有提高。[1]齐玉刚等进行一项12周（每周5次）中等强度持续性运动（moderate-intensity continuous training, MICT）与高强度间歇性运动（high-intensity intermittent training, HIIT）对肥胖女大学生干预效果的比较研究，在MICT组采用40%~60%VO$_2$max运动强度，运动心率为130~150次/min，持续运动时间为50min。在HIIT组采用85%VO$_2$max的运动强度，运动心率为174次/min，运动时间为25min（3 min中速跑+2 min间歇，共5组）。结果显示，与持续性运动相比，高强度间歇性运动使用较少时间即可以达到更好的减肥效果，且此运动方式对于女大学生安全可靠。[2]Knechtle等研究发现，在高强度间歇性运动下，75%VO$_2$max强度时脂肪氧化率明显高于55%VO$_2$max强度时的脂肪氧化率。[3]Sari等研究发现，高强度间歇运动需要较少的运动时间就可以达到与低强度长时间运动消耗的一致的能量，且两种运动强度在24h之内消耗的能量底物几乎一致。[4]

许多证据表明，进行中等及以上强度的身体活动就可以保持或者提高体质健康水平，并已得到流行病学研究的证实。[5]对哈佛大学校友进行的一

---

[1] BAQUET G, BERTHOIN S, GERBEAUX M, et al. High-Intensity Aerobic Training During a 10 Week One-Hour Physical Education Cycle：Effects on Physical Fitness of Adolescents Aged 11 to 16[J]. International Journal of Sports Medicine, 2001, 22（4）：295-300.

[2] 齐玉刚, 黄津虹, 谭思洁. HIIT和持续性有氧运动对肥胖女大学生减肥效果的比较研究[J]. 中国体育科技, 2013, 49（1）：30-33.

[3] KNECHTLE B, MÜLLER G, WILLMANN F, et al. Fat oxidation in men and women endurance athletes in running and cycling [J]. International Journal of Sports Medicine, 2004, 25（1）：38-44.

[4] SARIS W H, SCHRAUWEN P. Substrate oxidation differences between high- and low-intensity exercise are compensated over 24 hours in obese men [J]. International Journal of Obesity, 2004, 28（6）：759-765.

[5] CENTER L. Surgeon General's Report on Physical Activity and Health[J]. Journal of the American Medical Association, 1996, 276（7）：522.

项跟踪调查研究显示，长期进行较大强度的身体活动与寿命延长呈显著相关。[①②]即使如此，在较低运动强度情况下，可以通过适当提高运动频率与持续运动时间，也可以获得一定的健康效应。[③]但如果每周的身体活动少于2天，且每次练习时间少于10min，运动强度低于40%~50%最大摄氧量储备，对维持和提高机体的心肺耐力水平意义不大。[④]美国2010年就明确提出，学生在体育课上MVPA时间至少要达到一节课的50%，并建议每天安排一节体育课，[⑤]能运用体能教学时间观察系统（system for observing fitness instruction time，SOFIT）进行课堂跟踪评价，监测学生MVPA运动时间情况。[⑥⑦]

综述上述，国内外对于儿童青少年体能发展趋向的研究，已从最初对运动时间与运动强度的单维度研究，逐渐到对运动量、每周干预次数、干预强度及干预方式的研究，并且较多聚焦于儿童青少年运动负荷从关注高强度、中等强度到"量的累积效应"（量剂效应）的研究范式演变。[⑧]所以说，各种体能练习方式没有好坏之分，应以想取得的运动效果为标准，去选择合适的体能练习方式。

---

① 王军利. 身体活动流行病学研究的基本问题述评[J]. 体育学刊，2015，22（3）：138-144.
② IMIN LEE, CHUNGCHENG HSIEH, RALPH S PAFFENBARGER. Exercise Intensity and Longevity in Men: The Harvard Alumni Health Study[J]. Jama, 1995, 274（14）: 1132.
③ 王军利. 身体活动流行病学研究的基本问题述评[J]. 体育学刊，2015（3）：138-144.
④ POLLOCK, MICHAEL L, GAESSER, et al. ACSM Position Stand: The, Recommended Quantity and Quality of Exercise for Developing and Maintaining Cardiorespiratory, and Muscular Fitness, and Flexibility in Healthy Adults[J]. Schweiz Z Sportmed, 1993, 22（2）: 127-137.
⑤ United States Department of Health and Human Services. Healthy People 2010: Understanding and ImprovingHealth[J].http://www.healthypeople.gov/2010/Document/pdf/uih/2010uih.pdf, 2000.
⑥ LUEPKER R V, PERRY C L, MCKINLAY S M, et al. Outcomes of a field trial to improve children's dietary patterns and physical activity. The Child and Adolescent Trial for Cardiovascular Health. CATCH collaborative group [J]. Journal of Pediatrics, 1996, 129（3）: 472-473.
⑦ 武海潭，黄沙海，谢晨. 对青少年儿童不同运动负荷组合方式的指导建议——基于"体力活动-健康效益"的关系审视[J]. 山东体育学院学报，2018，170（3）：85-91.
⑧ 李文川. 身体活动建议演变：范式转换与量的积累[J]. 体育科学，2014（5）：56-65.

2.5.2 持续性与间歇性运动干预效果研究

儿童青少年阶段体能的储备与发展是身心健康的基础，但体能发展的方式可分为多种，就运动时间而言，可分为持续性运动与间歇性运动。持续性运动是指在一次运动时间内，参与者不间断地运动直至完成一定的身体运动，强调运动时间与运动负荷不间断的累积。而间歇性运动则是将运动时间进行有效分配，通过多次间歇性形式进行，较注重运动强度、运动时长和间歇时间的选择。[1]一般来说，间歇性运动多选择短时间或长时间的中等或高强度的运动，在相邻回合的运动之间形成了一个间歇期（恢复期），在此间歇期间进行调整或以较低强度进行运动。[2][3]

Costigan等人研究发现，HIIT对儿童青少年的血糖和胰岛素血症、血脂和炎症等身体代谢方面有积极的作用；对进行4周HIIT干预的青少年综述研究发现，HIIT在改善青少年人群健康（即心肺健康、肌肉健康、身体成分和灵活性等）方面效果显著。[4]Mazurek等人对48名女大学生进行一项为期8周2次常规体育课程辅以HIIT或MICT干预。HIIT组与MICT组均进行63min运动干预，包括5min热身与10min放松。HIIT组分为干预周期与频次（共8周，48min/次）、干预方式（共2组，每组6次10s快速蹬踏，间隙时间为1min，强度为65%～75%HRmax）；MICT组也分为干预周期与频次（共8周,48min/次）、干预方式（持续蹬踏运动，强度为65%～75%HRmax）。结果显示，8周干预

---

[1] L VÉRONIQUE BILLAT. Interval Training for Performance: A Scientific and Empirical Practice[J]. Sports Me-dicine, 2001, 31 (1): 13-31.

[2] RAKOBOWCHUK M, STUCKEY M I, MILLAR P J, et al. Effect of acute sprint interval exercise on central and peripheral artery distensibility in young healthy males[J]. European Journal of Applied Physiology, 2009, 105 (5): 787-795.

[3] 朱蔚莉.间歇性运动与人体心血管健康研究进展[J].中国运动医学杂志, 2010, 29 (2): 247-250.

[4] COSTIGAN S A, EATHER N, PLOTNIKOFF R C, et al. High-intensity interval training for improving health-related fitness in adolescents: a systematic review and meta-analysis[J]. Br J Sports Med, 2015, 49 (19): 1253-1261.

后2组学生有氧能力均有显著提高，相比MICT组（提高11%），HIIT组（提高12%）学生有氧能力改善更为明显；两组学生的体重没有明显变化，但相比HIIT组，MICT组学生的相对脂肪含量降低更明显，对改善学生身体成分更为有效。[1]

由此可见，在持续性运动和间歇性运动时间与运动频次均相同的条件下，两种运动方式产生的运动效果存在明显差异。Eguchi等人进行的一项对23名久坐男性为期20周的研究结果表明，在总时间一定情况下（3day/week），每天间歇性走（3×10min/day）与持续性走（30min/day）相比，间歇组在10周后被试的最大摄氧量显著增加，20周后高密度脂蛋白显著增加；持续组在20周后被试的腰围和最大摄氧量显著改善，且血浆中硫代巴比妥酸反应物质（反映心血管危险因素）水平显著降低，而间歇组血浆的硫代巴比妥酸反应物质水平下降不明显。[2]Osei等人基于相同运动干预下的研究表明：持续组与间歇组对相关体能促进能产生类似的显著改善，但持续性运动更有效地降低了体脂、紧张、焦虑和总情绪障碍，增加了活力。[3]Serwe等人基于上述相同运动总时间与运动强度下，对60名不经常参与体育锻炼的女性进行不同运动方式累积效果研究，结果发现两组步行组的步数均显著高于对照组，都显著提高参与者的身体活动水平，持续组与间歇组和对照组相比，持续组的参与者总体运动强度及完成步数更多，与健康相关体能指标显著增加。[4]实验研究认为在身体活动总量不变的情况下，每天按1×30min、3×10min或者2×15min等方式锻炼，对提高心肺功能与健康水平具有类似的

---

[1] MAZUREK K, ZMIJEWSKI P, KRAWCZYK K, et al. High intensity interval and moderate continuous cycle training in a physical education programme improves health-related fitness in young females[J]. Biology of sport, 2016, 33（2）: 139.

[2] EGUCHI M, OHTA M, YAMATO H. The effects of single long and accumulated short bouts of exercise on cardiovascular risks in male Japanese workers: a randomized controlled study [J]. Industrial Health, 2013, 51（6）: 563.

[3] OSEI-TUTU K B, CAMPAGNA P D. The effects of short- vs. long-bout exercise on mood, VO$_2$max, and percent body fat.[J]. Preventive Medicine, 2005, 40(1):92-98.

[4] SERWE K M, SWARTZ A M, HART T L, et al. Effectiveness of Long and Short Bout Walking on Increasing Physical Activity in Women[J]. Journal of Women's Health, 2011, 20（2）: 247-253.

效应。[1]

据美国学者库珀（Cooper）研究认为，一般人在运动中其运动强度维持的心率水平达到150次/min之上时，至少持续保持运动5min才能获得一定的锻炼效果，而且随运动时间的增加锻炼效果也增加。[2]人体600多块肌肉主要参加运动的肌肉达400多块，要想动员这些肌肉参与运动，每次运动的时间至少要保持在20min以上。[3]一项对儿童青少年患代谢综合征风险的研究发现，每天15min MVPA（中等及高等强度体力活动）是每天1min MVPA患代谢综合征危险比的0.68倍，而每天30min、45min和60min的MVPA对应危险比分别为0.45倍、0.34倍和0.23倍，青少年代谢综合征风险随着MVPA时间的增加呈下降趋势，中高强度身体活动量与青少年代谢综合征风险之间存在着剂量-效应关系。[4]

目前许多研究对间歇性运动和持续性运动的实验效果存在差异，原因可能是在实验设计中运动总量未保持一致，运动干预负荷差异是两组运动效果产生差异的重要原因。[5]此外，多数间歇性运动研究方案通常采用较高运动强度，间歇性运动具有更好的效果可能与运动强度高密切相关。[6]也有研究指出，在保持间歇性运动和持续性运动强度相同的情况下，运动效果仍有明

---

[1] JAMURTAS A Z, KOUTEDAKIS Y, PASCHALIS V, et al. The effects of a single bout of exercise on resting energy expenditure and respiratory exchange ratio [J]. European Journal of Applied Physiology, 2004, 92 (4-5): 393-398.

[2] COOPER K H. The benefits of exercise in promoting long and healthy lives [J]. Methodist De Bakey Cardiovascular Journal, 2010, 6 (4): 10-12.

[3] 邓树勋, 王健, 乔德才. 运动生理学[M]. 北京: 高等教育出版社, 2005: 478.

[4] 关尚一, 朱为模. 身体活动与青少年代谢综合征风险的"剂量-效应"关系[J]. 西安体育学院学报, 2013 (2): 89-94.

[5] NEMOTO K I, GEN-NO H, MASUKI S, et al. Effects of High-Intensity Interval Walking Training on Physical Fitness and Blood Pressure in Middle-Aged and Older People[J]. Mayo Clinic Proceedings, 2007, 82 (7): 803-811.

[6] BARRETT L A, MORRIS J G, STENSEL D J, et al. Effects of intermittent games activity on post prandial lipemia in young adults[J]. Medicine & Science in Sports & Exercise, 2006, 38 (7): 1282.

显区别。①

刘洪富等进行了一项12周高强度间歇运动和中强度持续运动对青年女性减肥效果的研究。结果表明，相比持续运动方式，在相同能量消耗下，高强度间歇训练在降低青年肥胖女性腹部内脏脂肪含量、减少腹部皮下脂肪、降低腰臀比等指标上干预效果更为明显。②张勇采用中等强度持续跑和间歇跑对机体能量消耗影响的研究，以中等强度（55%VO$_2$max）持续跑1h，中等强度（55%VO$_2$max）间歇跑完成3×20min跑，每次间歇10min。研究发现，在运动时间、运动强度和恢复时间等相同干预条件下，间歇跑运动期能耗低于持续跑运动期能耗，持续性运动恢复期能耗低于间歇跑恢复期能耗。③

相关研究表明，无论持续性运动还是间歇性运动，有效运动强度保持在MVPA范围内，10min以上运动时间是一个关键节点。④2017年国家体育总局发布的《全民健身指南》指出：每天体育健身活动可集中一次进行，也可分开多次进行，每次体育健身活动时间应持续10min以上。⑤可见，要获得运动时间与增进健康的剂量-效应关系，每天进行多次不连续活动的单次持续时间不应低于10min。⑥

---

① PARK S, RINK L D, Wallace J P. Accumulation of physical activity leads to a greater blood pressure reduction than a single continuous session, in prehypertension [J]. Journal of Hypertension, 2006, 24（9）: 1761.
② 刘洪富，刘忠民，王常敏. 高强度间歇训练对肥胖青年女性减肥效果的研究[J]. 山东体育学院学报, 2016, 32（6）: 95-98.
③ 张勇. 中等强度持续跑和间歇跑机体能量消耗与底物代谢特征研究[J]. 中国体育科技, 2010, 46（6）: 115-120.
④ 武海潭，黄沙海，谢晨. 对青少年儿童不同运动负荷组合方式的指导建议——基于"体力活动—健康效益"的关系审视[J]. 山东体育学院学报, 2018（3）: 85-91.
⑤ 佚名.《全民健身指南》发布[J]. 中国质量万里行, 2017（9）: 6.
⑥ GARBER C E, BLISSMER B, DESCHENES M R, et al. American College of Sports Medicine position stand. Quantity and quality of exercise for developing and maintaining cardiorespiratory, musculoskeletal, and neuromotor fitness in apparently healthy adults: guidance for prescribing exercise. [J]. Med Sci Sports Exerc, 2011, 43（7）: 1334-1359.

2.5.3 运动技能与体能教学干预研究

体育教育是大多数国家法律中明确规定的义务教育的重要组成部分，全球仅有5%的国家不提供体育课程，因此，体育课成为日常增加学生体育锻炼的主阵地。[①]改革开放四十多年来，我国学校体育课长期存在着"体质教学"与"运动技能教学"两种教学方式的争锋。1979年5月，我国召开学校体育发展历程中具有里程碑意义的"扬州会议"，徐英超在会上提出了"体质教育"，[②③]之后在实验研究中指出，对于增强体质效果大而适合我国目前中学情况、简便易行的教材，应该多用；对于效果小的少用或不用；对于没有什么效果而又使学生站着、等着，浪费时间的不用。基于"体质教育"背景下，我国20世纪80年代体育教学中出现"课课练"的体能练习方式。据文献记载，曲宗湖教授最早提出"堂堂练、天天练"，也称"课课练"。[④]"课课练"强调每节课中进行5～10min旨在重点发展学生心肺耐力及肌肉力量的体能练习。[⑤]

国外研究者积极尝试在体育课中进行一定时间的专门性体能练习，或在运动技能练习中穿插体能练习，取得了理想的效果，既提高了体育课的运动负荷，使儿童青少年处于中高强度的运动中，有助于运动效益的出现，还提高了儿童青少年的体质健康水平。考虑到儿童青少年在校时间长，体育课是儿童青少年进行身体活动的主要途径，所以应将体能练习融入体育课堂教学

---

① HILLS A P, DENGEL D R, LUBANS D R. Supporting public health priorities: recommendations for physical education and physical activity promotion in schools[J]. Progress in Cardiovascular Diseases, 2015, 57 (4): 368-374.
② 梁立启，邓星华."扬州会议"的回顾和对当前学校体育发展的启示[J]. 体育学刊, 2014 (5): 1-5.
③ 万茹，莫磊，毛振明. 体质教育教学实验对当今体育教学改革的启示[J]. 体育学刊, 2015 (3): 79-84.
④ 曲宗湖. 我和三十年前的课课练[J]. 体育教学, 2012, 32 (7): 13-14.
⑤ 曲宗湖，李晋裕. 在两所学校试行"国家体育锻炼标准"的研究[J]. 北京体育学院学报, 1982 (4): 38-49.

之中，在运动技能教学之外，预留一定的时间用于体能练习。

2.5.3.1 体能教学为主的干预研究

武杰等以13岁、14岁、15岁3个年龄段共300人为实验对象，各组在每周3节体育课及每周5次课外活动中，采取柔韧性练习、下肢力量练习、耐力跑练习等运动干预方式，进行共12周的持续干预实验。研究表明，运动干预所选择项目及具体设计能够有效提高中学生下肢力量、柔韧性及有氧耐力素质，改善学生体质状况。[①]刘耀荣等对388名小学五年级学生进行10周运动干预对学生体质促进的研究，实验组198人，每周3次，分别在周一、三、五下午进行，每次干预训练时间为40min（准备活动5min，干预训练30min，整理放松5min），以少儿健身操和少儿趣味田径运动为主要干预内容，以中等强度到较高强度干预为主。对照组190人，干预频次和干预时间与实验组相同，学生参加学校正常体育课。研究发现，10周的运动干预，少年儿童的体脂含量、心肺功能、力量、柔韧、灵敏性、平衡稳定性及反应速度等方面都出现了显著变化。通过干预提高了少年儿童的身体机能和身体素质水平。[②]武海潭在体育课中融入不同持续性运动时间和运动强度的体能教学干预，对学生健康体能和情绪状态影响进行实验研究。结果表明，持续性运动时间越长、强度越大，对促进体育课运动负荷提高幅度越大，并保障体育课运动负荷维持在较为稳定区间。持续性10min以上大强度运动和持续性15min中等强度运动对改善学生身体成分、肌肉力量和肌肉耐力具有促进作用；持续性5min中等强度以上运动对促进心肺功能发展具有促进作用；持续性15min中等到高强度运动对学生情绪状态改善具有较好的促进作用。[③]刘世海等人对某校

[①] 武杰，任相涛，秦天红，赵丽瑞，等.新疆农牧区维吾尔族13～15岁中学生体质下降现象的运动干预研究[J].体育科学，2011，31（4）：41-47，66.

[②] 刘耀荣，周里，黄海，等.11～13岁少年儿童体质健康促进效果的研究[J].广州体育学院学报，2013，33（1）：80-84.

[③] 武海潭.体育课不同运动负荷组合方式对少年儿童健康体适能及情绪状态影响的实验研究[D].上海：华东师范大学，2014.

2014级大一学生，共50名男生，以800m跑为干预手段，进行1个学期的实验干预，结果显示，学生下肢爆发力量、速度、耐力得到提高，干预效果显著。[1]贺静等人探讨了融入20min中等强度力量与耐力不同组合练习方式的体育课（12周，每周3次）对高中生体成分的影响，研究发现，与对照组相比，力量与有氧耐力组合练习方式可以有效地降低高二学生的体脂肪量、体脂肪率、肌肉量，增加其去脂体重。[2]

2.5.3.2 运动技能教学为主的干预研究

近几年，还有研究者通过教育干预的对照比较，判定运动技能与身体活动的关系。Cohen等对460名8～9岁儿童随机分组进行对照干预实验，研究发现，12个月干预后两组儿童在基本运动技能总分和每日中到高强度身体活动方面差异显著。[3]高运动技能得分的男、女童有着更高强度的身体活动以及在儿童时期发展基本运动技能的需要。[4]Fisher等人测试了394名苏格兰4岁左右儿童15项基本运动技能，用运动加速度计记录了儿童身体活动的时间和强度，发现基本运动技能得分与儿童中高强度身体活动时间具有显著的高度相关性，与活动量具有显著的相关性，与低强度运动时间不相关。[5]

---

[1] 刘世海，刘劲松.加强大学生身体素质干预的实证研究[J].武汉体育学院学报，2016，50（4）：90-94.

[2] 贺静，孙有平，季浏.体育课中不同身体练习方式对高中生体成分影响的实验研究[J].中国体育科技，2016，52（4）：139-145.

[3] COHEN K E, MORGAN P J, PLOTNIKOFF R C. Improvements in fundamental movement skill competency mediate the effect of the SCORES intervention on physical activity and cardiorespiratory fitness in children [J]. Journal of Sports Sciences, 2015, 19（18）: 90-90.

[4] MORRISON K M, BUGGE A, EL-NAAMAN B, et al. Inter-Relationships among Physical Activity, Body Fat, and Motor Performance in 6- to 8-Year-Old Danish Children[J]. Pediatric Exercise Science, 2012, 24（2）: 199-209.

[5] FISHER A, REILLY J J, KELLY L A, et al. Fundamental movement skills and habitual physical activity in young children [J]. Med Sci Sports Exerc, 2005, 37（4）: 684-688.

这些文献从不同角度论证了基本运动技能掌握和运动协调对儿童中到高强度身体活动参与的正相关性。一些研究者试图探索掌握两个类别运动技能对儿童身体活动与体育运动参与影响的差异，现有研究表明，不同性别的儿童基本运动能力对体育活动参与的影响具有差异性。Cliff等人认为，目标控制技能与男童身体活动及中高强度运动时间高度相关，位移运动技能与女童身体活动及中高强度运动时间相关。[1]这可能与女童乐于参与的体育活动所需目标控制技能较少有关。而Hume等以男童为对象的研究认为，目标控制技能与男童中高强度活动显著相关，但进行高强度剧烈运动时，位移运动技能贡献更大。[2]Caroli研究表明，与标准体重和体重较轻的孩子相比，肥胖和超重儿童表现出更差的基本运动技能水平，低水平的运动技能导致了儿童肥胖。[3]有研究认为，儿童肥胖与其自身运动协调能力低下有关。[4]总体来看，基本运动技能与儿童肥胖呈负相关，且具有显著相关性。研究认为越胖的儿童有着越低的运动技能表现。[5][6][7]

---

[1] CLIFF D P, OKELY A D, SMITH L M, et al. Relationships Between Fundamental Movement Skills and Objectively Measured Physical Activity in Preschool Children[J]. Pediatric Exercise Science, 2009, 21(4): 436.

[2] HUME C, OKELY A, BAGLEY S, et al. Does weight status influence associations between children's fundamental movement skills and physical activity?[J]. Research Quarterly for Exercise & Sport, 2008, 79(2): 158-165.

[3] CAROLI M. Gross motor skill performance in a sample of overweight and non-overweight preschool children[J]. International Journal of Pediatric Obesity, 2011, 6(S2): 42-46.

[4] ZHU Y C, WU S K, CAIRNEY J. Obesity and motor coordination ability in Taiwanese children with and without developmental coordination disorder [J]. Research in Developmental Disabilities, 2011, 32(2): 801-807.

[5] CAROLI M. Gross motor skill performance in a sample of overweight and non-overweight preschool children[J]. International Journal of Pediatric Obesity, 2011, 6(S2): 42-46.

[6] MORRISON K M, BUGGE A, EL-NAAMAN B, et al. Inter-Relationships among Physical Activity, Body Fat, and Motor Performance in 6- to 8-Year-Old Danish Children[J]. Pediatric Exercise Science, 2012, 24(2): 199-209.

[7] WILLIAMS H G, PFEIFFER K A, O'NEILL J R, et al. Motor skill performance and physical activity in preschool children [J]. Obesity, 2012, 16(6): 1421-1426.

2 文献综述

由此可见,体能对于基本运动技能具有基础性作用,而基本运动技能的发展对儿童体能水平的提高亦具有积极的影响。对于基本运动技能对儿童体能促进机制的研究认为,基本运动技能中包含了许多爆发性动作,如跑、跳、踢、打、抛、击等。这些爆发性动作需要较高水平的神经肌肉的协调支配,正如力量素质具有相同的发展机制,因此,儿童力量素质可以通过参与涉及这些动作的运动和游戏得以提高。[1]此外,在学校体育教育和休闲游戏中,在涉及目标控制技能和位移技能的运动与游戏中,基本运动技能优异的儿童更乐于专注重复练习,并能够坚持较长时间,随着机体对一定运动负荷累积的不断适应,从而提高儿童身体机能,促进儿童整体的健康水平。[2]

陶萍等人对200名中学生进行16周的八极拳运动健身的干预实验,结果表明,八极拳运动健身干预对中学生的身体柔韧性、心血管系统具有显著的促进作用,对中学生的平衡能力、腹部力量和减少腹部脂肪具有明显的促进作用。[3]刘星亮等对武汉市初、高中两个年龄段学生的身体形态、机能和身体素质3个指标进行了测试。活动健身时间:3次/周;活动持续时间:30min;活动强度:心率控制在120~140次/min。初中组(初二年级)运动干预形式:传统特色项目(乒乓球)+多人跳绳(研发干预项目);高中组(高二年级)运动干预形式:传统特色项目(篮球)+太极柔力球(研发干预项目)。结果表明,运动干预可有效提高青少年学生的力量、速度、耐力、灵敏与柔韧等体能,达到增强青少年体质和促进健康的目的。[4]程宙明等对60名17~19岁的女大学生进行16周(每周3次,每次90min)的形体和有氧训

---

[1] BEURDEN E V, ZASK A, BARNETT L M, et al. Fundamental movement skills- How do primary school children perform? The "Move it Groove it" program in rural Australia[J]. Journal of Science & Medicine in Sport, 2002, 5(3): 244-252.
[2] 马瑞,宋珺.基本运动技能发展对儿童身体活动与健康的影响[J].体育科学,2017,37(4):54-61.
[3] 陶萍,杨松.八极拳干预方案对中学生身心健康影响实验研究[J].沈阳体育学院学报,2013,32(4):65-68.
[4] 刘星亮,孟思进.运动干预对增强青少年体质与健康的效果[J].武汉体育学院学报,2013,47(12):56-59.

练，结果发现，相比有氧训练，形体训练显著提高受试者的力量与柔韧成绩，而身体形态与身体成分得到显著改善。[①]

2.5.3.3　体能与运动技能组合教学干预的研究

基于相同运动技能教学情境，进行不同运动时间与运动强度干预的研究。Almagul等探讨不同时间的技能与体能组合的体育课对儿童青少年身心影响的研究，将112名8～9岁被试随机分成四组，实验1组：75%课时（34min）技能，25%课时（11min）体能；实验2组：50%课时（23min）技能，50%课时（22min）体能；实验3组：25%课时（11min）技能，25%课时（34min）体能；实验1～3组都以足球技术动作作为技能教学干预内容。对照组：正常进行体育课。12个月干预研究发现，与对照组相比，实验1组、实验2组、实验3组在上下肢力量、耐力与灵敏等体能指标都得到显著提高，身体形态及体成分有了积极改善，相比实验2组与实验3组，实验1组采用75%课时（34min）技能与25%课时（11min）体能组合的体育课更有利于儿童青少年技能教学。[②]陈福亮探讨不同时间与强度的运动技能和体能组合的练习方式对青少年身心健康促进效果的研究，248名12～13岁初一年级被试按照练习时间与运动强度不同搭配分为6个实验班与1个对照班，6个实验班采取技能、体能（技能25min+体能5min，技能20min+体能10min，技能10min+体能5min）与运动强度（中等强度，高强度）不同组合，对照班为30min技能教学时间，实验班与对照班均以篮球项目作为技能教学的主要内容。1年干预后发现，20min中等强度运动技能和10min中等强度体能组合的练习方式是最适宜的运动技能和体能组合的练习方式，能够显著改善青少年体成分，增

[①] 程宙明，陈彩珍，卢健.形体训练对女大学生身体形态、成分、素质和免疫力影响的实验研究[J].中国体育科技，2014，50（3）：78-88.

[②] ILYASOVA A, ERZHANOV Z. Optimization of Physical Fitness Development for Primary School Learners in Physical Education Lessons[J]. Baltic Journal of Sport and Health Sciences, 2018, 2(93).21-28

强心肺功能，提高肌肉力量与耐力、柔韧和速度素质。[①]

  基于相同运动时间与运动强度，不同运动技能教学干预的研究。殷恒婵等以2 463名小学生为研究对象，采用5套设计方案（体能、运动技能、体能与技能组合）进行为期10周课外运动干预的研究，运动频率：3~5次/周，30min/次；运动强度：（220-年龄）×（40%~80%）；平均心率大于120次/min。研究表明，5套干预方案对小学生身心健康发展均有积极的促进作用，但不同方案对小学生身心健康的不同指标影响效果不同，对相同指标的影响程度也不同。[②]甄志平等采用实验研究法对1 453名中学生进行为期5个月的体育与健康运动处方的干预教育。选取武术、球类（篮排球为主，结合多种小球的选修）、体操（包含健美操）为主要干预内容，并结合各种体育游戏设计Ⅰ型健身（身体素质）运动处方、Ⅱ型健身（运动技能和健康教育）运动处方及素质练习运动处方。研究表明，将运动处方运用于课内外体育锻炼中，学生参加运动的系统性和科学性得到有效提高，起到了很好的锻炼效果，对自我锻炼技能的学习和掌握也有较好的效果。[③]

  由此可见，基于真实体育课堂情境的研究，国内外许多研究已经逐渐从体能干预视角或运动技能干预视角的单一运动干预范式，向运动技能与体能组合的综合干预研究范式转变。已有研究结果表明，体育课中采用运动技能加体能的组合练习方式，既能提高体育课的运动负荷，使儿童青少年在体育课中长时间保持中高强度的身体练习，而一定运动负荷的累积，也有助于儿童青少年体能水平的提高和健康效益的出现，进而提高儿童青少年的体质健康水平。

[①] 陈福亮.体育课运动技能和体能组合练习对儿童青少年身心健康的影响[D].上海：华东师范大学，2018.

[②] 殷恒婵，陈雁飞，张磊.运动干预对小学生身心健康影响的实验研究[J].体育科学，2012，32（2）：14-27.

[③] 甄志平，崔景辉，张瑛秋，等.中学生体育与健康运动处方健身效果评定的实验研究[J].北京体育大学学报，2007，30（1）：35-37.

2.5.4 敏感期干预方式的研究

Javier等人通过在小学学生生长发育突增阶段（敏感期）采取挖掘灵敏素质科学训练的手段，以影响灵敏素质关键因素（预判决策能力、变换动作和快速变向能力）设置5种不同情境模式进行实验研究。实验发现，与直线冲刺跑、折返跑等单一练习情境相比，传统的有标志物的游戏或比赛的干预效果更好。[1][2]Fjortoft等将现代信息技术和现代体能训练有效结合，利用GPS定位功能监测中小学生身体活动状况，及时反馈儿童青少年在运动中负荷量，依据儿童青少年身体素质的个体差异有的放矢地安排运动量，有效促进体能更好地发展。[3]Sekulic等用其他运动项目成绩的变化预测灵敏素质发展的趋势，运用统计学相关分析和多元回归分析方法，揭示动作速度及反应时与灵敏素质成绩的提高高度相关。因此，经科学统计分析得出与灵敏素质高度相关的两项指标与影响灵敏素质三因素（预判决策能力、变换动作和快速变向能力）基本一致。[4]

由此可知，在儿童青少年体能发展敏感期，现代体能训练的理念和方法、先进的信息技术手段（GPS等）、科学的数理统计分析软件等一系列科学化的干预手段正在发挥积极作用。相比国外体能发展敏感期科学化干预的研究，近年来我国学者也在积极尝试。李志双对省会中小学生速度素质敏感期研究中，首次提出在敏感期运动处方干预的研究，通过运动负荷调节，也

---

[1] YANCI J, REINA R, LOS A A, et al. Effects of different contextual interference training programs on straight sprinting and agility performance of primary school students[J]. Journal of Sports Science and Medicine, 2013, 12（3）：601-607.

[2] YANCI J, LOS A A, GRANDE I, et al. Correlation between agility and sprinting according to student age[J]. Coll Antropol, 2014, 38（2）：533-538.

[3] FJORTOFT I, LOFMAN O, HALVORSEN T K. Schoolyard physical activity in 14-year-old adolescents assessed by mobile GPS and heart rate monitoring analysed by GIS[J]. Scandinavian Journal of Public Health, 2010, 38（5 Suppl）：28-37.

[4] SEKULIC D, SPASIC M, ESCO M R. Predicting agility performance with other performance variables in pubescent boys: a multiple-regression approach[J]. Percept Mot Skills, 2014, 118（2）：447-461.

2 文献综述

就是运动强度和运动量的不同组合,探索适合儿童青少年不同时期速度素质发展的最佳运动处方。[①]及化娟等根据速度素质发展敏感期11岁男生各项身体素质测验结果,通过灰色关联分析及权重比较得出:11岁男生身体素质各个代表因素对速度素质的代表指标50m跑的影响程度大小依次为:行进间30m跑＞100m跑＞50m×8往返跑＞立定跳远＞纵跳摸高＞10s立卧撑＞抛实心球＞立位体前屈,并指出在速度素质敏感期发展速度素质首先考虑与其关联度较强的素质练习手段,说明对于科学训练,有针对性教学内容的安排,其效果相对更佳。[②③]

乔秀梅等通过对现代体能训练理念和方法的引进和改造,制定了小学生灵敏素质促进的实践方案,采用准实验设计法,以敏感期为主线组织中小学体能相关的教学内容,更容易体现教材内容的逻辑层次性;将美国SPARK体能课程教学模式引入中小学课堂,采用"一举多得"的功能性练习动作,和运用运动素质迁移,能够有效地提高灵敏素质,改善学生的体能状况。[④]

综上所述,随着现代体能训练理念、体能教学模式等不断涌现,为儿童青少年体能敏感期的体能促进提供了广阔的发展空间。同时,现代信息技术的发展、统计学原理应用等,使得体能发展敏感期干预趋于科学有效。由此可见,通过合理的、有针对性的科学训练才能更有效地提高儿童青少年体能发展水平,起到事半功倍的训练效果。值得一提的是,国内外对于儿童青少年体能发展趋向,建议运动负荷从关注高强度、中等强度到"量的累积效应"(量剂效应)进行演变,并提出提高心肺机能和肌肉力量是儿童青少年体能发展建议的主要目标。

[①] 李志双. 省会中小学生速度素质敏感期运动处方的研究[D]. 石家庄:河北师范大学,2002.
[②] 及化娟,梁月红,魏孟田,等. 对速度素质敏感期11岁男生身体素质灰色关联分析[J]. 北京体育大学学报,2006(6):804-806.
[③] 及化娟,刘建敏. 敏感期女生身体素质灰色关联分析[J]. 石家庄学院学报,2006(3):106-111.
[④] 乔秀梅,张秀枝,赵焕彬,等. 敏感期小学生灵敏素质促进的干预实验研究[J]. 体育学刊,2013(5):89-92.

2.5.5 敏感期干预效果是否"敏感"的研究

2.5.5.1 干预效果"敏感"的研究

研究表明，随着儿童青少年处于生长高峰阶段，他们的技能和行为也在同步发展，这个时期儿童青少年对环境影响非常敏感。在儿童青少年身体发展特定时期给予适当的干预会起到事半功倍的作用。[1][2]

Loko等对爱沙尼亚10～17岁普通女生与训练女生生长发育与运动成绩的特征进行实验研究，提出冲刺能力、肌肉爆发力、肌肉耐力、心肺耐力等研究指标。结果显示：10～15岁，除了立定跳远（爆发力指标），其他指标在11～12岁、14～15岁不显著。实验组（训练女生）与对照组（普通女生）各年龄段都存在显著性差异：实验组的运动成绩提高明显；15～16岁年龄段运动成绩差异不显著；16～17年龄段所选取指标的运动成绩均表现出显著性差异，实验组的成绩好于对照组的成绩。从总体干预结果可知，相比对照组，实验组的运动成绩均得到了提高，只有进步幅度、效果量的大小差别。[3][4] Fjortoft等选取挪威年龄在5～12岁的195名学生体能进行研究，用一组包含9项测试指标（立定跳远、7m双脚跳、7m单脚跳、单手掷网球、双手推健身球、5×10m往返跑、20m冲刺、经修改的cooper测试）来评价力量、耐力、灵敏、协调和平衡等运动素质。实验结果表明，随着年龄的增加，所有

---

[1] ALI M A, LESTREL P E, OHTSUKI F. Adolescent growth events in eight decades of Japanese cohort data: sex differences[J]. Am J Hum Biol, 2001, 13（3）: 390-397.

[2] ARMSTRONG N, MCMANUS A M. Physiology of elite young male athletes[J]. Med Sport Sci, 2011, 56: 1-22.

[3] LOKO J, AULE R, SIKKUT T, et al. Age differences in growth and physical abilities in trained and untrained girls 10—17 years of age[J]. American Journal of Human Biology, 2003, 15（1）: 72-77.

[4] LOKO J, AULE R, SIKKUT T, et al. Motor performance status in 10 to 17-year-old Estonian girls[J]. Scandinavian Journal of Medicine & Science in Sports, 2000, 10（2）: 109-113.

2 文献综述

运动成绩均呈线性增长趋势。[1]近期国外一些研究分别从体育教学和运动训练的视角进一步验证上述观点。[2][3]

刘怡麟采用个案跟踪研究法,对跳高运动员采用传统训练与敏感期干预训练进行对比研究。结果显示,经过素质敏感期训练计划训练的运动员成才率高,其后期的发展潜力较大。而传统训练计划忽略青少年身心发育特点,其训练结果不理想,运动员的技术粗糙、伤病率较高。[4]齐景宇[5]、刘志学[6]以握力为研究指标,对北京市中小学男、女生通过八周力量素质干预练习进行研究。结果显示,实验组力量素质(握力)在实验后干预效应不同,但不同年龄段都有不同程度的提高,对照组自然增长下相比力量素质发展的总体趋势没有改变。男生提高最快的为初中二年级,然后是初中一年级,第三就是小学六年级和五年级,对应11~14岁;女生四年级到初一年级阶段为力量素质快速增长的阶段,对应10~13岁,力量素质敏感期相一致,说明力量发展敏感期干预获得效果量较非敏感期显著。近年来,国内体能研究者对该领域进行了系列研究,进一步证实体能发展敏感期适时给予有效干预,对儿童青

---

[1] FJORTOFT I, PEDERSEN A V, SIGMUNDSSON H, et al. Measuring physical fitness in children who are 5 to 12 years old with a test battery that is functional and easy to administer[J]. Phys Ther, 2011, 91(7): 1087-1095.

[2] EATHER N, MORGAN P J, LUBANS D R. Improving the fitness and physical activity levels of primary school children: Results of the Fit-4-Fun group randomized controlled trial[J]. Preventive Medicine, 2013, 56(1): 12-19.

[3] FRANSEN J, DEPREZ D, PION J, et al. Changes in physical fitness and sports participation among children with different levels of motor competence: a 2-year longitudinal study[J]. Pediatr Exerc Sci, 2014, 26(1): 11-21.

[4] 刘怡麟. 山东青少年跳高运动员素质敏感期训练的研究[D]. 济南:山东体育学院, 2012.

[5] 齐景宇. 力量干预练习对北京市中小学男生力量素质发展影响的实验研究[D]. 北京:首都体育学院, 2014.

[6] 刘志学. 力量干预练习对北京市中小学女生力量素质发展影响的实验研究[D]. 北京:首都体育学院, 2014.

少年体能促进起到积极作用。①②③④

2.5.5.2 干预效果"不敏感"的研究

卓金源等通过实验验证"敏感期是否对训练敏感",选取处于力量敏感期(初中组和高中组)和非力量敏感期(大学组)的不同年龄段的青少年进行相对等量负荷的力量干预训练,对比三组受试者力量素质增长情况,结果显示,力量训练对处于力量素质敏感期的初中组和高中组的力量水平有显著性提高。力量训练对处于非力量素质敏感期的大学组的力量水平有显著性的提高,并且提高的幅度与初中组和高中组相似,说明对处于身体素质敏感期的青少年进行相应素质训练并不会使这项素质相比于成年人获得额外的提高,即所谓敏感期并不对训练"敏感"。由此可知,在敏感期内进行相应的素质训练不会使这项素质取得额外的提高或使训练取得"事半功倍"的效果。⑤苏士强基于相同研究方法,通过敏感期与非敏感期实验进一步验证了上述研究结论。⑥

综上所述,国内外较多实证研究表明对处于体能发展敏感期的儿童青少年施加针对性的干预训练,对体能发展起到事半功倍的效果,这与儿童青少年生理学、心理学、人类动作发展等已有理论成果相一致。不过,值得一提的是,一些学者通过对青少年力量素质处于敏感期与非敏感期进行实验干预

---

① 王彬. 耐力干预练习对北京市中小学男生耐力素质发展影响的实验研究[D]. 北京:首都体育学院,2014.

② 胡金帅. 耐力干预练习对北京市中小学女生耐力素质发展影响的实验研究[D]. 北京:首都体育学院,2014.

③ 王喜东. 速度干预练习对北京市中小学男生速度素质发展影响的实验研究[D]. 北京:首都体育学院,2014.

④ 王存宝. 速度干预练习对北京市中小学女生速度素质发展影响的实验研究[D]. 北京:首都体育学院,2014.

⑤ 卓金源,米靖,苏士强. "敏感期"是否对训练敏感:不同年龄段青少年力量训练效果的实验研究[J]. 北京体育大学学报,2015,38(10):139-145.

⑥ 苏士强. 力量素质训练敏感期的实验研究[D]. 北京:北京体育大学,2013.

研究，对于敏感期干预效果并不"敏感"的实验结果，值得研究者在敏感期后续研究中进一步验证。

2.5.6 研究评述

儿童青少年体质下降，尤其是体能水平的持续滑坡成为体能理论研究与干预促进研究的重要背景和契机。体育课作为儿童青少年体能促进的主渠道，近年来发现，研究者聚焦体育课堂，以儿童青少年为干预对象，设计多样化的运动干预方案，探讨不同干预路径下儿童青少年体能促进的效果。体育课堂教学中运动技能、体能练习、运动时间、运动强度、运动密度等一些核心要素再次成为热点问题。

当前已有研究结果带来的启示主要有四个方面：一是适宜的运动时间与强度能够促进儿童青少年体能水平的提高；二是选择持续性运动或间歇性运动需基于具体运动项目、特定的人群等具体情境；三是运动技能与体能组合的练习方式是体育课堂常态体现，如此安排符合儿童青少年身心发展特点及运动技能与体能发展的一般规律；四是基于学生视角的丰富多样化的教学设计、先进的体育课程模式的选择已经成为现代体育课堂的主流。

但当前的研究仍存在以下两个方面的问题：

（1）体能干预方式略显单一。通过文献梳理发现，基于体育课堂的干预研究多从单一体能设计的视角，"就体能练体能"，完全脱离真实的体育课堂情境，忽视运动技能的教学，忽视运动技能学练对于体能积极的促进作用。下一步应该先从遵循儿童青少年身心发展的特点以及学生的学习兴趣，设计运动技能与体能组合形式的体育课堂练习方式，有效促进儿童青少年体能水平的提高。

（2）基于敏感期的实证研究薄弱。敏感期实证研究呈现两种趋势：一是从已有的儿童青少年体能发展敏感期的年龄中，选择部分体能指标，就个别年龄段进行实验干预研究，比较不同体能指标实验前后的干预效果。二是对于同一类型体能指标，在敏感期与非敏感期年龄段中各选择一个年龄段，进行小样本的实验干预效果的验证研究。分析可知，以上研究较少考虑敏感期遗传与环境等影响因素，儿童青少年体能敏感期并非一成不变，只是总体趋势相当。当前敏感期与非敏感期干预效果的比较与验证研究较少，已有研究样本量较小，尚不能客观反映敏感期的特点与一般规律。下一步敏感期的研究中需强化理论研究与实证研究的结合，具有一定的理论支撑，在敏感期与非敏感期干预效果的比较与验证研究中选择多年龄段、大样本的研究。

2.6 小结

本部分主要对体能发展敏感期的概念、界定标准、年龄特征、理论基础、影响因素和运动干预方式五个方面的研究进展进行了梳理。

（1）在对体能概念进行梳理分析的基础上，确定本书中体能主要研究内容为健康相关体能与动作技能相关体能的综合研究，其中与健康相关体能的主要研究内容为身体形态及身体成分等，与动作技能相关体能的主要研究内容为力量与灵敏的相关指标等。

（2）在梳理国内外儿童青少年体能发展敏感期缘起、概念、理论基础及影响因素的基础上，考虑到敏感期影响因素等，进而在本书中以某一区域儿童青少年体能的相关指标作为研究内容。

（3）梳理体育不同学科对体能发展敏感期年龄特征的文献，发现诸多学者从不同学科视角对儿童青少年体能发展敏感期进行过相关研究与论述，如从运动训练学视角，探讨不同年龄段儿童青少年运动能力与运动项目形成规律；从运动生理学视角，探讨儿童青少年生长发育与体能发展内在关联；从体质研究视角，探讨不同年龄段儿童青少年体能特点及发展趋势。上述研究缺乏从学校层面探讨儿童青少年体能发展敏感期的特征与一般规律。因此，本书围绕前人研究中的不足，通过横断面大样本调查研究筛选出儿童青少年体能发展敏感期的年龄，为后续的实验研究做铺垫。

（4）梳理体能发展敏感期年龄界定标准的文献，发现在儿童青少年体能发展敏感期年龄界定标准上，国内外权威研究对于界定标准的结论基本一致，而国内亦有相关学者提出了不同的界定标准。本书对于儿童青少年体能发展敏感期年龄的界定标准采用国内外权威研究结论，即以年增长率的均值加一个标准差作为确定敏感期的界定标准，年增长率等于或大于标准值的年龄阶段为敏感期，小于标准值的为非敏感期。

（5）在对儿童青少年体能发展促进与运动干预进行梳理的基础上，发现基于学校为基础的运动干预方式的研究主要有不同运动时间与强度干预的研究；持续性运动与间歇性运动干预的研究；运动技能与体能教学干预的研究；敏感期不同干预方式的研究；国内外基于学校为基础的干预项目的研究；敏感期下运动干预效果的研究；敏感期与非敏感期下运动干预效果的比较研究。

通过对运动干预相关文献的梳理发现，基于学校为基础的运动干预的时间不等（4周~1年），干预时间多集中在8~12周，且普遍存在体能促进效应；考虑到真实的体育课堂情境，大多数研究选择中高强度间歇性的运动方式，发现中高强度间歇性运动方式相比持续性运动方式更适合体育课上对学生进行运动干预，且具有较好的干预效果；对体育课上选择采用运动技能、体能或运动技能加体能组合的干预内容，多取决于研究的目的。但比较发现，相关研究较少考虑真实的体育课堂情境，许多研究往往采用运动技能或体能作为主要干预内容的较为单一的形式，缺少基于体育课堂情境下运动技能与体能的组合方式对儿童青少年体质健康促进的综合效应研究；敏感期运动干预效果的研究中，较多文献呈现的是运动训练中的少数运动员训练的案例，抑或是以学校为基础进行过单个年龄段、小样本且较为宏观的实验设计与教学干预，此类研究尚不足以客观、全面反映儿童青少年体能发展敏感期特征与规律。

基于此，本书通过横断面调查研究对某一区域儿童青少年力量与灵敏相关指标发展敏感期的年龄进行筛选，在此基础之上，尝试探讨敏感期下运动干预对儿童青少年力量与灵敏相关指标的干预效果，以及进一步探讨敏感期与非敏感期下运动干预对儿童青少年力量与灵敏相关指标干预效果的比较研究，以期为我国儿童青少年体质健康发展及体能水平提高提供一定依据与策略。

3

儿童青少年力量与灵敏相关指标发展敏感期年龄的筛选：基于横断面研究

3.1 引言

20世纪七八十年代以来，国内外较多学者从不同学科层面关注儿童青少年生长发育与体能发展的特点与规律，形成了许多具有指导性的理论与实践成果。体能发展敏感期的相关理论就是其中成果之一。近年来，我国儿童青少年体质状况不容乐观，特别是体能相关指标（如力量、耐力等）持续下降，引起全社会的广泛关注，已经有越来越多的学者提出儿童青少年阶段科学化训练的问题，使"体能发展敏感期"再一次成为研究的热点问题。体能发展敏感期的表述及相关理论在一些权威书刊或论文中也时常出现。

"体能发展敏感期"源于"体能"与"敏感期"等相关理论基础之上。国内外学者对"体能发展敏感期"一词表述不一，但其研究内容大体相同。苏联学者将"敏感期"称之为"sensitive period"或"critical period"；[1]欧美等国家将敏感期称为某项素质的"加速适应窗口（window of accelerated adaptation）"；[2]也有部分国外学者将其称为"机会之窗（windows of opportunity）"。[3]国内学者用"体能发展敏感期"这一表述居多。在查阅体能与敏感期相关文献的基础上，发现诸多学者从不同学科视角对儿童青少年

---

[1] LOKO J, AULE R, SIKKUT T. Sensitive periods in physical development[J].University of Tartu. 1994.25（2）：16-19

[2] BALYI I, HAMILTON A. Long-term athlete developmenttrainability in childhood and adolescence[J]. Olympic Coach.2004，35（2）：25-28.

[3] MAIA J A, LEFEVRE J, CLAESSENS A L, et al. A growth curve to model changes in sport participation in adolescent boys[J]. Scand J Med Sci Sports, 2010, 20（4）：679-685.

儿童青少年力量与灵敏相关指标发展敏感期年龄的筛选：基于横断面研究

体能发展敏感期进行过相关研究与论述，如从运动训练学视角，探讨儿童青少年运动能力与运动项目形成规律；从运动生理学视角，探讨儿童青少年身体发展与体能发展内在关联；从体质研究视角，探讨不同年龄段儿童青少年体能发展的特点及未来趋势。以上研究多从理论层面进行分析或推导，或是少数运动训练实践的案例，抑或是进行过个别年龄段、小样本且较为宏观的设计与实验干预，尚难以全面、客观反映体能发展敏感期的特征与规律。

确定实验对象的敏感期年龄对研究的结果至关重要。国内外权威研究在划分、界定儿童青少年体能发展敏感期标准的选择与界定上基本一致，本书中敏感期年龄筛选的依据和标准参照国内外权威研究的界定标准与方法。敏感期年龄筛选的标准为：以年增长率的均值加一个标准差（$\bar{X}+s$）作为临界值，将年增长率值大于或等于临界值的年龄阶段称为敏感期，小于临界值称为非敏感期。[1][2][3]本书采用此标准作为儿童青少年体能发展敏感期的界定标准，敏感期的区间确定为：$X_i \geq \bar{X}+s$（X_i为某一年龄段的年增长率）。

从敏感期的影响因素可知，遗传和环境是关键因素。由此可知，不同地域儿童青少年生长发育状况及体能发展的特点存在一定的差异。因此，本书将一定区域的儿童青少年作为研究对象，采用横断面调查研究方法，选取力量与灵敏等相关指标作为研究内容，采用敏感期的界定标准，对区域7~18岁儿童青少年力量与灵敏7项指标的体能发展敏感期的年龄进行筛选。

---

[1] GROUP W M G R. Relationship between physical growth and motor development in the WHO Child Growth Standards[J]. Acta Paediatr Suppl, 2006, 450: 96-101.

[2] SAAR M, JURIMAE T. The relationships between anthropometry, physical activity and motor ability in 10~17 year-olds[J]. Journal of Human Movement Studies, 2004, 47（1）: 1-12.

[3] VESCOVI J D, RUPF R, BROWN T D, et al. Physical performance characteristics of high-level female soccer players 12~21 years of age[J]. Scandinavian Journal of Medicine & Science in Sports, 2011, 21（5）: 670-678.

3.2 调查方法

3.2.1 调查对象

本次调查选择7～18岁的中小学生作为调查对象，对应基础教育阶段小学一年级至高三年级阶段的中小学生。调查样本为能从事各项体育锻炼活动，发育健全、身体健康的学生，不包括有运动训练经历或参加学校课余运动队训练的学生。本次调查选择某市的六所中小学作为调查对象，其中，小学、初中、高中各两所。调查时间为2017年9月初至9月底。样本组成：样本按男、女分为两类，7～18岁的每个年龄段为一组，共24个年龄组，每个年龄段样本含量不低于160人（参照《2014年中国学生体质与健康调研报告》中各省的样本数量150人）。

在六所学校中，从小学一年级至高三年级的每个年级中随机整群抽取8个教学班全体学生（每所学校各年级所抽取班级数相同），实际调查有效样本数量为3 953人（男生为1 972人，女生为1 981人）。调查对象的基本情况见表3–1和3–2。

表3–1 男生基本情况

年龄	学生人数	身高(cm)	体重(kg)	身体质量指数（BMI）
7	165	127.94±4.72	27.53±5.36	16.72±1.87
8	168	132.56±5.18	30.28±6.32	17.14±2.12
9	163	137.52±5.54	33.76±7.38	17.75±2.35

儿童青少年力量与灵敏相关指标发展敏感期年龄的筛选：基于横断面研究

续表

年龄	学生人数	身高(cm)	体重(kg)	身体质量指数（BMI）
10	165	142.38±6.52	37.36±8.73	18.32±2.78
11	162	148.65±7.25	42.07±9.37	18.91±2.93
12	166	156.68±7.53	47.51±10.51	19.22±3.18
13	164	165.73±7.21	53.97±11.70	19.51±3.26
14	165	169.67±6.71	59.23±11.82	20.53±2.52
15	167	171.22±6.30	61.33±10.74	20.87±2.47
16	163	172.45±5.67	62.54±11.31	21.02±2.70
17	162	172.79±5.92	65.49±11.73	21.89±2.34
18	162	173.51±5.15	65.73±10.87	21.61±2.82

表3-2 女生基本情况

年龄	学生人数	身高(cm)	体重(kg)	身体质量指数（BMI）
7	168	127.36±4.75	26.35±4.52	16.15±1.76
8	165	131.53±5.23	28.29±5.23	16.32±1.85
9	167	138.57±5.51	32.95±6.17	17.21±2.32
10	163	143.78±6.17	36.21±7.25	17.42±2.17
11	164	151.06±6.52	40.79±8.40	17.79±2.42
12	168	155.23±5.97	44.39±8.51	18.37±2.73
13	165	157.82±5.76	48.68±8.24	19.48±2.81
14	168	159.29±4.77	51.32±7.56	20.21±2.63
15	163	160.23±5.36	51.79±7.86	20.13±2.47
16	165	160.67±5.22	52.17±6.58	20.17±2.40
17	163	161.75±4.93	53.36±6.83	20.39±2.25
18	162	161.26±4.62	53.81±6.57	20.70±2.16

3.2.2　调查内容

3.2.2.1　力量与灵敏相关的7项指标

本书调查选择儿童青少年力量与灵敏体能类别中的相关指标（见表3-3），各指标选择依据孙庆祝教授编写的《体育测量与评价》[①]（第二版）中对各指标的测量方法及评价标准；各指标分类依据田麦久教授编写的《运动训练学》[②]（第一版）中对于力量与灵敏的分类标准。

表3-3　力量与灵敏相关的7项指标一览表

体能类型	指标分类	测试项目
力量	最大力量（上肢）	握力
	最大力量（腰背）	背力
	力量耐力	1min仰卧起坐
	速度力量（水平方向）	立定跳远
	速度力量（垂直方向）	纵跳
灵敏	与平衡及协调相关灵敏	20s反复侧跨步
	与急停急起、快速变向及冲刺相关灵敏	往返跑（10m×4）

3.2.2.2　力量与灵敏相关指标的测试方法

（1）握力测试方法

测试前，受试者用有力的手握住握力器内外握柄，另一只手转动握距

[①] 孙庆祝，郝文亭，洪峰，等.体育测量与评价（第二版）[M].北京：高等教育出版社，2010：150-180.

[②] 田麦久，刘大庆.运动训练学（第一版）[M].北京：人民体育出版社，2014：124，177.

调整轮，调到适宜的用力握距，准备测试。测试时，受试者身体直立，两脚自然分开，与肩同宽，两臂斜下垂，掌心向内，用最大力握紧内外握柄。以"kg（千克）"为单位记录成绩，精确至0.1kg。测2次，取最佳成绩。测量要求：测试时，禁止摆臂、下蹲或将握力器接触身体；受试者不能确定有力手时，左右手各测试2次，记录最大值；每次测试前，握力器须回"0"。

（2）背力测试方法

受试者两脚分开约15cm，直立在背力计的底盘上，两臂和两手伸直下垂于同侧大腿的前面。测试人员调背力计拉链的长度，使背力计握柄与受试者两手指尖接触。或将背力计握柄的高度调至恰使受试者上体前倾30°的位置。测试时，受试者两臂伸直，掌心向内紧握握柄，两腿伸直，上体绷直抬头，尽全力上拉背力计。以"kg（千克）"为单位记录成绩，精确至0.1kg。测2次，取最佳成绩。测量要求：测试前，受试者做好准备活动；测试时，受试者不能屈肘、屈膝或上体后倒，应以中等速度牵拉，不能过慢或用力过猛；每次测试前，背力计须回"0"。

（3）1min仰卧起坐测试方法

测试前，受试者在软垫上屈膝仰卧，大小腿成90°，两手手指交叉置于头后。另一同伴双手握住受试者两侧踝关节处，将双足固定于地面。当受试者听到"开始"口令后，双手抱头，收腹使躯干完成坐起动作，双肘关节触及或超过双膝后，还原至开始姿势为成功1次。测试人员在发出"开始"口令的同时，开表计时，并记录受试者在1min内完成仰卧起坐的次数（允许中间停顿休息）。以"次"为单位记录成绩。测量要求：测试时，受试者如果借用肘部撑起或臀部上挺后下压的力量完成起坐，或仰卧时两肩胛部未触地，或双肘未触及双膝，该次仰卧起坐不计数；测试中，测试人员要随时向受试者报告已完成次数；受试者的双脚必须放在垫子上，并由同伴将其固定住。

（4）立定跳远测试方法

受试者两脚自然分开站立，站在起跳线后，两脚尖不得踩线或过线。两脚原地同时起跳，并尽可能往远处跳，不得有垫步或连跳动作。丈量起跳线后缘至最近着地点后缘的垂直距离。以"cm（厘米）"为单位记录成绩，不计小数。测3次，取最佳成绩。测量要求：发现受试者犯规时，此次成绩无效；受试者起跳时不能有助跑或助跳动作。

（5）纵跳测试方法

受试者踏上纵跳板，双脚自然分开，呈直立姿势，准备测试。测试时受试者屈膝半蹲，双臂尽力后摆，然后向前上方迅速摆臂，双腿同时发力，尽力垂直向上跳起。当受试者下落至纵跳板后，显示屏显示测试值。以"cm（厘米）"为单位记录成绩，精确至0.1cm。测3次，取最佳成绩。测量要求：起跳时，受试者双脚不能移动或有垫步动作；在起跳后至落地前，受试者不能屈膝、屈髋；如果受试者没有下落到纵跳板，测试失败，须重新测试。

（6）20s反复侧跨步测试方法

受试者双脚骑跨在中线上，取半蹲姿势。听到"开始"信号后，迅速向右侧跨步移动，按"中线→右→中线→左→中线……"的顺序反复移动，每通过（触及或跨过）一线，计1次，记录20s内所通过的次数。测2次，以"次"为单位记录最佳成绩。测量要求：要选择不滑的场地或在土场地上测试，线不清楚时要及时补线（如图3-1所示）。

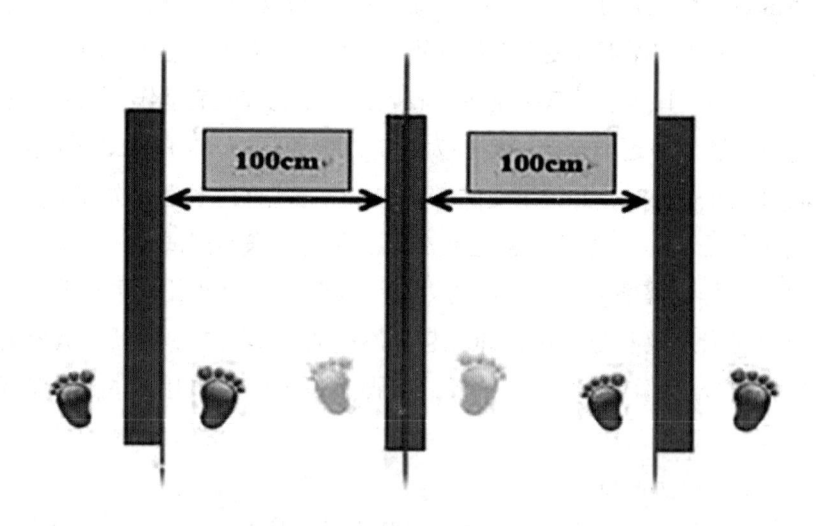

图3-1　20s反复侧跨步示意图

（7）往返跑（10m×4）测试方法

受试者手持一木块站在起跑线后，当听到"跑"的信号后，迅速从S_1线跑向对侧的S_2线外的横线上，用一只手交换木块随即往回跑，跑到S_1线外的横线上再交换木块，然后再跑向S_2线外的横线上交换另一木块，最后持木块冲出S_1线，记录跑完全程的时间。以"s（秒）"为单位记录4次往返所用时间，精确至0.1s。测量要求：受试者不准抛木块，不能用双手交换木块；受试者取放木块时，脚不能越过S_1线和S_2线；违例者重测（如图3-2所示）。

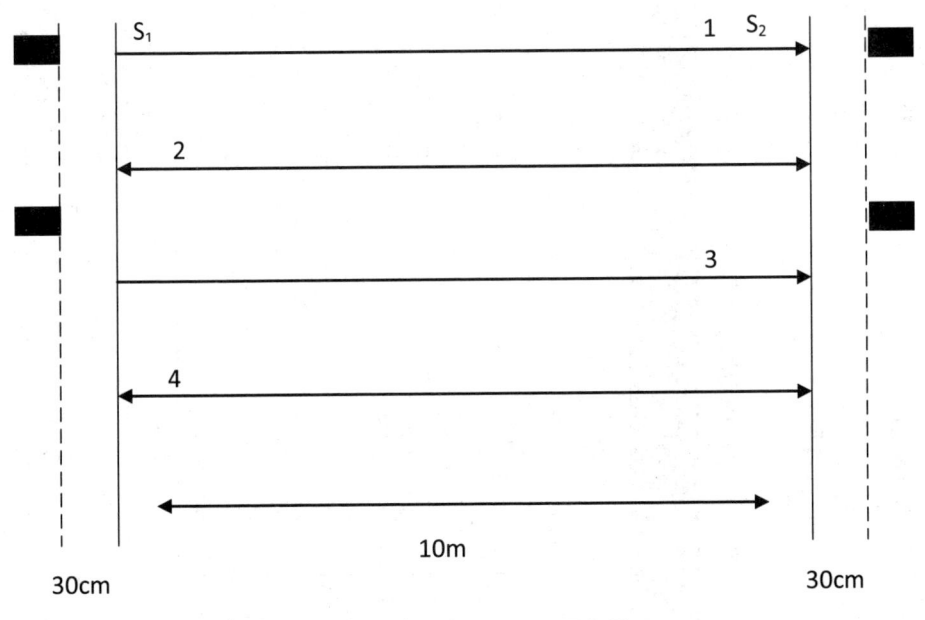

图3-2 往返跑(10m×4)示意图

3.2.2.3 力量与灵敏相关指标的基本情况

力量与灵敏相关指标的基本情况见表3-4和3-5。

表3-4 7~18岁男生力量与灵敏指标的基本情况

年龄	握力（kg）	背力（kg）	仰卧起坐（个）	立定跳远(cm)	纵跳(cm)	反复侧跨步（次）	往返跑（s）
7	9.67±2.72	31.45±9.21	23.16±9.72	125.17±16.41	19.35±3.45	22.53±6.93	15.76±0.93
8	11.21±2.93	33.76±10.42	24.87±10.29	131.68±17.14	20.91±4.45	24.65±7.35	15.18±1.05
9	13.26±3.64	40.32±12.26	27.92±10.78	143.39±18.57	23.01±5.31	27.67±7.60	14.25±1.15
10	15.62±4.32	44.29±13.75	32.25±10.26	152.92±19.28	24.73±5.93	28.42±7.84	12.82±1.21
11	18.78±5.76	50.63±14.69	34.71±9.83	161.36±19.50	26.29±6.51	30.89±8.27	11.87±1.06
12	22.63±6.52	57.14±16.94	35.89±9.27	170.29±21.43	29.46±6.54	32.14±8.71	11.56±0.92
13	28.02±7.30	67.20±18.71	36.75±10.13	186.12±22.16	33.78±9.20	32.35±9.26	11.85±0.85
14	35.53±7.82	81.47±21.54	38.43±9.97	205.73±23.27	36.24±8.63	33.54±8.78	10.96±0.96
15	39.41±7.51	96.84±22.83	39.65±10.51	213.81±23.53	38.61±7.61	34.38±9.75	11.15±0.87
16	40.62±7.28	102.66±21.48	38.62±10.36	216.59±22.85	40.38±7.96	33.76±8.52	11.04±1.03
17	42.05±7.15	109.79±21.35	37.56±10.62	221.65±22.26	41.73±9.72	34.27±9.33	11.19±0.89
18	43.12±7.37	117.58±22.13	37.21±9.35	219.57±21.73	39.51±8.64	32.16±9.18	11.26±0.92

儿童青少年力量与灵敏相关指标发展敏感期年龄的筛选：基于横断面研究

表3-5 7~18岁女生力量与灵敏指标的基本情况

年龄	握力（kg）	背力（kg）	仰卧起坐（个）	立定跳远(cm)	纵跳(cm)	反复侧跨步（次）	往返跑（s）
7	9.37±2.61	27.38±7.36	21.53±9.27	118.58±14.85	18.52±3.21	19.52±6.62	16.18±0.87
8	10.51±3.12	29.72±8.25	23.29±9.65	121.23±15.27	19.01±4.10	22.36±7.43	15.62±0.93
9	12.43±3.56	32.79±8.57	26.83±10.58	132.71±16.63	20.68±4.64	24.65±7.06	13.96±1.05
10	14.56±4.82	36.87±9.72	30.17±10.21	143.69±18.22	24.02±6.32	27.47±7.32	12.95±1.13
11	17.49±5.14	42.62±11.71	33.26±9.41	153.25±17.48	26.72±6.65	29.23±7.90	12.08±0.93
12	20.75±5.36	50.73±13.42	33.81±9.98	158.75±18.26	29.65±7.07	29.87±8.83	12.15±0.78
13	22.16±4.87	54.15±13.55	34.69±9.32	160.23±17.52	30.47±6.87	29.53±8.07	12.31±0.89
14	23.81±5.06	62.95±14.32	35.21±9.93	162.42±17.96	31.44±5.89	30.47±7.92	12.19±0.92
15	24.73±5.06	65.16±12.43	36.35±10.12	163.59±16.74	30.39±4.48	30.16±8.56	12.38±0.84
16	25.52±4.89	67.72±12.98	36.42±9.49	165.28±17.60	30.55±4.35	29.29±7.21	12.64±0.76
17	26.35±5.23	71.40±13.66	35.49±10.79	164.57±17.75	29.56±5.61	29.65±7.64	12.56±0.94
18	26.79±4.96	69.76±12.94	34.18±9.79	162.81±17.51	28.83±4.83	28.39±7.85	12.77±0.85

3.2.3　质量控制

3.2.3.1　调查前期

调查前期，经过充分查阅相关文献，并结合多位相关专家建议的基础上，进而确定力量与灵敏相关的7项研究指标。在确定研究指标的基础上，制定详细的调查方案、拟定测试计划；对每所调查学校的测试场地进行现场调研后，进行统筹安排。调查前期与每所学校的校领导、体育负责人充分协调沟通，并告知调查学生及家长，得到他们的认可与支持；测试前，检查测试所需的器材设备，对所有测试设备进行严格校对，确保测试数据的准确性。六所学校参与调查研究的教师进行集中培训。由教师告知学生具体的测试项目、测试方法、测试流程及测试要求，并在开学第一周的体育课上指导学生熟悉测试项目与测试设备（见表3-6）。

表3-6　主要测试器材

体能指标	测试项目	测试器材
力量	握力	电子握力器
	背力	电子背力计
	1min仰卧起坐	软垫、秒表
	立定跳远	量尺、标志带
	纵跳	电子纵跳计
灵敏	反复侧跨步	秒表、5个标杆、口哨
	往返跑（10m×4）	秒表、口哨

3.2.3.2　调查阶段

调查阶段从2017年9月初新学期的第一周开始，至2017年9月下旬结束，历时3周。开学第一周的体育课上，由教师告知学生测试项目，明确测试方法、测试流程及测试要求，并指导学生熟悉测试项目及测试设备。正式测试安排在第二周和第三周，按测试指标对教师进行分组，各司其职，保证测试过程的规范、准确。在测试环节，全程追踪测试过程，协调测试过程中的问题，积极协助教师开展测试工作，提醒并鼓励学生认真完成各项测试项目。

3.2.3.3 调查后期

测试完毕，由专人收集数据，收集完成后集中登记成绩，以保证数据输入的准确性和一致性；检查复核测试数据，对测试结果中的不完整数据，以及极值数据甄别后进行补测或予以删除；对整理完毕后的数据进行统计分析。

3.2.4 统计分析方法

本书应用SPSS23.0对数据进行统计学分析。统计学分析主要为描述性统计方法。对身体形态指标（身高、体重）、身体成分指标（BMI）、力量相关指标（握力、背力、1min仰卧起坐、立定跳远、纵跳）与灵敏相关指标（20s反复侧跨步、10m×4往返跑）采用（均值±标准差）进行描述性统计分析。

3.3 筛选结果

3.3.1 握力指标敏感期的筛选

本书选取握力作为男、女生上肢力量的测评指标，采用描述性统计，得出男、女生握力的均值、年增长值、年增长率、年均增长率和年增长率的标准差与临界值（见表3-7和3-8）。

表3-7　7~18岁男生握力敏感期的筛选表

年龄	人数	均值	年增长值	年增长率(%)	年均增长率(%)	标准差	临界值
7	165	9.67	1.54	15.93	14.97	8.65	23.62
8	168	11.21	2.05	18.29			
9	163	13.26	2.36	17.80			
10	165	15.62	3.16	20.23			
11	162	18.78	3.85	20.50			
12	166	22.63	5.39	23.82			
13	164	28.02	7.51	26.80			
14	165	35.53	3.88	10.92			
15	167	39.41	1.21	3.07			
16	163	40.62	1.43	3.52			
17	162	42.05	1.07	2.54			
18	162	43.12					

测试结果显示，各年龄段男生的握力均值为9.67~43.12，累计年增长值为33.45，男生握力均值在18岁达到最高值43.12。在所有年龄段，12~14岁男生握力的增长速度最为明显，其中年增长值居于前三位的年龄段，由高到低分别为13岁增长了7.51、12岁增长了5.39、14岁增长了3.88，而男生握力年增长率与年增长值的趋势有所不同，年增长率居于前三位的分别为13岁的26.80%、12岁的23.82%和11岁的20.50%。此外，对比发现，7~13岁，男生握力均呈现出快速增长的趋势，握力年增长率在13岁达到峰值；14~18岁，男生握力年增长幅度逐渐放缓，但仍呈现小幅的增长趋势。

表3-8　7~18岁女生握力敏感期的筛选表

年龄	人数	均值	年增长值	年增长率(%)	年均增长率(%)	标准差	临界值
7	168	9.37	1.14	12.17	10.23	7.18	17.42
8	165	10.51	1.92	18.27			
9	167	12.43	2.13	17.14			
10	163	14.56	2.93	20.12			
11	164	17.49	3.26	18.64			
12	168	20.75	1.41	6.80			
13	165	22.16	1.65	7.45			
14	168	23.81	0.92	3.86			
15	163	24.73	0.79	3.19			
16	165	25.52	0.83	3.25			
17	163	26.35	0.44	1.67			
18	162	26.79					

测试结果显示，各年龄段女生的握力均值为9.37~26.79，累计年增长值为17.42，女生握力均值在18岁达到最高值26.79。7~11岁，女生握力均处于快速增长期，其中握力年增长值居于前三位的年龄段，由高到低分别为11岁增长了3.26、10岁增长了2.93、9岁增长了2.13，而女生握力年增长率与年增长值的趋势有所不同，年增长率居于前三位的分别为10岁的20.12%、11岁的18.64%和8岁的18.27%。此外，对比发现，7~11岁，女生握力均呈现出快速增长的趋势，握力年增长率在10岁达到峰值，但女生握力年增长值最高峰却在11岁；12~18岁，女生握力年增长趋势逐渐放缓，但继续呈现出小幅的增长趋势。

依据敏感期界定标准，男生握力敏感期临界值为23.62，经筛选，确立男生握力敏感期值由高到低分别为26.80%和23.82%，所对应的年龄分别为13岁和12岁；女生握力敏感期临界值为17.42，经筛选，确立女生握力敏感期值由高到低分别为20.12%、18.64%和18.27%，所对应的年龄分别为10岁、11岁和8岁（如图3-3所示）。

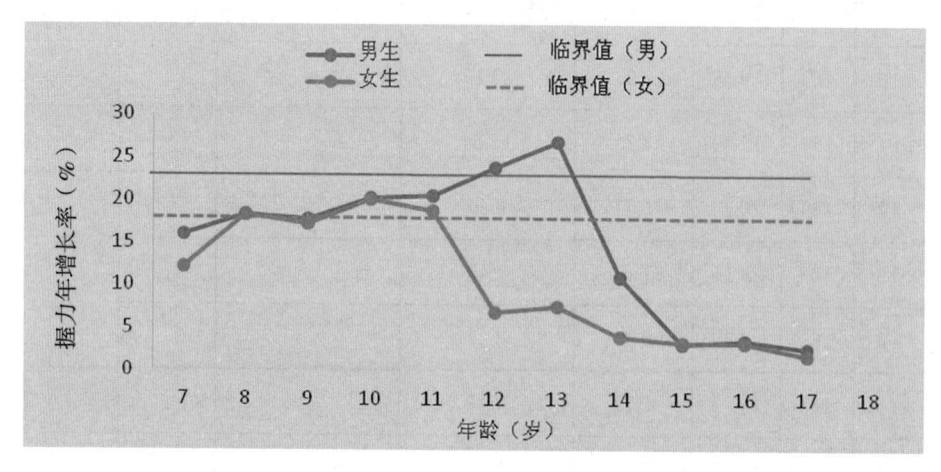

图3-3 7~18岁男、女生握力敏感期的筛选图

3.3.2 背力指标敏感期的筛选

本书选取背力作为男、女生腰背力量的测评指标，采用描述性统计，得出男、女生的背力均值、年增长值、年增长率、年均增长率和年增长率的标准差与临界值（见表3-9和3-10）。

表3-9 7~18岁男生背力敏感期的筛选表

年龄	人数	均值	年增长值	年增长率(%)	年均增长率(%)	标准差	临界值
7	165	31.45	2.31	7.34	12.87	5.73	18.60
8	168	33.76	6.56	19.43			

续表

年龄	人数	均值	年增长值	年增长率(%)	年均增长率(%)	标准差	临界值
9	163	40.32	3.97	9.85			
10	165	44.29	6.34	14.31			
11	162	50.63	6.51	12.86			
12	166	57.14	10.06	17.61			
13	164	67.20	14.27	21.24			
14	165	81.47	15.37	18.87			
15	167	96.84	5.82	6.01			
16	163	102.66	7.13	6.95			
17	162	109.79	7.79	7.10			
18	162	117.58					

测试结果显示，各年龄段男生的背力均值在31.45～117.58，累计年增长值为86.13，男生背力均值在18岁达到最高值117.58。7～14岁，男生背力呈现出快速增长趋势。12～14岁，男生背力增长幅度最为明显，年增长值居于前三位的年龄段，由高到低分别为14岁增长了15.37、13岁增长了14.27、12岁增长了10.06，而男生背力年增长率与年增长值的趋势有所不同，年增长率居于前三位的分别为13岁的21.24%、8岁的19.43%和14岁的18.87%。此外，对比发现，7～14岁，男生背力均呈现出快速增长的趋势，背力年增长率在13岁达到峰值，而背力年增长值在14岁达到最高峰；15～18岁，男生背力年增长幅度逐渐放缓，但仍保持较高幅度的增长趋势。

表3-10 7～18岁女生背力敏感期的筛选表

年龄	人数	均值	年增长值	年增长率(%)	年均增长率(%)	标准差	临界值
7	168	27.38	2.34	8.55	9.05	6.41	15.46
8	165	29.72	3.07	10.33			
9	167	32.79	4.08	12.44			

续表

年龄	人数	均值	年增长值	年增长率(%)	年均增长率(%)	标准差	临界值
10	163	36.87	5.75	15.60			
11	164	42.62	8.11	19.03			
12	168	50.73	3.42	6.74			
13	165	54.15	8.80	16.25			
14	168	62.95	2.21	3.51			
15	163	65.16	2.56	3.93			
16	165	67.72	3.68	5.43			
17	163	71.40	−1.64	−2.30			
18	162	69.76					

测试结果显示，各年龄段女生的背力均值在27.38～71.40，累计年增长值为44.02，女生背力均值在17岁达到最高值71.40。7～13岁，女生背力均处于快速增长期，其中背力年增长值居于前三位的年龄段，由高到低分别为13岁增长了8.80、11岁增长了8.11、10岁增长了5.75，而女生背力年增长率与年增长值的趋势稍有不同，年增长率居于前三位的分别为11岁的19.03%、13岁的16.25%和10岁的15.60%。此外，对比发现，7～13岁，女生背力均呈现出快速增长的趋势，背力年增长率在11岁达到峰值，但女生背力年增长值最高峰却在13岁；14～16岁，女生背力年增长趋势逐渐放缓，在17～18岁年增长率出现较小的负增长。

依据敏感期界定标准，男生背力敏感期临界值为18.60，经筛选，确立男生背力敏感期值由高到低分别为21.24%、19.43%和18.87%，所对应的年龄分别为13岁、8岁和14岁；女生背力敏感期临界值为15.46，经筛选，确立女生背力敏感期值由高到低分别为19.03%、16.25%和15.60%，所对应的年龄分别为11岁、13岁和10岁（如图3-4所示）。

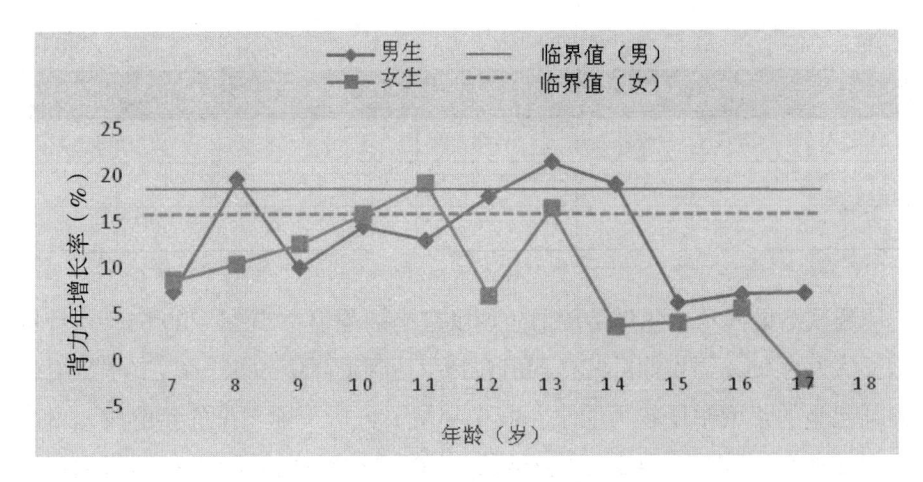

儿童青少年力量与灵敏相关指标发展敏感期年龄的筛选：基于横断面研究

图3-4　7～18岁男、女生背力敏感期的筛选图

3.3.3　1min仰卧起坐指标敏感期的筛选

本书选取1min仰卧起坐作为男、女生力量耐力的测评指标，采用描述性统计，得出男、女生的1min仰卧起坐均值、年增长值、年增长率、年均增长率和年增长率的标准差与临界值（见表3-11和3-12）。

表3-11　7～18岁男生1min仰卧起坐敏感期的筛选表

年龄	人数	均值	年增长值	年增长率(%)	年均增长率(%)	标准差	临界值
7	165	23.16	1.71	7.38	4.55	5.82	10.38
8	168	24.87	3.05	12.26			
9	163	27.92	4.33	15.51			
10	165	32.25	2.46	7.63			
11	162	34.71	1.18	3.40			
12	166	35.89	0.86	2.40			
13	164	36.75	1.68	4.57			
14	165	38.43	1.22	3.17			
15	167	39.65	−1.03	−2.60			

续表

年龄	人数	均值	年增长值	年增长率(%)	年均增长率(%)	标准差	临界值
16	163	38.62	−1.06	−2.74			
17	162	37.56	−0.35	−0.93			
18	162	37.21					

测试结果显示，各年龄段男生仰卧起坐的均值在23.16～39.65，累计年增长值为14.05，男生仰卧起坐均值在15岁达到最高值39.65。7～10岁，男生仰卧起坐的年增幅度较为明显，其中年增长值居于前三位的年龄段，由高到低分别为9岁增长了4.33、8岁增长了3.05、10岁增长了2.46，而男生仰卧起坐年增长率与年增长值的趋势一致，年增长率居于前三位的分别为9岁的15.51%、8岁的12.26%和10岁的7.63%。此外，对比发现，7～10岁，男生仰卧起坐均呈现出快速增长的趋势，在9岁男生仰卧起坐年增长值与年增长率均达到峰值；10～18岁，男生仰卧起坐年增长幅度逐渐放缓，但在15岁之前仍保持较高的增长趋势，男生仰卧起坐年增长率在16～18岁出现小幅的负增长。

表3-12　7～18岁女生1min仰卧起坐敏感期的筛选表

年龄	人数	均值	年增长值	年增长率(%)	年均增长率(%)	标准差	临界值
7	168	21.53	1.76	8.17	4.46	6.18	10.63
8	165	23.29	3.54	15.20			
9	167	26.83	3.34	12.45			
10	163	30.17	3.09	10.24			
11	164	33.26	0.55	1.65			
12	168	33.81	0.89	2.63			
13	165	34.70	0.51	1.47			
14	168	35.21	1.14	3.24			
15	163	36.35	0.07	0.19			
16	165	36.42	−0.93	−2.55			
17	163	35.49	−1.31	−3.69			
18	162	34.18					

儿童青少年力量与灵敏相关指标发展敏感期年龄的筛选：基于横断面研究

测试结果显示，各年龄段女生仰卧起坐的均值在21.53～36.42，累计年增长值为14.89，女生仰卧起坐均值在16岁达到最高值36.42。7～10岁，女生仰卧起坐的年增幅度较为明显，其中年增长值居于前三位的年龄段，由高到低分别为8岁增长了3.54、9岁增长了3.34、10岁增长了3.09，而女生仰卧起坐年增长率与年增长值的趋势一致，年增长率居于前三位的分别为8岁的15.20%、9岁的12.45%和10岁的10.24%。此外，对比发现，7～10岁，女生仰卧起坐均呈现出快速增长的趋势，仰卧起坐年增长值与年增长率均在8岁达到峰值；11～15岁，女生仰卧起坐年增长幅度逐渐放缓；16～18岁，女生仰卧起坐年增长率出现负增长。

依据敏感期界定标准，男生仰卧起坐敏感期临界值为10.38，经筛选，确立男生仰卧起坐敏感期值由高到低分别为15.51%和12.26%，所对应的年龄分别为9岁和8岁；女生仰卧起坐敏感期临界值为10.63，经筛选，确立女生仰卧起坐敏感期值由高到低分别为15.20%和12.45%，所对应的年龄分别为8岁和9岁（如图3-5所示）。

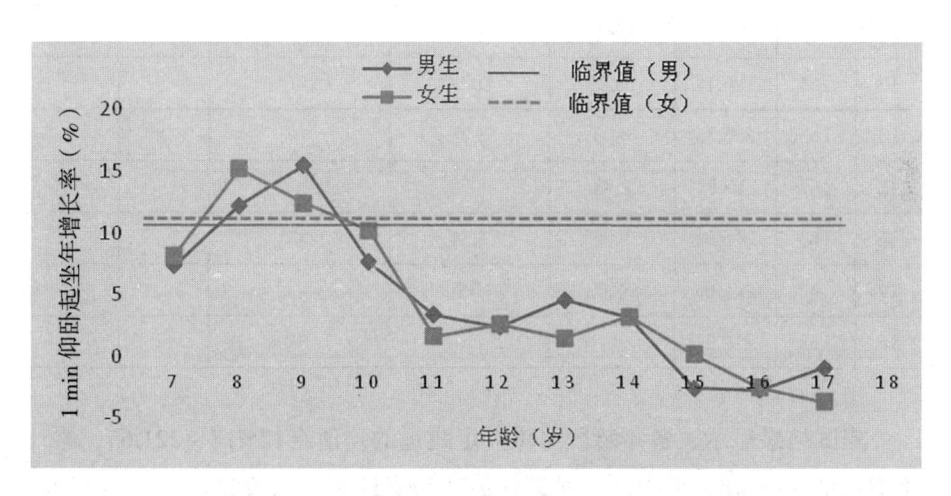

图3-5　7～18岁男、女生仰卧起坐敏感期的筛选图

3.3.4 立定跳远指标敏感期的筛选

本书选取立定跳远作为男、女生下肢速度力量的测评指标，采用描述性统计，得出男、女生立定跳远的均值、年增长值、年增长率、年均增长率和年增长率标准差与临界值（见表3-13和3-14）。

表3-13　7~18岁男生立定跳远敏感期的筛选表

年龄	人数	均值	年增长值	年增长率(%)	年均增长率(%)	标准差	临界值
7	165	125.17	6.51	5.20	5.30	3.52	8.81
8	168	131.68	11.71	8.89			
9	163	143.39	9.53	6.65			
10	165	152.92	8.44	5.52			
11	162	161.36	8.93	5.53			
12	166	170.29	15.83	9.30			
13	164	186.12	19.61	10.54			
14	165	205.73	8.08	3.93			
15	167	213.81	2.78	1.30			
16	163	216.59	5.06	2.34			
17	162	221.65	-2.08	-0.94			
18	162	219.57					

测试结果显示，各年龄段男生立定跳远的均值在125.17~221.65，累计年增长值为96.48，男生立定跳远均值在17岁达到最高值221.65。7~13岁，男生立定跳远的年增幅度较为明显，其中年增长值居于前三位的年龄段，由高到低分别为13岁增长了19.61、12岁增长了15.83、8岁增长了11.71，而男生立定跳远年增长率与年增长值的趋势一致，年增长率居于前三位的分别为13岁的10.54%、12岁的9.30%和8岁的8.89%。此外，对比发现，7~13岁，男生立定跳远均呈现出快速增长的趋势，在13岁立定跳远年增长值与年增长

率均达到峰值；14~16岁，男生立定跳远年增长幅度逐渐放缓，年增长率在17~18岁出现小幅的负增长。

表3-14 7~18岁女生立定跳远敏感期的筛选表

年龄	人数	均值	年增长值	年增长率(%)	年均增长率(%)	标准差	临界值
7	168	118.58	2.65	2.23	2.98	3.58	6.56
8	165	121.23	11.48	9.47			
9	167	132.71	10.98	8.27			
10	163	143.69	9.56	6.65			
11	164	153.25	5.5	3.59			
12	168	158.75	1.48	0.93			
13	165	160.23	2.19	1.37			
14	168	162.42	1.17	0.72			
15	163	163.59	1.69	1.03			
16	165	165.28	-0.71	-0.43			
17	163	164.57	-1.76	-1.07			
18	162	162.81					

测试结果显示，各年龄段女生立定跳远的均值在118.58~165.28，累计年增长值为46.70，女生立定跳远均值在16岁达到最高值165.28。7~11岁，女生立定跳远的年增幅度较为明显，其中年增长值居于前三位的年龄段，由高到低分别为8岁增长了11.48、9岁增长了10.98、10岁阶段增长了9.56，而女生立定跳远年增长率与年增长值的趋势一致，年增长率居于前三位的分别为8岁的9.47%、9岁的8.27%和10岁的6.65%。此外，对比发现，7~11岁，女生立定跳远均呈现出快速增长的趋势，立定跳远年增长值与年增长率均在8岁达到峰值；12~15岁，女生立定跳远年增长幅度逐渐放缓；16~18岁，女生立定跳远年增长率出现一定程度的负增长。

依据敏感期界定标准，男生立定跳远敏感期临界值为8.81，经筛选，确立男生立定跳远敏感期值由高到低分别为10.54%、9.30%和8.89%，所对应的年龄分别为13岁、12岁和8岁；女生立定跳远敏感期临界值为6.56，经筛选，确立女生立定跳远敏感期值由高到低分别为9.47%、8.27%和6.65%，所对应的年龄分别为8岁、9岁和10岁（图3-6所示）。

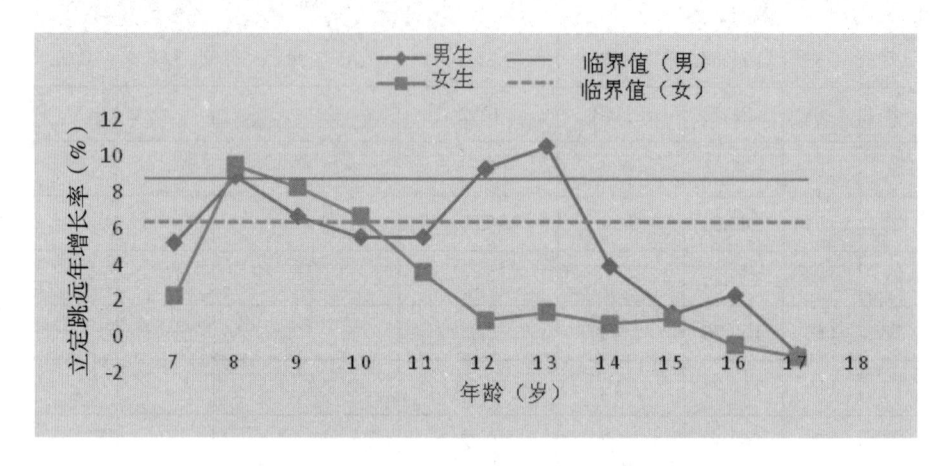

图3-6 7~18岁男、女生立定跳远敏感期的筛选图

3.3.5 纵跳指标敏感期的筛选

本书选取纵跳作为男、女生下肢速度力量的测评指标，采用描述性统计，得出男、女生纵跳的均值、年增长值、年增长率、年均增长率和年增长率标准差与临界值（见表3-15和3-16）。

表3-15 7~18岁男生纵跳敏感期的筛选表

年龄	人数	均值	年增长值	年增长率(%)	年均增长率(%)	标准差	临界值
7	165	19.35	1.56	8.06	6.82	5.16	11.98
8	168	20.91	2.10	10.04			
9	163	23.01	1.72	7.48			

续表

年龄	人数	均值	年增长值	年增长率(%)	年均增长率(%)	标准差	临界值
10	165	24.73	1.56	6.31			
11	162	26.29	3.17	12.06			
12	166	29.46	4.32	14.66			
13	164	33.78	2.46	7.28			
14	165	36.24	2.37	6.54			
15	167	38.61	1.77	4.58			
16	163	40.38	1.35	3.34			
17	162	41.73	−2.22	−5.32			
18	162	39.51					

测试结果显示，各年龄段男生纵跳的均值在19.35～41.73，累计年增长值为22.38，男生纵跳均值在17岁达到最高值41.73。7～12岁，男生纵跳的年增长幅度较为明显，其中年增长值居于前三位的年龄段，由高到低分别为12岁增长了4.32、11岁增长了3.17、13岁增长了2.46，而男生纵跳年增长率与年增长值的趋势有所不同，年增长率居于前三位的分别为12岁的14.66%、11岁的12.06%和8岁的10.04%。此外，对比发现，7～12岁，男生纵跳均呈现出快速增长的趋势，在12岁男生纵跳年增长值与年增长率均达到峰值；13～16岁，男生纵跳年增长幅度逐渐放缓，男生纵跳年增长率在17～18岁出现一定幅度的负增长。

表3-16 7～18岁女生纵跳敏感期的筛选表

年龄	人数	均值	年增长值	年增长率(%)	年均增长率(%)	标准差	临界值
7	168	18.52	0.49	2.65	4.29	6.59	10.89
8	165	19.01	1.67	8.78			
9	167	20.68	3.34	16.15			
10	163	24.02	2.70	11.24			

续表

年龄	人数	均值	年增长值	年增长率(%)	年均增长率(%)	标准差	临界值
11	164	26.72	2.93	10.97			
12	168	29.65	0.82	2.77			
13	165	30.47	0.97	3.18			
14	168	31.44	−1.05	−3.34			
15	163	30.39	0.16	0.53			
16	165	30.55	−0.99	−3.24			
17	163	29.56	−0.73	−2.47			
18	162	28.83					

测试结果显示，各年龄段女生纵跳的均值在18.52～31.44，累计年增长值为12.92，女生纵跳均值在14岁达到最高值31.44。7～11岁，女生纵跳的年增幅度较为明显，其中年增长值居于前三位的年龄段，由高到低分别为9岁增长了3.34、11岁增长了2.93、10岁增长了2.70，而女生纵跳年增长率与年增长值的趋势有所不同，年增长率居于前三位的分别为9岁的16.15%、10岁的11.24%和11岁的10.97%。此外，对比发现，7～11岁，女生纵跳均呈现出快速增长的趋势，在9岁女生纵跳年增长值与年增长率均达到峰值；12～18岁，女生纵跳年增长先出现小幅上升，之后出现增长与负增长交替现象，但总体呈现出小幅的负增长趋势。

依据敏感期界定标准，男生纵跳敏感期临界值为11.98，经筛选，确立男生纵跳敏感期值由高到低分别为14.66%和12.06%，所对应的年龄分别为12岁和11岁；女生纵跳敏感期临界值为10.89，经筛选，确立女生纵跳敏感期值由高到低分别为16.15%、11.24%和10.97%，所对应的年龄分别为9岁、10岁和11岁（如图3-7所示）。

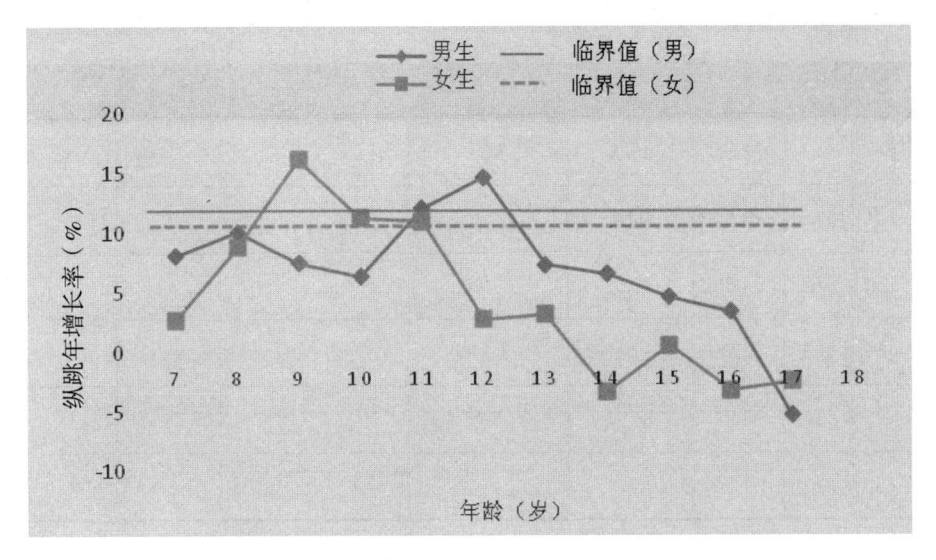

图3-7 7~18岁男、女生纵跳敏感期的筛选图

3.3.6 20s反复侧跨步指标敏感期的筛选

本书选取20s反复侧跨步作为男、女生灵敏的测评指标，采用描述性统计，得出男、女生20s反复侧跨步的均值、年增长值、年增长率、年均增长率和年增长率标准差与临界值（见表3-17和3-18）。

表3-17 7~18岁男生20s反复侧跨步敏感期的筛选表

年龄	人数	均值	年增长值	年增长率(%)	年均增长率(%)	标准差	临界值
7	165	22.53	2.12	9.41	3.41	5.23	8.64
8	168	24.65	3.02	12.25			
9	163	27.67	0.75	2.71			
10	165	28.42	2.47	8.69			
11	162	30.89	1.25	4.05			
12	166	32.14	0.21	0.65			

续表

年龄	人数	均值	年增长值	年增长率(%)	年均增长率(%)	标准差	临界值
13	164	32.35	1.19	3.68			
14	165	33.54	0.84	2.50			
15	167	34.38	−0.62	−1.80			
16	163	33.76	0.51	1.51			
17	162	34.27	−2.11	−6.16			
18	162	32.16					

测试结果显示，各年龄段男生20s反复侧跨步的均值在22.53～34.38，累计年增长值为11.85，男生20s反复侧跨步均值在15岁达到最高值34.38。7～11岁，男生20s反复侧跨步的年增长幅度较为明显，其中年增长值居于前三位的年龄段，由高到低分别为8岁增长了3.02、10岁增长了2.47、7岁增长了2.12，而男生20s反复侧跨步年增长率与年增长值的趋势有所不同，年增长率居于前三位的分别为8岁的12.25%、7岁的9.41%和10岁的8.69%。此外，对比发现，7～11岁，男生20s反复侧跨步均呈现出快速增长的趋势，在8岁男生20s反复侧跨步年增长值与年增长率均达到峰值；11～14岁，男生20s反复侧跨步年增长幅度逐渐放缓；14～18岁，出现增长与负增长交替现象，且在17～18岁出现较大幅度的负增长。

表3-18　7～18岁女生20s反复侧跨步敏感期的筛选表

年龄	人数	均值	年增长值	年增长率(%)	年均增长率(%)	标准差	临界值
7	168	19.52	2.84	14.55	3.63	6.23	9.87
8	165	22.36	2.29	10.24			
9	167	24.65	2.82	11.44			
10	163	27.47	1.76	6.41			

儿童青少年力量与灵敏相关指标发展敏感期年龄的筛选：基于横断面研究

续表

年龄	人数	均值	年增长值	年增长率(%)	年均增长率(%)	标准差	临界值
11	164	29.23	0.64	2.19			
12	168	29.87	−0.34	−1.14			
13	165	29.53	0.94	3.18			
14	168	30.47	−0.31	−1.02			
15	163	30.16	−0.86	−2.85			
16	165	29.30	0.34	1.16			
17	163	29.64	−1.25	−4.22			
18	162	28.39					

测试结果显示，各年龄段女生20s反复侧跨步的均值在19.52～30.47，累计年增长值为10.95，女生在14岁20s反复侧跨步均值达到最高值30.47。7～10岁，女生20s反复侧跨步的年增幅度较为明显，其中年增长值居于前三位的年龄段，由高到低分别为7岁增长了2.84、9岁增长了2.82、8岁增长了2.29，而女生20s反复侧跨步年增长率与年增长值的趋势有所不同，年增长率居于前三位的分别为7岁的14.55%、9岁的11.44%和8岁的10.24%。此外，对比发现，7～11岁，女生20s反复侧跨步均呈现出快速增长的趋势，在7岁女生20s反复侧跨步年增长值与年增长率均达到峰值；11～18岁，女生20s反复侧跨步年增长先出现小幅上升，之后出现增长与负增长交替现象，但总体呈现出小幅负增长的趋势。

依据敏感期界定标准，男生20s反复侧跨步敏感期临界值为8.64，经筛选，确立男生20s反复侧跨步敏感期值由高到低分别为12.25%、9.41%和8.69%，所对应的年龄分别为8岁、7岁和10岁；女生20s反复侧跨步敏感期临界值为9.87，经筛选，确立女生20s反复侧跨步敏感期值由高到低分别为14.55%、11.44%和10.24%，所对应的年龄分别为7岁、9岁和8岁（如图3-8所示）。

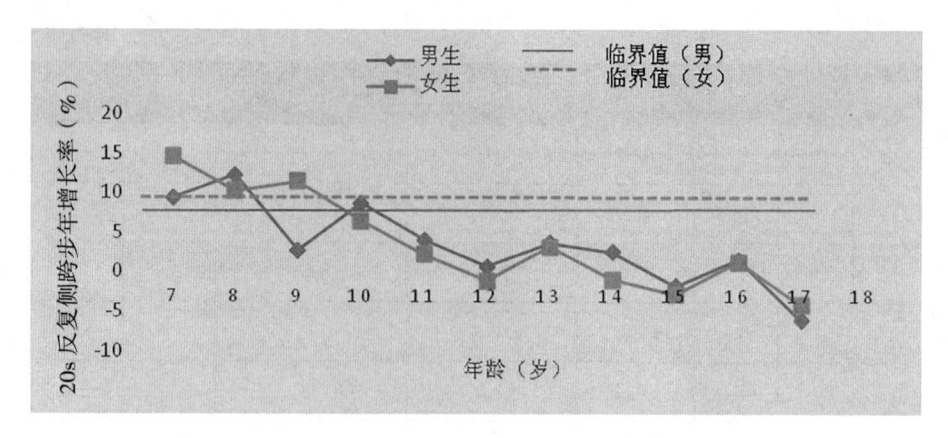

图3-8　7~18岁男、女生反复侧跨步敏感期的筛选图

3.3.7　往返跑(10m×4)指标敏感期的筛选

本书选取往返跑（10m×4）男、女生作为灵敏的测评指标，采用描述性统计，得出男、女生往返跑（10m×4）的均值、年增长值、年增长率、年均增长率和年增长率标准差与临界值（见表3-19和3-20）。

表3-19　7~18岁男生往返跑敏感期的筛选表

年龄	人数	均值	年增长值	年增长率(%)	年均增长率(%)	标准差	临界值
7	165	15.76	0.58	3.68	2.92	4.34	7.26
8	168	15.18	0.93	6.13			
9	163	14.25	1.43	10.04			
10	165	12.82	0.95	7.41			
11	162	11.87	0.31	2.61			
12	166	11.56	-0.29	-2.51			
13	164	11.85	0.89	7.51			
14	165	10.96	-0.19	-1.73			
15	167	11.15	0.11	0.99			

续表

年龄	人数	均值	年增长值	年增长率(%)	年均增长率(%)	标准差	临界值
16	163	11.04	−0.15	−1.36			
17	162	11.19	−0.07	−0.63			
18	162	11.26					

测试结果显示，各年龄段男生往返跑的均值在10.96～15.76，累计年增长值为−4.80，男生往返跑均值在14岁达到最高值10.96。7～11岁，男生往返跑的年增长幅度较为明显，其中年增长值居于前三位的年龄段，由高到低分别为9岁年增长了−1.43、10岁增长了−0.95、13岁增长了−0.89，而男生往返跑年增长率与年增长值的趋势有所不同，年增长率居于前三位的分别为9岁的10.04%、13岁的7.51%和10岁的7.41%。此外，对比发现，7～11岁，男生往返跑均呈现出快速增长的趋势，往返跑年增长值与年增长率均在9岁达到峰值；11～18岁，男生往返跑年增长幅度逐渐放缓，在13岁再次出现一次快速增长，13岁之后男生往返跑均值总体趋于稳定。

表3-20 7～18岁女生往返跑敏感期的筛选表

年龄	人数	均值	年增长值	年增长率(%)	年均增长率(%)	标准差	临界值
7	168	16.18	0.56	3.46	2.04	4.36	6.39
8	165	15.62	1.66	10.63			
9	167	13.96	1.01	7.23			
10	163	12.95	0.87	6.72			
11	164	12.08	−0.07	−0.58			
12	168	12.15	−0.16	−1.32			
13	165	12.31	0.12	0.97			
14	168	12.19	−0.19	−1.56			
15	163	12.38	−0.26	−2.10			
16	165	12.64	0.08	0.63			
17	163	12.56	−0.21	−1.67			
18	162	12.77					

测试结果显示，各年龄段女生往返跑的均值在16.18～12.08，累计年增长值为-3.41，女生往返跑均值在11岁达到最高值12.08。7～11岁，女生往返跑的年增幅度较为明显，其中年增长值居于前三位的年龄段，由高到低分别为8岁增长了-1.66、9岁增长了-1.01、10岁增长了-0.87，而女生往返跑年增长率与年增长值的趋势基本一致，年增长率居于前三位的分别为8岁的10.63%、9岁的7.23%和10岁的6.72%。此外，对比发现，7～10岁，女生往返跑均呈现出快速增长的趋势，往返跑年增长值与年增长率均在8岁达到峰值；10～18岁之后，女生往返跑年增长率出现持续小幅下滑，但往返跑均值总体趋于稳定。

依据敏感期界定标准，男生往返跑敏感期临界值为7.26，经筛选，确立男生往返跑敏感期值由高到低分别为10.04%、7.51%和7.41%，所对应的年龄分别为9岁、13岁和10岁；女生往返跑敏感期临界值为6.39，经筛选，确立女生往返跑敏感期值由高到低分别为10.63%、7.23%和6.72%，所对应的年龄分别为8岁、9岁和10岁（如图3-9所示）。

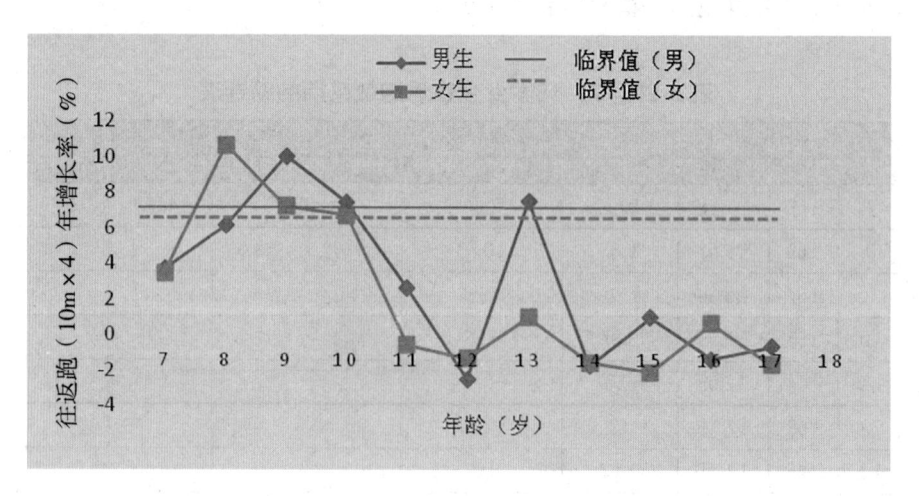

图3-9　7～18岁男、女生往返跑(10m×4)敏感期的筛选图

3.4 分析与讨论

3.4.1 对握力指标敏感期的分析

本书选取握力作为男、女生上肢力量的测评指标。对男生握力而言，7~14岁握力均值处于快速增长阶段，而11~13岁握力处于快速增长突增期，14~18岁握力处于缓慢增长阶段。依据敏感期界定标准，男生握力敏感期临界值为23.62，经筛选，确立男生握力敏感期值由高到低分别为26.80%和23.82%，敏感期所对应的年龄分别为13岁和12岁。此研究结论与运动生理学研究结论相一致。[1]Rauch等研究认为男生12~13岁正处于身体发育突增期，肌肉快速增长，蛋白质和无机盐含量逐渐增多，肌纤维不断增加，肌肉重量不断增加，肌肉力量日益增长。[2]Markovic与Jaric（2010）研究发现，肌肉力量在很大程度上取决于身高和体重。[3][4]研究指出，握力作为衡量全身肌肉力量的一般指标，与总肌力之间存在较强的相关性，相关系数在

---

[1] 田野. 运动生理学高级教程[M]. 北京：高等教育出版社, 2006：727.

[2] RAUCH F, NEU C M, WASSMER G, et al. Muscle Analysis by Measurement of Maximal Isometric Grip Force: New Reference Data and Clinical Applications in Pediatrics[J]. Pediatric Research, 2002, 51（4）：505.

[3] JARIC S. Muscle strength testing[J]. Sports Medicine, 2002, 32（10）：615-631.

[4] MARKOVIC G, JARIC S. Movement performance and body size: the relationship for different groups of tests[J]. European Journal of Applied Physiology, 2004, 92（1-2）：139-149.

0.736~0.890（$p<0.01$）。①也研究表明，男生在17岁以前，力量处于快速增长期，12~15岁之间为快速增长突增期。②还有研究指出，男生至10岁开始肌肉力量快速增长，在11~13岁期间力量增长最快。③

对女生握力而言，7~11岁握力均值处于快速增长阶段，而8岁、10~11岁握力处于快速增长突增期，12~18岁握力处于缓慢增长阶段。依据敏感期界定标准，女生握力敏感期临界值为17.42，经筛选，确立女生握力敏感期值由高到低分别为20.12%、18.64%和18.27%，敏感期所对应的年龄分别为10岁、11岁和8岁。此研究结论与运动生理学研究结论基本一致。④Malina通过对11~15岁女子生长发育与运动能力长期追踪研究发现，在11~15岁阶段，女生上肢、下肢力量与速度力量等都处在快速增长阶段，在女子青春期之前，有运动经历的女生与普通女生上下肢力量发展趋势相似。⑤⑥有研究表明，女生在15岁以前，力量处于快速增长期，10~12岁之间为快速增长突增期。⑦也有研究指出，女生在10~13岁力量增长速度最快，特别是屈肌的力量，绝对力量可提高46%；13岁之后增长速度明显下降。⑧Loko等研究指出普通女生在10~13岁为女生上肢力量发展敏感期。⑨

综上研究发现，相比男生，女生生长发育年龄提前1~2岁，而在青春期

---

① WIND A E, TAKKEN T, HELDERS P J M, et al. Is grip strength a predictor for total muscle strength in healthy children, adolescents, and young adults?[J]. European Journal of Pediatrics, 2010, 169（3）: 281-287.

② 田野.运动生理学高级教程[M].北京：高等教育出版社，2006：727.

③ 谢敏豪.运动员基础训练的人体科学原理[M].北京：北京体育大学出版社，2005：20-24.

④ 田野.运动生理学高级教程[M].北京：高等教育出版社，2006：727.

⑤ MALINA R M. Physical activity and fitness: pathways from childhood to adulthood[J]. American Journal of Human Biology, 2001, 13（2）: 162-172.

⑥ MALINA R, IGNASIAK Z, ROŻEK K, et al. Growth, maturity and functional characteristics of female athletes 11—15 years of age[J]. Human Movement, 2011, 12（1）: 31-40.

⑦ 田野.运动生理学高级教程[M].北京：高等教育出版社，2006：727.

⑧ 谢敏豪.运动员基础训练的人体科学原理[M].北京：北京体育大学出版社，2005：20-22.

⑨ LOKO J, AULE R, SIKKUT T, et al. Age differences in growth and physical abilities in trained and untrained girls 10—17 years of age[J]. American Journal of Human Biology, 2003, 15（1）: 72-77.

前男、女生在肌肉力量上尽管存在一定的性别与年龄差异，同年龄段男生的上肢力量一般高于女生，但总体而言，男、女生上肢力量增长趋势相似。相比男生肌肉力量的发展趋势，女生肌肉力量的发展敏感期稍早。[1]

3.4.2　对背力指标敏感期的分析

本书选取背力作为男、女生腰背力量的测评指标。对男生背力而言，7~14岁背力均值处于快速增长阶段，而8岁、12~14岁背力处于快速增长突增期，15~18岁背力处于缓慢增长阶段。依据敏感期界定标准，男生背力敏感期临界值为18.60，经筛选，确立男生背力敏感期值由高到低分别为21.24%、19.43%和18.87%，所对应的年龄分别为13岁、8岁和14岁。此研究结论与运动生理学研究结论基本一致。[2] 从力量分类类型来看，握力与背力均属于肌肉最大力量，通过人体测量结果可知，7~18岁男生握力与背力的均值的增长趋势基本相似，握力亦是预测背部力量的重要指标。[3][4] Round和Sheffield研究认为青春期男生身高与体重处于快速增长阶段，肌纤维不断增加与变粗，肌肉重量不断增加。同时，青春期男孩的荷尔蒙变化导致睾丸激

---

[1] SUSLOV F. For school and beginers-About the sensitive age in the development of physical capacities [J]. Modern Athlete and Coach, 2002, 40（3）: 31-33.

[2] 田野. 运动生理学高级教程[M]. 北京: 高等教育出版社, 2006: 727.

[3] JARIC S. Muscle strength testing[J]. Sports Medicine, 2002, 32（10）: 615-631.

[4] RAUCH F, NEU C M, WASSMER G, et al. Muscle Analysis by Measurement of Maximal Isometric Grip Force: New Reference Data and Clinical Applications in Pediatrics[J]. Pediatric Research, 2002, 51（4）: 505.

素增加，睾丸激素被认为是增加肌肉力量的一个重要因素。[1][2]

对女生背力而言，7~13岁背力均值处于快速增长阶段，而10~11岁、13岁背力处于快速增长突增期，14~18岁背力处于缓慢增长阶段。依据敏感期界定标准，经筛选，女生背力敏感期临界值为15.46，经筛选，确立女生背力敏感期值由高到低分别为19.03%、16.25%和15.60%，所对应的年龄分别为11岁、13岁和10岁。此研究结论与运动生理学研究结论基本一致。[3]Loko等研究指出普通女生在10~13岁为背肌力量发展敏感期。[4]Malina与Ortega研究认为青春期女孩雌激素作用下体内总脂肪快速增加，肌肉力量与强度开始减弱，从而出现男、女生青春期前后，在所有身高和体重组中，男孩都比女孩强壮。[5][6]

综上研究发现，对背力而言，青春期前后男、女生腰背力量存在年龄与性别差异。从年龄分析，在10岁之前，男、女生肌肉力量缓慢且平稳增长，11岁开始最大力量增长明显加快，但同年龄段男生的腰背力量一般明显高于女生。[7]研究结果可知，男、女生背力发展敏感期均处于青春期前后，女生背力发展敏感期相比男生提前1~2岁。

---

[1] ROUND J M, JONES D A, HONOUR J W, et al. Hormonal factors in the development of differences in strength between boys and girls during adolescence: a longitudinal study[J]. Annals of Human Biology, 1999, 26（1）: 49-62.

[2] SHEFFIELD-MOORE M, URBAN R J. An overview of the endocrinology of skeletal muscle[J]. Trends in Endocrinology and Metabolism, 2004, 15（3）: 110-115.

[3] 田野. 运动生理学高级教程[M]. 北京: 高等教育出版社, 2006: 727.

[4] LOKO J, AULE R, SIKKUT T, et al. Age differences in growth and physical abilities in trained and untrained girls 10—17 years of age[J]. American Journal of Human Biology, 2003, 15（1）: 72-77.

[5] MALINA R M. Effect of physical activity on growth in stature and adolescent growth spurt [J]. Med Sci Sport Exerc, 1994, 26: 759-766.

[6] ORTEGA F B, RUIZ J R, CASTILLO M J, et al. Physical fitness in childhood and adolescence: a powerful marker of health[J]. International journal of obesity, 2008, 32（1）: 1.

[7] BALAGUÉ F, DAMIDOT P, NORDIN M, et al. Cross-sectional study of the isokinetic muscle trunk strength among school children[J]. Spine, 1993, 18（9）: 1199.

3.4.3 对仰卧起坐指标敏感期的分析

本书选取仰卧起坐作为男、女生力量耐力的测评指标。对男生仰卧起坐而言，7~10岁仰卧起坐均值处于快速增长阶段，而8~9岁仰卧起坐处于快速增长突增期，11~14岁仰卧起坐处于缓慢增长阶段，15~18岁仰卧起坐出现缓慢下降。依据敏感期界定标准，男生仰卧起坐敏感期临界值为10.38，经筛选，确立男生仰卧起坐敏感期值由高到低分别为15.51%和12.26%，所对应的年龄分别为9岁和8岁。运动生理学认为儿童青少年随着年龄的增长肌肉开始快速生长，表现为肌肉中的水分逐渐减少，蛋白质与无机盐含量逐渐增多，肌纤维不断增粗，肌肉的重量也不断增加，肌力日益增长。[1]有研究表明，男生在7~17岁力量耐力的发展基本上呈直线上升，[2]7~10岁和13~14岁为力量耐力的发展敏感期。[3]综上可知，本书对7~18岁男生1min仰卧起坐敏感期的筛选结果与上述研究结论基本一致。

对女生仰卧起坐而言，7~10岁仰卧起坐均值处于快速增长阶段，而8~10岁仰卧起坐处于快速增长突增期，11~15岁仰卧起坐处于缓慢增长阶段，16~18岁仰卧起坐均值出现小幅下降。依据敏感期界定标准，女生仰卧起坐敏感期临界值为10.63，经筛选，确立女生仰卧起坐敏感期值由高到低分别为15.20%和12.45%，所对应的年龄分别为8岁和9岁。有研究表明，女生在7~13岁前，力量耐力表现出直线上升趋势，13岁以后开始缓慢发展，[4]7~13岁为力量耐力的发展敏感期。[5]也有研究指出，女生1min仰卧起坐发展敏感期为7~10岁。[6]还有研究认为女生1min仰卧起坐发展敏感期为7~9

---

[1] 田野.运动生理学高级教程[M].北京：高等教育出版社，2006：722.
[2] 王步标，华明.运动生理学[M].北京：高等教育出版社，2006：338-339.
[3] 谢敏豪.运动员基础训练的人体科学原理[M].北京：北京体育大学出版社，2005：20-22.
[4] 杨世勇.体能训练[M].北京：人民体育出版社，2012：16.
[5] 谢敏豪.运动员基础训练的人体科学原理[M].北京：北京体育大学出版社，2005：20-22.
[6] 王步标，华明.运动生理学[M].北京：高等教育出版社，2006：338-339.

岁。[1]综上研究发现，本书对7~18岁女生1min仰卧起坐敏感期的筛选结果与上述研究结论基本一致。

综上研究可知，男、女生在1min仰卧起坐指标上存在一定的性别与年龄差异，7~10岁之间，男、女生1min仰卧起坐均值差异不大；10~18岁之间，男、女生1min仰卧起坐均值差异逐渐增大。总体来看，几乎在各个年龄段，男生1min仰卧起坐的成绩均高于女生。[2]但从力量耐力指标测试结果可知，男、女生1min仰卧起坐发展敏感期的年龄特征较为相似。

3.4.4 对立定跳远指标敏感期的分析

本书选取立定跳远作为男、女生下肢速度力量（水平方向）的测评指标。对男生立定跳远而言，7~13岁立定跳远均值处于快速增长阶段，而8岁、12~13岁立定跳远处于快速增长突增期，14~18岁立定跳远处于缓慢增长阶段。依据敏感期界定标准，男生立定跳远敏感期临界值为8.81，经筛选，确立男生立定跳远敏感期值由高到低分别为10.54%、9.30%和12.26%，敏感期所对应的年龄分别为13岁、12岁和8岁。此研究结论与运动生理学研究结论基本一致。[3]Jaric研究认为随着儿童的成熟，肌肉力量会随着肌肉质量和肌肉纤维大小的变化而增加。[4]对于男生跳跃能力，有研究表明，男生8~11岁为跳跃能力发展的决定性时期。[5]也有研究表明，7~14岁速度力量增长速度

---

[1] 谢敏豪.运动员基础训练的人体科学原理[M].北京：北京体育大学出版社，2005：20-22.
[2] OGUZHAN Y, KEMAL T, GOKHAN C. Evaluate the physical fitness levels of Turkish primary school male and female children between 7—14 ages[J]. Ovidius University Annals, Series Physical Education and Sport/Science, Movement and Health, 2014, 14（2）：585-594.
[3] 田野.运动生理学高级教程[M].北京：高等教育出版社，2006：727.
[4] JARIC S. Muscle strength testing[J]. Sports Medicine, 2002, 32（10）：615-631.
[5] 田野.运动生理学高级教程[M].北京：高等教育出版社，2006：727.

儿童青少年力量与灵敏相关指标发展敏感期年龄的筛选：基于横断面研究

都很快，[1]但10~14岁为速度力量快速增长突增期。[2]另有直接指向立定跳远发展敏感期的研究表明，男生立定跳远敏感期在7~10岁及13~14岁两个阶段。[3]综上所述，尽管上述研究基于力量类别或是力量具体指标的不同层面研究，但研究结果基本相似。

对女生立定跳远而言，7~10岁立定跳远均值处于快速增长阶段，而8~10岁立定跳远处于快速增长突增期，11~15岁立定跳远处于缓慢增长阶段，16~18岁立定跳远均值出现缓慢下降。依据敏感期界定标准，经筛选，女生立定跳远敏感期临界值为6.56，经筛选，确立女生立定跳远敏感期值由高到低分别为9.47%、8.27%和6.65%，敏感期所对应的年龄分别为8岁、9岁和10岁。有研究表明，相比男、女生因自身生长特征，其爆发力敏感期表现出早发趋势，爆发力敏感期出现在9~11岁，很显然在出现生长发育高峰之前。[4]有研究表明，女生9~10岁为跳跃能力发展的决定性时期。[5]也有研究表明，7~13岁女生爆发力增长速度都很快，[6]但8~12岁为爆发力快速增长突增期。[7]另有直接指向立定跳远发展敏感期的研究表明，女生立定跳远敏感期在7~11岁。[8]还有研究表明，随着年龄增长，女生立定跳远到12岁发展到高峰，然后开始下降。[9]综上所述，本书对女生立定跳远敏感期的筛选结果

---

[1] 谢敏豪.运动员基础训练的人体科学原理[M].北京：北京体育大学出版社，2005：20-24.

[2] SAAR M, JURIMAE T. The relationships between anthropometry, physical activity and motor ability in 10-17 year-olds[J]. Journal of Human Movement Studies, 2004, 47（1）：1-12.

[3] 谢敏豪.运动员基础训练的人体科学原理[M].北京：北京体育大学出版社，2005：20-24.

[4] BLIMKIE C J R, ROACHE P, HAY J T, et al. Anaerobic power of arms in teenage boys and girls: relationship to lean tissue[J]. European journal of applied physiology and occupational phy siology, 1988, 57（6）：677-683.

[5] 田野.运动生理学高级教程[M].北京：北京高等教育出版社，2006：727.

[6] 谢敏豪.运动员基础训练的人体科学原理[M].北京：北京体育大学出版社，2005：20-24.

[7] LOKO J, AULE R, SIKKUT T, et al. Motor performance status in 10 to 17-year-old Estonian girls[J]. Scand J Med Sci Sports, 2000, 10（2）：109-113.

[8] 谢敏豪.运动员基础训练的人体科学原理[M].北京：北京体育大学出版社，2005：20-24.

[9] MALINA R M, BOUCHARD C. Growth, Maturation, and Physical Activity[J]. Medicine & Science in Sports & Exercise, 1992, 24(7):858-859.

与上述同类研究结论基本一致。

综上研究可知，青春期前后男、女生立定跳远存在一定的年龄与性别差异。在11岁之前，男、女生立定跳远均值没有明显的差异。González等人的研究结果亦证明此结论。[1][2]而在11～18岁，男、女生因生长特点的差异，立定跳远均值呈现出显著差异，男生立定跳远成绩显著高于女生。从男、女生立定跳远敏感期研究结果分析，女生立定跳远敏感期要早于男生。

3.4.5 对纵跳指标敏感期的分析

本书选取纵跳作为男、女生下肢速度力量（垂直方向）的测评指标。[3]对男生纵跳而言，7～12岁纵跳均值处于快速增长阶段，而8岁、11～12岁纵跳处于快速增长突增期，13～16岁纵跳处于缓慢增长阶段，17～18岁纵跳均值出现一定幅度的下降。依据敏感期界定标准，男生纵跳敏感期临界值为11.98，经筛选，确立男生纵跳敏感期值由高到低分别为14.66%和12.06%，所对应的年龄分别为12岁和11岁。从力量分类类型来看，纵跳与立定跳远均属于速度力量的测评指标，通过人体测量结果可知，7～18岁男生纵跳与立定跳远的均值的增长趋势基本相似，两项指标敏感期的年龄分布特征相近。运动生理学研究认为青春期阶段正处于身体发育突增期，肌肉快速增长，蛋白质和无机盐含量逐渐增多，肌纤维不断增加，肌肉重量不断增加，肌肉力量日益增长。肌肉力量与肌肉强度也会随着肌肉质量和肌肉纤维大小的变化

---

[1] GULÍAS-GONZÁLEZ R, SÁNCHEZ-LÓPEZ M, OLIVAS-BRAVO Á, et al. Physical fitness in Spanish schoolchildren aged 6–12 years: reference values of the battery EUROFIT and associated cardiovascular risk[J]. Journal of School Health, 2014, 84（10）: 625–635.

[2] IMAMOĞLU M, ŞENER O A. Comparison of Children's Motor Performances by Age and Gender[J]. Universal Journal of Educational Research, 2019, 7（1）: 10–15.

[3] TOUNSI M, TABKA Z, TRABELSI Y. Reference values of vertical jumping parameters in Tunisian adolescent athletes[J]. Sport Sciences for Health, 2015, 11（2）: 159–169.

而增加。[1][2]已有研究认为，肌肉力量和强度通常被认为是预测各种跳跃成绩的有效指标。[3][4][5]综上可知，尽管纵跳与立定跳远作为男生下肢速度力量不同的测试指标，但两项指标对应的发展敏感期的年龄相似。

对女生纵跳而言，7~10岁纵跳均值处于快速增长阶段，而8~10岁纵跳处于快速增长突增期，11~15岁纵跳处于缓慢增长阶段，16~18岁纵跳出现缓慢下降。依据敏感期界定标准，女生纵跳敏感期临界值为10.89，经筛选，确立女生纵跳敏感期值由高到低分别为16.15%、11.24%和10.97%，所对应的年龄分别为9岁、10岁和11岁。对纵跳而言，女生因自身生长特点差异，相比男生，其下肢速度力量敏感期表现出早发趋势。有研究表明，女生9~11岁为爆发力发展的决定性时期。[6]亦有研究表明，7~13岁女生爆发力增长速度都很快，[7]但8~12岁为爆发力快速增长突增期。[8]Loko等对10~17岁女生运动能力特征研究认为，女生下肢爆发力最敏感的时期是10~12岁，在此阶段纵跳提高程度达到7年累计增长值的77.2%。[9]综上研究发现，本书对

---

[1] JARIC S. Muscle strength testing[J]. Sports Medicine, 2002, 32 (10): 615–631.

[2] MARKOVIC G, JARIC S. Movement performance and body size: the relationship for different groups of tests[J]. European Journal of Applied Physiology, 2004, 92 (1–2): 139–149.

[3] BAKER, DANIEL. A Series of Studies on the Training of High-Intensity Muscle Power in Rugby League Football Players[J]. Journal of Strength and Conditioning Research, 2001, 15 (2): 198–209.

[4] BAKER D, NANCE S, MOORE M. The Load That Maximizes the Average Mechanical Power Output During Jump Squats in Power-Trained Athletes[J]. The Journal of Strength and Conditioning Research, 2001, 15 (1): 92–97.

[5] CRONIN J, SLEIVERT G. Challenges in understanding the influence of maximal power training on improving athletic performance[J]. Sports Medicine, 2005, 35 (3): 213–234.

[6] BLIMKIE C J R, ROACHE P, HAY J T, et al. Anaerobic power of arms in teenage boys and girls: relationship to lean tissue[J]. European journal of applied physiology and occupational physiology, 1988, 57 (6): 677–683.

[7] 谢敏豪. 运动员基础训练的人体科学原理[M]. 北京：北京体育大学出版社，2005：20–24.

[8] LOKO J, AULE R, SIKKUT T, et al. Motor performance status in 10 to 17-year-old Estonian girls[J]. Scand J Med Sci Sports, 2000, 10 (2): 109–113.

[9] LOKO J, SIKKUT T, AULE R. Sensitive periods in physical development[J]. Modern Athlete and Coach, 1996, 34 (2): 26–29.

女生纵跳敏感期的筛选结果与上述同类研究结论基本一致。研究结果还发现，纵跳与立定跳远作为女生下肢速度力量不同的测试指标，对应的发展敏感期的年龄相似。

综上研究可知，性别与年龄因素对男、女生纵跳能力有共同的影响。[1] 在11岁之前，男、女生纵跳均值没有明显的差异。而在11~18岁，男、女生因生长特点的差异，纵跳均值呈现出显著差异，男生纵跳成绩显著高于女生。从男、女生纵跳敏感期研究结果可知，女生纵跳敏感期要早于男生。

3.4.6 对20s反复侧跨步指标敏感期的分析

本书选取20s反复侧跨步作为男、女生灵敏（与平衡、协调相关）的测评指标。对男生反复侧跨步而言，7~10岁反复侧跨步均值处于快速增长阶段，而7~8岁、10岁反复侧跨步处于快速增长突增期，11~14岁反复侧跨步处于缓慢增长阶段，15~18岁之间出现小幅增长与负增长的交替现象。依据敏感期界定标准，男生反复侧跨步敏感期临界值为8.64，经筛选，确立男生反复侧跨步敏感期值由高到低分别为12.25%、9.41%和8.69%，所对应的年龄分别为8岁、7岁和10岁。有研究表明，男生灵敏发展的最佳时期是6~13岁，[2] 也有研究认为7~9岁为灵敏发展敏感期。[3] 反复侧跨步作为灵敏的测评指标，主要反映快速变换方向与动作的协调性。[4] 也有研究表明，反复侧跨

---

[1] IMAMOĞLU M, ŞENER O A. Comparison of Children's Motor Performances by Age and Gender[J]. Universal Journal of Educational Research, 2019, 7（1）：10-15.
[2] 杨世勇. 体能训练[M]. 北京：人民体育出版社，2012：19.
[3] 田野. 运动生理学高级教程[M]. 北京：北京高等教育出版社，2006：728.
[4] 孙庆祝，郝文亭，洪峰，等. 体育测量与评价（第二版）[M]. 北京：高等教育出版社，2010：178.

步作为多种运动能力的综合体现，对反应速度[①]、力量[②]、协调[③]及平衡[④]等要求较高。还有研究表明，7~12岁为反应速度敏感期；[⑤]7~9岁和12~13岁为下肢爆发力敏感期。[⑥]协调与平衡能力蕴含在儿童早期基本运动技能之中，已有研究表明，5~7岁是儿童众多基本运动技能，如位移、操控和稳定技能发展的敏感期；[⑦]9~12岁人体静态平衡控制能力达到成熟水平；[⑧]7~10岁人体动态平衡控制能力达到平衡水平。[⑨]由此可见，男生反复侧跨步敏感期为7~8岁和10岁。本书结果与上述诸多研究结论基本一致。

对女生反复侧跨步而言，7~10岁反复侧跨步均值处于快速增长阶段，11~13岁反复侧跨步处于缓慢增长阶段，12岁出现小幅的下降，14~18岁反复侧跨步基本呈现缓慢下降趋势。总体来看，7~10岁女生反复侧跨步出现快速增长趋势，而在10岁之后，女生反复侧跨步呈现出小幅增长与缓慢下降的交替现象。依据上述敏感期界定标准，女生反复侧跨步敏感期临界

[①] VICENTE-RODRÍGUEZ G, REY-LÓPEZ J P, RUÍZ J R, et al. Interrater reliability and time measurement validity of speed-agility field tests in adolescents[J]. The Journal of Strength & Conditioning Research, 2011, 25（7）: 2059-2063.

[②] JOVANOVIC M, SPORIS G, OMRCEN D, et al. Effects of speed, agility, quickness training method on power performance in elite soccer players[J]. The Journal of Strength & Conditioning Research, 2011, 25（5）: 1285-1292.

[③] GALLOTTA M C, MARCHETTI R, BALDARI C, et al. Linking coordinative and fitness training in physical education settings[J]. Scandinavian journal of medicine & science in sports, 2009, 19（3）: 412-418.

[④] ACAR H, ELER N. The Effect of Balance Exercises on Speed and Agility in Physical Education Lessons[J]. Universal Journal of Educational Research, 2019, 7（1）: 74-79.

[⑤] 王金灿.运动选材原理与方法[M].北京：人民体育出版社，2005：57.

[⑥] 牛英鹏.运动生理学[M].浙江：浙江大学出版社，2012：322.

[⑦] 李静，刁玉翠.3~10岁儿童基本动作技能发展比较研究[J].中国体育科技，2013, 49（3）: 129-132.

[⑧] TAGUCHI K, TADA C. Change of body sway with growth of children[J]. Posture and gait: Development, adaptation and modulation, 1988: 59-65.

[⑨] SHUMWAY-COOK A, WOOLLACOTT M H. The growth of stability: postural control from a developmental perspective[J]. Journal of motor behavior, 1985, 17（2）: 131-147.

值为9.87，经筛选，确立女生反复侧跨步敏感期值由高到低分别为14.55%、11.44%和10.24%，所对应的年龄分别为7岁、9岁和8岁。已有研究显示，男、女生灵敏发展敏感期年龄的界定基本一致，7~13岁为女生灵敏发展快速增长期，而7~9岁为女生灵敏发展敏感期。[①]较多研究显示，男、女生在青春期前期，特别在7~11岁，其速度、力量等体能水平没有明显的差异，在此阶段男、女生灵敏成绩大体相当。[②③]

综上所述，从男、女反复侧跨步的筛选结果可知，7~11岁反复侧跨步进步明显，且男、女生之间差别不明显，12岁之后，男生反复侧跨步进步幅度明显优于女生；从反复侧跨步敏感期筛选结果可知，男、女生反复侧跨步敏感期的年龄均较早，且女生反复侧跨步敏感期要早于男生1~2岁。

3.4.7 对往返跑(10m×4)指标敏感期的分析

本书选取往返跑作为男、女生灵敏（急停急起、快速变向及冲刺相关）的测评指标。对男生往返跑而言，7~10岁、13岁往返跑均值处于快速增长阶段；而9~10岁、13岁往返跑处于快速增长突增期；在10~18岁阶段，除11岁与15岁两个年龄段往返跑出现小幅增长，其他年龄段往返跑均呈现下降趋势。总体来看，除7~10岁、13岁男生往返跑出现快速增长趋势，其他年龄段男生往返跑出现了小幅增长与负增长的交替现象。依据上述敏感期界定标准，男生往返跑敏感期临界值为7.26，经筛选，确立男生往返跑敏感期值由高到低分别为10.04%、7.51%和7.41%，所对应的年龄分别为9岁、13和10

---

① 田野. 运动生理学高级教程[M]. 北京：北京高等教育出版社，2006：728.

② MALINA R M, BOUCHARD C. Growth, Maturation, and Physical Activity[J]. Medicine & Science in Sports & Exercise, 1992, 24(7):858-859.

③ MALINA, ROBERT M. Top 10 Research Questions Related to Growth and Maturation of Relevance to Physical Activity, Performance, and Fitness[J]. Research Quarterly for Exercise and Sport, 2014, 85（2）: 157-173.

岁。前人研究成果中对往返跑指标敏感期的研究较少，不过，作为反应、加速、急停变换方向、冲刺等若干基本运动能力构成的综合体，[1]可以通过探测灵敏的特征与科学机制，来进一步分析往返跑指标敏感期的年龄特征。有研究认为，灵敏是指处在特定运动场景中的肢体感受刺激，并根据需要迅速改变方向或变换动作的能力。[2]"快"和"变"是运动灵敏的本质特征，这两个方面是灵敏素质区别于速度、力量、耐力、协调等身体能力的本质属性。[3]往返跑作为多种运动能力的综合体现，对速度[4]、力量[5]、反应[6]、协调[7]及平衡[8]等要求较高。也有研究表明，8~12岁为男生速度敏感期；[9]7~12岁为反应速度敏感期；[10]7~9岁和12~13岁为下肢爆发力敏感期。[11]综上可见，

---

[1] SEKULIC D, SPASIC M, MIRKOV D, et al. Gender-specific influences of balance, speed, and power on agility performance[J]. The Journal of Strength & Conditioning Research, 2013, 27（3）: 802-811.

[2] 赵西堂，葛春林，孙平. 试论运动灵敏性的概念及其分类[J]. 武汉体育学院学报，2012, 46（8）: 92-95.

[3] 赵西堂，葛春林，李晓琨. 试论运动灵敏素质的特征与科学机制[J]. 山东体育学院学报，2014（4）: 77-82.

[4] YANCI J, REINA R, LOS ARCOS A, et al. Effects of different contextual interference training programs on straight sprinting and agility performance of primary school students[J]. Journal of sports science & medicine, 2013, 12（3）: 601.

[5] JOVANOVIC M, SPORIS G, OMRCEN D, et al. Effects of speed, agility, quickness training method on power performance in elite soccer players[J]. The Journal of Strength & Conditioning Research, 2011, 25（5）: 1285-1292.

[6] VICENTE-RODRÍGUEZ G, REY-LÓPEZ J P, RUÍZ J R, et al. Interrater reliability and time measurement validity of speed-agility field tests in adolescents[J]. The Journal of Strength & Conditioning Research, 2011, 25（7）: 2059-2063.

[7] GALLOTTA M C, MARCHETTI R, BALDARI C, et al. Linking coordinative and fitness training in physical education settings[J]. Scandinavian journal of medicine & science in sports, 2009, 19（3）: 412-418.

[8] ACAR H, ELER N. The Effect of Balance Exercises on Speed and Agility in Physical Education Lessons[J]. Universal Journal of Educational Research, 2019, 7（1）: 74-79.

[9] 王步标，华明. 运动生理学[M]. 北京：高等教育出版社，2006: 339-340.

[10] 王金灿. 运动选材原理与方法[M]. 北京：人民体育出版社，2005: 57.

[11] 牛英鹏. 运动生理学[M]. 浙江：浙江大学出版社，2012: 322.

男生往返跑敏感期为9~10岁和13岁。本书结果与上述诸多研究结论基本一致。

对女生往返跑而言，7~10岁往返跑均值处于快速增长阶段；而8~10岁往返跑处于快速增长突增期；11~18岁阶段，除13岁、16岁两个年龄段往返跑出现一定的增长，其他年龄段均呈现出小幅下降的趋势，且之间亦伴随着小幅增长与缓慢下降的交替现象。依据上述敏感期界定标准，女生往返跑敏感期临界值为6.39，经筛选，确立女生往返跑敏感期值由高到低分别为10.63%、7.23%和6.72%，所对应的年龄分别为8岁、9岁和10岁。已有研究显示，男、女生灵敏发展敏感期年龄的界定基本一致，7~13岁为女生灵敏发展快速增长期，而7~9岁为女生灵敏发展敏感期。[1]较多研究显示，男、女生在青春期前期，特别在7~11岁，其速度、力量等体能水平没有明显的差异。[2][3]综上分析可知，女生往返跑敏感期为8~10岁。本书结果与上述诸多研究结论基本一致。

综上所述，从男、女生往返跑的筛选结果可知，在7~10岁，男、女生往返跑成绩差别不大，而在9岁，女生往返跑成绩稍高于男生；在10~18岁，男、女生往返跑各年龄段成绩差异明显，男生往返跑成绩显著高于女生。从往返跑敏感期筛选结果可知，女生往返跑敏感期早于男生1~2岁。

3.4.8 综合分析与讨论

本书选取了握力、背力、1min仰卧起坐、立定跳远和纵跳5个指标作为

---

[1] 田野. 运动生理学高级教程[M]. 北京：北京高等教育出版社，2006：728.

[2] MALINA R M, BOUCHARD C. Growth, Maturation, and Physical Activity[J]. Medicine & Science in Sports & Exercise, 1992, 24(7):858-859.

[3] MALINA, ROBERT M. Top 10 Research Questions Related to Growth and Maturation of Relevance to Physical Activity, Performance, and Fitness[J]. Research Quarterly for Exercise and Sport, 2014, 85 (2): 157-173.

男、女生力量敏感期的筛选指标。由测量结果可知，对男生而言，男生握力敏感期为12～13岁，背力敏感期为8岁和13～14岁。从力量分类来看，握力与背力作为最大力量的测评指标，男生握力敏感期与背力敏感期年龄相近，但握力敏感期稍早于背力敏感期。男生1min仰卧起坐敏感期为8～9岁，男生立定跳远敏感期为8岁和12～13岁，纵跳敏感期为11～12岁。从力量分类来看，立定跳远与纵跳作为速度力量的测评指标，纵跳敏感期稍早于立定跳远敏感期。对女生而言，女生握力敏感期为8岁和10～11岁，背力敏感期为10～11岁和13岁。对比发现，两项指标敏感期总体相近，但背力敏感期有个别年龄段晚于握力敏感期。女生1min仰卧起坐敏感期为8～9岁，立定跳远敏感期为8～10岁，纵跳敏感期为9～11岁。对比发现，两项指标敏感期总体相近，但纵跳敏感期有个别年龄段晚于立定跳远敏感期。综上研究发现，8～14岁为男生力量发展敏感期，8～13岁为女生力量发展敏感期。

本书选取20s反复侧跨步、往返跑（10m×4）2个指标作为男、女生灵敏敏感期的筛选指标。由测量结果可知，对男生而言，男生20s反复侧跨步敏感期为7～8岁和10岁，往返跑敏感期为9～10岁和13岁。对比发现，两项指标敏感期差异明显，20s反复侧跨步敏感期要早于往返跑敏感期。女生20s反复侧跨步敏感期为7～9岁，往返跑敏感期为8～10岁。对比发现，两项指标敏感期亦有一定差异，20s反复侧跨步敏感期稍早于往返跑敏感期。综上研究发现，7～13岁为男生灵敏发展敏感期，7～10岁为女生灵敏发展敏感期。

3.5　结论与建议

3.5.1　结论

本书在横断面调查研究的基础上，建立7～18岁男、女生研究队列，通过对男、女生的力量5项指标与灵敏2项指标进行测量，以体能发展敏感期临界值作为界定标准，经筛选，得出各指标体能发展敏感期的年龄。

（1）男生握力敏感期为12~13岁，背力敏感期为8岁、13~14岁，1min仰卧起坐敏感期为8~9岁，立定跳远敏感期为8岁、12~13岁，纵跳敏感期为11~12岁，20s反复侧跨步敏感期为7~8岁、10岁，往返跑（10m×4）敏感期为9~10岁、13岁。

（2）女生握力敏感期为8岁、10~11岁，背力敏感期为10~11岁、13岁，1min仰卧起坐敏感期为8~9岁，立定跳远敏感期为8~10岁，纵跳敏感期为9~11岁，20s反复侧跨步敏感期为7~9岁，往返跑（10m×4）敏感期为8~10岁。

（3）从力量与灵敏的体能类别来看，男生力量发展敏感期为8~14岁，灵敏发展敏感期为7~13岁；女生力量发展敏感期为8~13岁，灵敏发展敏感期为7~10岁。

3.5.2 建议

（1）在体育教学实践中，应关注不同年龄段儿童青少年身心发展的特点，充分重视体能发展敏感期年龄特征及一般规律。在掌握力量与灵敏各指标体能发展敏感期年龄特征的同时，可采用本书中对力量与灵敏各指标敏感期年龄的界定标准，对儿童青少年其他体能指标的敏感期进行筛选。

（2）敏感期因受到遗传与环境等诸多复杂因素的影响，儿童青少年在不同生长环境下其体能发展敏感期的年龄亦有一定差异。因此，对敏感期年龄特征及其规律进行研究与应用时，应结合敏感期影响因素进行综合评价。

4

实验一 敏感期下运动干预对儿童青少年力量与灵敏相关指标的影响研究

4.1 引言

当前，我国体育课程改革已经进入深水区，在实施体育课程中如何科学有效地促进儿童青少年身心的健康发展已经成为新时代的价值诉求，责任重大，刻不容缓。鉴于全球背景下的儿童青少年体质健康状况严重滑坡，尤其是体能诸多指标（力量、耐力等）持续下降。[①]面对困境，国家先后出台系列旨在促进儿童青少年体质健康的政策及措施，意图扭转当下困局，但实施现状并不乐观，依然存在较多问题，究其原因，莫衷一是。[②]学校体育是建设"健康中国"的主要路径，体育课程教学作为学校体育教育的一个主渠道，对学生身心健康发展具有义不容辞的责任。而当前，在体育课程实施中如何有效地开展学生健康增进教育，特别是促进学生健康体能发展，体育课程中还存在不足。[③]

近年来，基于敏感期视角的儿童青少年体能研究引起了国内外学者的高度关注，成为热点问题。许多研究表明：在儿童青少年敏感期，如果训练等外因和遗传、自然生长发育等内因相互配合，势必会对体能发展起到事半功

---

① 邢文华. 中国青少年体质的现状及加强青少年体育的紧迫性[J]. 青少年体育. 2012（01）：5-6.
② 周国海，季浏，尹小俭. 儿童青少年体能发展敏感期相关热点问题[J]. 成都体育学院学报，2016，42（6）：114-120.
③ 曲宗湖. 美国体育教师关注的一个名词——"体适能"[J]. 体育教学，2008（1）：41-42.

实验一　敏感期下运动干预对儿童青少年力量与灵敏相关指标的影响研究

倍的效果，并可为儿童青少年体质健康水平打下坚实的基础。[1][2][3][4][5]有研究认为，儿童青少年处在敏感发展期中的竞技能力，即使不训练也在明显提高，如果投入较大训练负荷，则提高的速度更为明显，自然训练的效果也最高。[6]以上研究多从敏感期理论层面进行了分析或推导，或是少数运动训练中的案例分析，抑或是进行过单个年龄段、小样本且较为宏观的实验设计与教学干预，尚不足以客观、全面反映儿童青少年体能发展敏感期特征与一般规律。

运动干预方式的科学选择或制定是实验研究设计中的关键因素。新课程改革以来，我国的体育课程与教学取得了长足的进步，运动技能、体能练习、运动时间、运动强度、运动密度等在体育课堂教学中的一些核心要素再次成为热点问题。如武海潭等研究表明，持续性10min以上中高强度运动对改善学生身体成分、肌肉力量和肌肉耐力具有促进作用。[7]陈福亮在实验研究中，就运动技能与体能练习时间组合及适宜运动强度的研究结果进一步表明，20min中等强度运动技能和10min中等强度体能组合练习方式是最适宜的运动技能和体能组合练习方式，能够显著改善青少年体成分，增强心肺功能，提高肌肉力量与耐力、柔韧和速度素质。[8]我国的《义务教育体育与健

---

[1] MALINA, ROBERT M. Physical activity and training: effects on stature and the adolescent growth spurt[J]. Medicine & Science in Sports & Exercise, 1994, 26（6）: 759-766.

[2] MALINA R M, BOUCHARD C. Growth, Maturation, and Physical Activity[J]. Medicine & Science in Sports & Exercise, 1992, 24（7）: 858-859.

[3] ORTEGA F B, RUIZ J R, CASTILLO M J, et al. Physical fitness in childhood and adolescence: a powerful marker of health[J]. International journal of obesity, 2008, 32（1）: 1.

[4] LOKO J, AULE R, SIKKUT T, et al. Age differences in growth and physical abilities in trained and untrained girls 10—17 years of age[J]. American Journal of Human Biology, 2003, 15（1）: 72-77.

[5] 董国珍.儿童少年训练原则与方法（上）[J].沈阳体育学院学报, 1986（4）: 38-42.

[6] 徐本力.早期训练科学化的提出及系统化训练理论——对早期训练科学化中几个理论问题的再认识（之一）[J].山东体育学院学报, 2001, 17（2）: 1-6.

[7] 武海潭, 季浏.体育课不同累积中-大强度体力活动时间对初中生健康体适能及情绪状态影响的实验研究[J].体育科学, 2015（1）: 13-23.

[8] 陈福亮.体育课运动技能和体能组合练习对儿童青少年身心健康的影响[D].上海: 华东师范大学, 2018.

康课程标准（2011年版）解读》[①]与《普通高中体育与健康课程标准（2017年版）》[②]建议每节体育课应该安排10min左右的体能练习。

特别是近年来，季浏教授提出了20min运动技能和10min的体能练习组合形式的课程模式，强调运动负荷、运动技能、体能练习三大关键点。对于运动负荷，健康体育课程模式强调学生的体育课学习必须要有适宜的运动负荷，倡导每一节体育课的运动密度应该在75%左右，所采用的运动强度应使学生运动中心率达到140～160次/分；对于运动技能，健康体育课程模式强调运动技能结构化教学，以活动和比赛为主，每堂课运动技能的学练保证在20min左右；对于体能练习，健康体育课程模式强调每堂体育课都要进行10min左右的体能练习，体能练习应注重多样化、趣味性和"补偿性"。[③]

实验一研究目的是在前一章横断面研究的基础上，选取各指标体能发展敏感期中高敏感期年级的儿童青少年作为研究对象，立足体育课堂，探讨不同指标敏感期下运动干预（20min中等强度运动技能和10min中高强度体能组合练习）对儿童青少年力量与灵敏相关体能指标促进的效果，以期为深化基础教育体育课程改革，提高体育课堂质量，科学有效地促进儿童青少年体能水平的发展提供一定的帮助。

本书提出以下实验假设：

（1）与对照班相比，采用20min中等强度运动技能和10min中等强度以力量为主的体能组合练习方式，实验班男、女生的力量5项指标（握力、背力、1min仰卧起坐、立定跳远、纵跳）在12周实验干预后得到显著提高。

（2）与对照班相比，采用20min中等强度运动技能和10min高强度以力量为主的体能组合练习方式，实验班男、女生的灵敏2项指标〔往返跑（10m×4）、20s反复侧跨步〕在12周实验干预后得到显著提高。

[①] 杨文轩，季浏. 义务教育体育与健康课程标准（2011年版）解读[M]. 北京：高等教育出版社，2012：119.

[②] 中华人民共和国教育部. 普通高中体育与健康课程标准（2017年版）[M]. 北京：人民教育出版社，2017：79-80.

[③] 季浏. 中国健康体育课程模式的思考与构建[J]. 北京体育大学学报，2015，38（09）：72-80.

实验一　敏感期下运动干预对儿童青少年力量与灵敏相关指标的影响研究

4.2　实验方法

4.2.1　实验对象

本书敏感期内运动干预实验对象为某市城区的3所学校，其中小学、初中和高中各1所。首先选取各指标敏感期内年增长率最高的年龄段作为研究对象，从该年龄段所对应年级中随机选取一个班作为实验班，随机选取一个班作为对照班。询问学生既往病史、家族遗传与心血管疾病、身体状况等，身体有潜在问题的学生不参与教学实验，有运动训练经历或参加学校课余运动队训练的学生不参与本次实验。共有实验对象761人，其中，男生实验对象399人（实验班202人，对照班197人）、女生实验对象362人（实验班183人，对照班179人）。各实验班和对照班设置的基本情况见表4-1和4-2。

表4-1　男生实验班与对照班一览表

指标 班级	高敏感期年龄	对应年级	实验班	对照班
握力	13岁	初一	初一（1）	初一（6）
背力	13岁	初一	初一（3）	初一（9）
1min仰卧起坐	9岁	三年级	三（1）	三（8）
立定跳远	13岁	初一	初一（4）	初一（10）
纵跳	12岁	六年级	六（5）	六（7）
20s反复侧跨步	8岁	二年级	二（3）	二（5）
往返跑(10m×4)	9岁	三年级	三（2）	三（9）

表4-2　女生实验班与对照班一览表

指标 班级	高敏感期年龄	对应年级	实验班	对照班
握力	10岁	四年级	四（2）	四（7）
背力	11岁	五年级	五（3）	五（8）
1min仰卧起坐	8岁	二年级	二（1）	二（7）
立定跳远	8岁	二年级	二（3）	二（8）
纵跳	9岁	三年级	三（2）	三（9）
20s反复侧跨步	7岁	一年级	一（1）	一（6）
往返跑(10m×4)	8岁	二年级	二（5）	二（9）

4.2.2　实验程序

实验一从2017年10月初开始，至2018年6月末结束。其中，灵敏指标的实验时间从2017年10月初开始，至2018年1月末结束，共12周；力量指标的实验时间从2018年3月初开始，至2018年6月末结束，共12周。与实验学校沟通，征得学校和家长同意之后，正式确定14名教师参与本实验研究，将实验中运动技能和体能教学设计、实验方案、教学方案等资料分发给实验教师。这样分配的主要原因是：因实验一与实验二方案设计紧密相关，每名教师除完成实验一中的教学安排（见表4-3和4-4），还要兼任实验二中同类指标实验班与对照班的教学安排。在实验正式开始的第一周（3次课）开展预实验研究，预实验期间对所有参与教学实验的教师进行与实验内容有关的培训，帮助教师掌握实验干预的教学模式、教学方法及课堂练习强度的控制，使教师通过预实验之后，了解并掌握设计何种身体练习可以达到中等强度或高强度，有助于教学实验干预活动能够达到实验要求。

实验一 敏感期下运动干预对儿童青少年力量与灵敏相关指标的影响研究

表4-3 男生实验班与对照班教师安排情况

班级 指标	实验班	对照班	教师分配
握力	初一(1)	初一(6)	教师A
背力	初一(3)	初一(9)	教师B
1min仰卧起坐	三(1)	三(8)	教师C
立定跳远	初一(4)	初一(10)	教师D
纵跳	六(5)	六(7)	教师E
反复侧跨步	二(3)	二(5)	教师F
往返跑(10m×4)	三(2)	三(9)	教师G

表4-4 女生实验班与对照班教师安排情况

班级 指标	实验班	对照班	教师分配
握力	四(2)	四(7)	教师H
背力	五(3)	五(8)	教师I
1min仰卧起坐	二(1)	二(7)	教师J
立定跳远	二(3)	二(8)	教师K
纵跳	三(2)	三(9)	教师L
反复侧跨步	一(1)	一(6)	教师M
往返跑(10m×4)	二(5)	二(9)	教师N

实验前，指导教师教会学生佩戴polar心率带的方法，每节课随机抽取13名学生（约占各实验班级一半的人数）佩戴心率带。预实验过程中，在实验主试协助下，实验教师能够分析polar遥测心率仪的监测数据，进而依据强度监测结果对实验过程进行控制与调整，以便使教学过程达到实验干预条件。在正式实验过程中，实验主试通过观察polar遥测心率仪，在体能或运动技能教学时间分配，在运动强度过高或不足的情况下，及时提醒实验教师予以调整。

学期的第二周，实验主试协助实验教师完成力量与灵敏相关指标的前测。第三周开始进行正式实验干预教学。按实验方案实验班与对照班均需完成12周（每周3节课）共36次课的教学，但在实际情况下，体育教学会受场地气候、节假日及学校相关活动等因素影响，本书的处理方法是：考虑到学校规定的体育教学时数共有18周，所以遇到停课之后顺延，最终确保所有班级都能够完成36次课的教学。待各实验班级完成教学任务后，实验主试协助实验教师完成力量与灵敏相关指标的后测。对照班同样在正式实验的第二周完成力量与灵敏相关指标的前测，在36次课后完成力量与灵敏相关指标的后测。

4.2.3 实验干预方案

在实验一中，实验班与对照班的每节体育课都为45min，各班级的准备部分为10min、基本部分为30min、结束部分为5min。所有的实验班体育课的基本部分都进行20min中等强度运动技能和10min中高强度体能组合练习。所有的对照班体育课的基本部分只进行30min运动技能练习。为了避免运动项目对实验结果的干扰，各年级实验班和对照班的运动技能练习内容都为篮球。

（1）运动技能干预方案

所有实验班和对照班的运动技能练习内容统一为篮球，如此设计是为避免不同运动技练习内容对实验结果的干扰。实验班20min中等强度运动技能教学的设计原则：进行结构化的篮球运动技能的教学设计，让学生掌握完整的一项运动，倡导用较少的时间进行单个技术教学，用较多的时间进行组合技术学练，组合技术学练应更多地融于活动和比赛情境。所有的对照班体育课的基本部分只进行30min运动技能练习，不做额外干预，并告知对照班教师不用刻意模仿实验班的教学方式。实验班篮球运动技能学习内容见附录1—附录4。

（2）体能干预方案

实验主试在预实验期间，与实验教师一起制定好各班级的体能练习方

实验一　敏感期下运动干预对儿童青少年力量与灵敏相关指标的影响研究

案,通过一周3次课的预实验教学,让教师清楚选用哪些体能练习内容、进行多少组数的练习,可以达到实验的时间与强度要求。10min中高强度体能练习的设计原则:方案依据不同年龄阶段儿童青少年身心发展特点和本实验指标的具体要求进行设计;力量指标班级主要为10min中等强度以力量综合练习为主的干预方式(见附录5—附录8),灵敏指标班级主要为10min高强度以灵敏综合练习为主的干预方式(见附录9—附录12)。实验班进行10min中高强度的体能练习,对照班不安排体能练习内容。

(3)运动强度的干预方案

本书采用芬兰产ploar team 2遥测心率仪监控学生课堂运动的强度,每次体育课前对心率监控学生进行编码,每个班随机安排13名学生佩戴心率带,通过此套设备可以同时观察佩戴心率带学生的即刻心率与平均心率,监测设备还可以根据学生年龄,借助中等强度和高强度心率范围的界定公式[中等强度心率范围=(220-年龄)×64%~77%;高强度心率范围=(220-年龄)×77%以上],[1]实时呈现出学生的运动强度。polar遥测心率仪能够自动存储学生在每节课不同时段运动时的平均心率和运动强度等信息。

对于运动强度界定,美国运动医学学会规定:小强度运动<3METs(代谢当量),心率为最高心率的64%以下;中等强度运动为3~6METs,心率为最高心率的64%~77%;较大强度运动≥6METs,心率为最高心率的77%~94%。[2]本书中实验班体育课的基本部分为30min(20min运动技能和10min体能组合)。鉴于力量与灵敏体能类型的不同与练习形式的差异,对力量相关指标实验班的教学干预,采用20min中等强度的结构化篮球运动技能和10min中等强度以力量为主的综合体能练习;对灵敏相关指标实验班的教学干预,采用20min中等强度的结构化篮球运动技能和10min高强度以灵敏为主的综合体能练习。对照班不做干预,仅通过遥测心率仪记录每堂课的心率。通过比对中等强度运动心率值的范围,可以在实验中判别小、中、高强

---

[1] 美国运动医学学会.ACSM运动测试与运动处方指南(第九版)[M].王正珍,等译.北京:北京体育大学出版社,2014:3-5.

[2] 同上。

度的运动。不同年龄段中等强度的心率范围见表4-5。

表4-5　不同年龄段中等强度的心率范围参照表

年龄（岁）	年级	220-年龄	下限心率	上限心率
7	一年级	213	136.32	164.01
8	二年级	212	135.68	163.24
9	三年级	211	135.04	162.47
10	四年级	210	134.40	161.70
11	五年级	209	133.76	160.93
12	六年级	208	133.12	160.16
13	初一年级	207	132.48	159.39
14	初二年级	206	131.84	158.62
15	初三年级	205	131.20	157.85
16	高一年级	204	130.56	157.08
17	高二年级	203	129.92	156.31
18	高三年级	202	129.28	155.54

4.2.4　实验测试指标

力量与灵敏相关指标见表4-6。

表4-6　力量与灵敏相关指标

体能类型	指标分类	测试项目
力量	最大力量（上肢）	握力
	最大力量（腰背）	背力
	力量耐力	1min仰卧起坐
	速度力量（水平方向）	立定跳远
	速度力量（垂直方向）	纵跳
灵敏	与平衡及协调相关的灵敏	20s反复侧跨步
	与急停急起、快速变向及冲刺相关的灵敏	往返跑（10m×4）

注：力量与灵敏相关指标的测试方法同前一章节的横断面研究。

实验一　敏感期下运动干预对儿童青少年力量与灵敏相关指标的影响研究

4.2.5　实验仪器

实验仪器见表4-7。

表4-7　实验仪器

仪器	功能	产地
polar遥测心率仪	监控运动强度	芬兰
握力测量仪	测量握力	中国
背力测量仪	测量背力	中国
立定跳远测量仪	测量立定跳远	中国
纵跳测量仪	测量纵跳	中国
秒表	测量仰卧起坐、反复侧跨步、往返跑时间	中国

4.2.6　统计分析方法

实验一采用的是单因素两组前测后测设计，采用协方差分析方法处理实验数据，将指标的前测成绩作为协变量，组别（实验班与对照班）作为自变量，力量与灵敏相关指标的后测成绩作为因变量，得出实验班与对照班力量与灵敏相关指标变化的显著性检验结果，从而判断实验干预的效果。[1]

实验一中实验班基本部分进行的是20min中等强度运动技能和10min中高强度体能组合练习方式，对照班基本部分进行的是30min运动技能教学。实验班与对照班学生的力量与灵敏指标都可能有所提高，所以实验一还使用配对样本T检验，分析与自身前测相比，各班级力量与灵敏相关指标的后测结果是否出现显著提高。

---

[1] 张力为.体育科学研究方法[M].北京：高等教育出版社，2012：136.

4.3 研究结果

4.3.1 运动强度的监测结果

采用polar遥测心率仪监控学生课堂运动的强度，所有实验班与对照班在一学期内完成36节课，各班级实验期间每节课的心率均值与标准差见表4-8。

按照美国运动医学学会界定的中等强度和高强度心率范围的界定公式 [中等强度心率范围=（220-年龄）×64%～77%；高强度心率范围=（220-年龄）×77%以上]，[1]通过polar遥测心率仪监控数据表明，实验期间实验班与对照班运动技能强度与体能练习强度达到了实验要求的中等强度或高强度。

表4-8 实验班与对照班实验期间每节课的心率均值与标准差

班级\指标	性别	分类	实验班心率	对照班心率
握力	男	运动技能	146±1.9	135±4.7
		体能练习	158±3.5	/
	女	运动技能	145±2.3	132±3.9
		体能练习	155±3.2	/

---

[1] 美国运动医学学会.ACSM运动测试与运动处方指南（第九版）[M].王正珍,等译.北京：北京体育大学出版社,2014：3-5.

实验一 敏感期下运动干预对儿童青少年力量与灵敏相关指标的影响研究

续表

班级 \ 指标	性别	分类	实验班心率	对照班心率
背力	男	运动技能	146±1.7	137±4.5
		体能练习	157±3.6	/
	女	运动技能	147±1.6	135±4.1
		体能练习	156±3.7	/
仰卧起坐	男	运动技能	146±1.7	137±4.8
		体能练习	157±4.1	/
	女	运动技能	147±1.5	134±3.6
		体能练习	161±4.2	/
立定跳远	男	运动技能	144±1.9	138±5.2
		体能练习	157±3.8	/
	女	运动技能	146±1.5	137±4.6
		体能练习	162±3.8	/
纵跳	男	运动技能	148±2.1	136±5.1
		体能练习	157±3.7	/
	女	运动技能	145±1.8	134±4.3
		体能练习	158±3.7	/
反复侧跨步	男	运动技能	147±1.7	133±4.7
		体能练习	173±5.3	/
	女	运动技能	149±1.5	129±4.2
		体能练习	168±4.4	/
往返跑	男	运动技能	149±1.5	136±5.4
		体能练习	173±5.2	/
	女	运动技能	147±1.9	132±4.3
		体能练习	167±4.5	/

注：对照班不进行体能干预，体能练习部分的心率以"/"表示。

4.3.2 敏感期运动干预下握力的变化

本书选取握力作为男、女生上肢力量的测评指标，采用描述性统计分析方法，得出男、女生握力的前测、后测均值与标准差（见表4-9）。

表4-9 实验班与对照班男、女生握力描述性统计

性别	年龄（岁）	班级	人数（人）	前测 M	前测 SD	后测 M	后测 SD
男	13	实验班	30	27.75	6.71	33.57	7.16
		对照班	28	28.19	5.95	31.96	6.97
女	10	实验班	26	12.24	3.49	18.41	3.87
		对照班	25	12.62	3.07	17.13	3.59

由前述研究发现男、女生握力敏感期最高值对应的年龄不同，对应的年龄分别为男生13岁和女生10岁。前测结果显示，13岁男生实验班与对照班的握力均值分别为27.75和28.19，10岁女生实验班与对照班的握力均值分别为12.24和12.62。因男、女生的年龄与性别具有差异，其握力均值差异明显。

通过后测减去前测，得出实验班与对照班男、女生握力的进步幅度（如图4-1所示），结果显示，不同年级男、女生实验班与对照班的握力均值都有所提高。男、女生实验班的进步幅度均明显大于对照班的进步幅度。本书采用单因素协方差分析方法，分别以男生握力和女生握力的前测作为协变量、组别（实验班与对照班）作为自变量，再分别以男生握力和女生握力的后测作为因变量，分析出13岁男生实验班与对照班握力的变化是否存在显著性差异，以及10岁女生实验班与对照班握力的变化是否存在显著性差异。

进一步比较实验班与对照班的实验前后的握力是否具有差异性，采用协方差分析结果显示（见表4-10），将13岁男生实验班与对照班的握力前测作为协变量控制的情况下，实验班男生的握力后测显著高于对照班男生；将10

实验一 敏感期下运动干预对儿童青少年力量与灵敏相关指标的影响研究

岁女生实验班与对照班的握力前测作为协变量控制的情况下，实验班女生的握力后测亦显著高于对照班女生。研究结果表明，与一般体育教学相比，采用20min中等强度运动技能和10min中等强度以力量为主的体能组合练习方式，能够显著提高13岁男生及10岁女生的握力成绩。

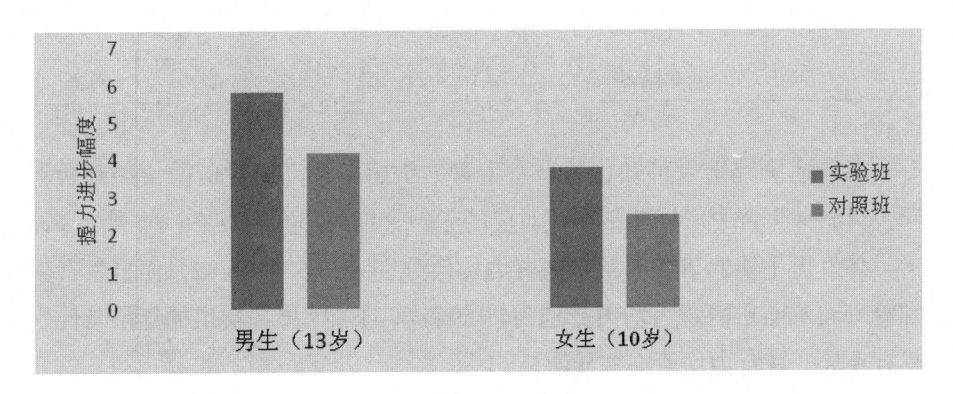

图4-1 实验班和对照班男、女生握力的进步幅度

表4-10 实验班与对照班男、女生握力的协方差分析

性别	年龄（岁）	班级	N	M	SD	F	P
男	13	实验班	30	5.82	2.82	7.51	0.01
		对照班	28	3.76	2.98		
女	10	实验班	26	4.17	2.57	8.24	0.00
		对照班	25	2.49	2.92		

注：M指"后测-前测"差值的均值，同以下协方差分析表中的M，SD为对应的标准差。

4.3.3 敏感期运动干预下背力的变化

本书选取背力作为男、女生腰背力量的测评指标，采用描述性统计分析方法，得出男、女生背力的前测、后测均值与标准差（见表4-11）。

表4-11 实验班与对照班男、女生背力描述性统计

性别	年龄（岁）	班级	人数（人）	前测 M	前测 SD	后测 M	后测 SD
男	13	实验班	29	65.53	18.79	77.33	19.28
		对照班	27	66.82	19.65	74.31	21.27
女	11	实验班	27	41.59	7.29	48.96	8.36
		对照班	25	44.41	8.51	52.13	8.96

由前述研究结果可知，男、女生背力敏感期最高值对应的年龄有所不同，男、女生背力敏感期最高值对应的年龄分别为13岁和11岁。前测结果显示，13岁男生实验班与对照班的背力均值分别为65.53和66.82，而11岁女生实验班与对照班的背力均值分别为41.59和44.41。因男、女生的年龄与性别具有差异，其背力均值亦差异明显。

通过后测减去前测，得出实验班与对照班男、女生背力的进步幅度（如图4-2所示），结果显示，不同年龄的男、女生实验班与对照班的背力均值都有所提高。男生和女生实验班背力的进步幅度均明显大于对照班的进步幅度。本书采用单因素协方差分析方法，分别以男生背力和女生背力的前测作为协变量、组别（实验班与对照班）作为自变量，再分别以男生背力和女生背力的后测作为因变量，分析出13岁男生实验班与对照班背力的变化是否存在显著性差异，以及11岁女生实验班与对照班背力的变化是否存在显著性差异。

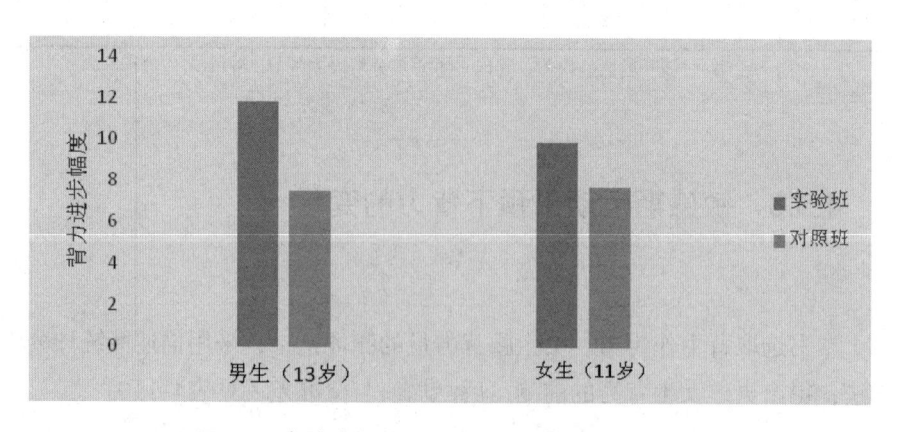

图4-2 实验班和对照班男、女生背力的进步幅度

实验一 敏感期下运动干预对儿童青少年力量与灵敏相关指标的影响研究

进一步比较实验班与对照班的实验前后的背力是否具有差异性，采用协方差分析结果显示（见表4-12），将13岁男生实验班与对照班的背力前测作为协变量控制的情况下，实验班男生的背力后测显著高于对照班男生；将11岁女生实验班与对照班的背力前测作为协变量控制的情况下，实验班女生的背力后测亦显著高于对照班女生。研究结果表明，与一般体育教学相比，采用20min中等强度运动技能和10min中等强度以力量为主的体能组合练习方式，能够显著提高13岁男生及11岁女生的背力成绩。

表4-12 实验班与对照班男、女生背力的协方差分析

性别	年龄（岁）	班级	N	M	SD	F	P
男	13	实验班	29	11.80	7.18	18.62	0.00
		对照班	27	7.49	6.29		
女	11	实验班	27	7.37	4.31	5.08	0.03
		对照班	25	4.91	5.65		

4.3.4 敏感期运动干预下1min仰卧起坐的变化

本书选取1min仰卧起坐作为男、女生力量耐力的测评指标，采用描述性统计分析方法，得出男、女生1min仰卧起坐的前测、后测均值与标准差（见表4-13）。

表4-13 实验班与对照班男、女生1min仰卧起坐描述性统计

性别	年龄（岁）	班级	人数（人）	前测 M	前测 SD	后测 M	后测 SD
男	9	实验班	28	28.96	5.36	34.65	4.38
		对照班	29	27.84	6.35	31.56	5.87
女	8	实验班	25	25.04	4.27	30.77	3.75
		对照班	23	25.13	4.65	29.11	5.49

由前述研究结果可知，男、女生1min仰卧起坐敏感期最高值对应的年龄有所不同，男、女生1min仰卧起坐敏感期最高值对应的年龄分别为9岁和8岁。前测结果显示，9岁男生实验班与对照班的1min仰卧起坐均值分别为28.96和27.84，而8岁女生实验班与对照班的1min仰卧起坐均值分别为25.04和25.13。尽管男、女生的年龄与性别具有差异，但男生与女生1min仰卧起坐敏感期年龄相邻，且各组之间均值差异不大。

通过后测减去前测，得出实验班与对照班男、女生1min仰卧起坐的进步幅度（如图4-3所示），结果显示，不同年龄的男、女生实验班与对照班的1min仰卧起坐均值都有所增长。男生与女生实验班的1min仰卧起坐的进步幅度均明显大于对照班的进步幅度。本书采用单因素协方差分析方法，分别以男生1min仰卧起坐和女生1min仰卧起坐的前测作为协变量、组别（实验班与对照班）作为自变量，再分别以男生1min仰卧起坐和女生1min仰卧起坐的后测作为因变量，分析出9岁男生实验班与对照班1min仰卧起坐的变化是否存在显著性差异，以及8岁女生实验班与对照班1min仰卧起坐的变化是否存在显著性差异。

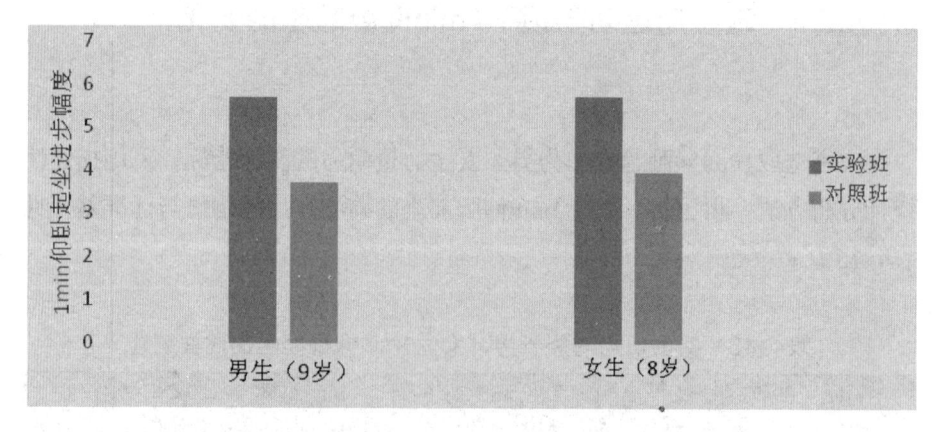

图4-3 实验班和对照班男、女生1min仰卧起坐的进步幅度

进一步比较实验班与对照班的实验前后1min仰卧起坐是否具有差异性，采用协方差分析结果显示（见表4-14），将9岁男生实验班与对照班的1min仰卧起坐前测作为协变量控制的情况下，实验班男生的1min仰卧起坐后测显

实验一　敏感期下运动干预对儿童青少年力量与灵敏相关指标的影响研究

著高于对照班男生；将8岁女生实验班与对照班的1min仰卧起坐前测作为协变量控制的情况下，实验班女生的1min仰卧起坐后测亦显著高于对照班女生。研究结果表明，与一般体育教学相比，采用20min中等强度运动技能和10min中等强度以力量为主的体能组合练习方式，能够显著提高9岁男生及8岁女生的1min仰卧起坐成绩。

表4-14　实验班与对照班男、女生1min仰卧起坐的协方差分析

性别	年龄（岁）	班级	N	M	SD	F	P
男	9	实验班	28	5.69	2.65	8.65	0.01
		对照班	29	3.72	3.31		
女	8	实验班	25	5.72	2.13	6.45	0.02
		对照班	23	3.97	2.48		

4.3.5　敏感期运动干预下立定跳远的变化

本书选取立定跳远作为男、女生速度力量的测评指标，采用描述性统计分析方法，得出男、女生立定跳远的前测、后测均值与标准差（见表4-15）。

表4-15　实验班与对照班男、女生立定跳远描述性统计

性别	年龄（岁）	班级	人数（人）	前测 M	前测 SD	后测 M	后测 SD
男	13	实验班	27	193.59	19.58	202.34	20.83
		对照班	28	192.75	20.97	198.12	21.64
女	8	实验班	26	122.69	16.36	130.71	17.85
		对照班	25	124.45	18.61	129.39	19.72

由前述研究结果可知，男、女生立定跳远敏感期最高值对应的年龄有

所不同，男、女生立定跳远敏感期最高值对应的年龄分别为13岁和8岁。前测结果显示13岁男生实验班与对照班的立定跳远均值分别为193.59和192.75，而8岁女生实验班与对照班的立定跳远均值分别为122.69和124.45。

通过后测减去前测，得出实验班与对照班男、女生立定跳远的进步幅度（如图4-4所示），结果显示，不同年龄的男、女生实验班与对照班的立定跳远均值都有所增长。男生与女生实验班的立定跳远的进步幅度均明显大于对照班的进步幅度。本书采用单因素协方差分析方法，分别以男生立定跳远和女生立定跳远的前测作为协变量、组别（实验班与对照班）作为自变量，再分别以男、女生立定跳远的后测作为因变量，分析出13岁男生实验班与对照班立定跳远的变化是否存在显著性差异，以及8岁女生实验班与对照班立定跳远的变化是否存在显著性差异。

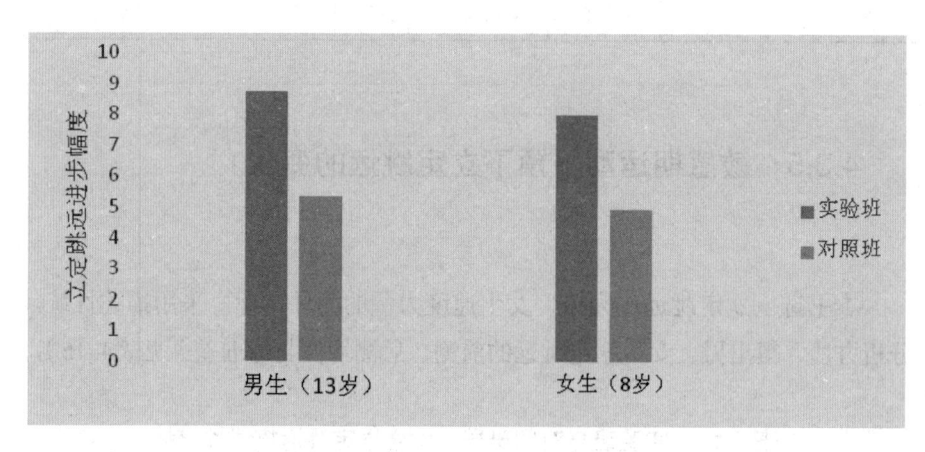

图4-4　实验班和对照班男、女生立定跳远的进步幅度

进一步比较实验班与对照班的实验前后立定跳远是否具有差异性，采用协方差分析结果显示（见表4-16），将13岁男生实验班与对照班的立定跳远前测作为协变量控制的情况下，实验班男生的立定跳远后测显著高于对照班男生；将8岁女生实验班与对照班的立定跳远前测作为协变量控制的情况下，实验班女生的立定跳远后测亦显著高于对照班女生。研究结果表明，与一般体育教学相比，采用20min中等强度运动技能和10min中等强度以力量为主的体能组合练习方式，能够显著提高13岁男生及8岁女生的立定跳远成绩。

实验一　敏感期下运动干预对儿童青少年力量与灵敏相关指标的影响研究

表4-16　实验班与对照班男、女生立定跳远的协方差分析

性别	年龄（岁）	班级	N	M	SD	F	P
男	13	实验班	27	8.75	6.59	7.51	0.01
		对照班	28	5.37	7.48		
女	8	实验班	26	7.99	6.35	5.36	0.03
		对照班	25	4.93	7.86		

4.3.6　敏感期运动干预下纵跳的变化

本书选取纵跳作为男、女生速度力量的测评指标，采用描述性统计分析方法，得出男、女生纵跳的前测、后测均值与标准差（见表4-17）。

表4-17　实验班与对照班男、女生纵跳描述性统计

性别	年龄（岁）	班级	人数（人）	前测 M	前测 SD	后测 M	后测 SD
男	12	实验班	30	29.01	6.22	34.35	7.16
		对照班	28	30.51	7.36	33.96	8.35
女	9	实验班	27	21.54	4.21	27.57	4.57
		对照班	27	22.20	5.32	26.29	5.84

由前述研究结果可知，男、女生纵跳敏感期最高值对应的年龄有所不同，男、女生纵跳敏感期最高值对应的年龄分别为12岁和9岁。前测结果显示12岁男生实验班与对照班的纵跳均值分别为29.01和30.51，而9岁女生实验班与对照班的纵跳均值分别为21.54和22.20。

通过后测减去前测，得出实验班与对照班男、女生纵跳的进步幅度（如图4-5所示），结果显示，不同年龄的男、女生实验班与对照班的纵跳均值都有所增长。男生与女生实验班的纵跳的进步幅度均大于对照班的进步幅

度。本书采用单因素协方差分析方法，分别以男生纵跳和女生纵跳的前测作为协变量、组别（实验班与对照班）作为自变量，再分别以男、女生纵跳的后测作为因变量，分析出12岁男生实验班与对照班纵跳的变化是否存在显著性差异，以及9岁女生实验班与对照班纵跳的变化是否存在显著性差异。

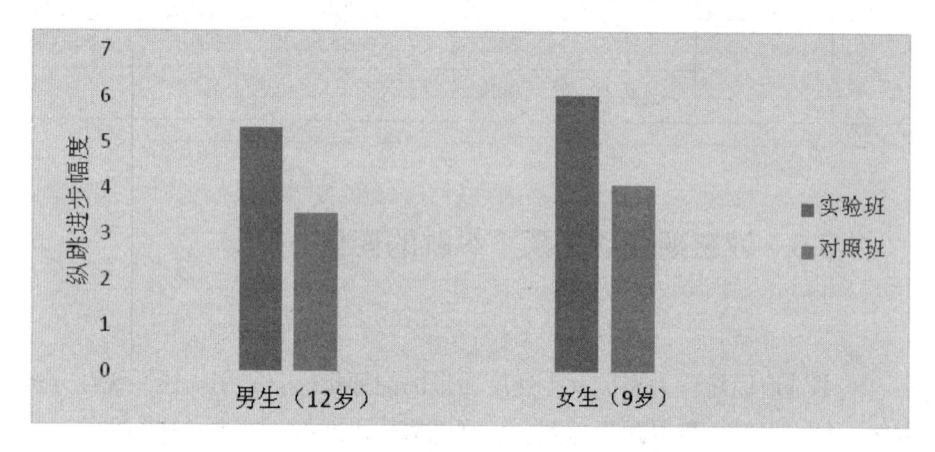

图4-5　实验班和对照班男、女生纵跳的进步幅度

进一步比较实验班与对照班的实验前后纵跳是否具有差异性，采用协方差分析结果显示（见表4-18），将12岁男生实验班与对照班的纵跳前测作为协变量控制的情况下，实验班男生的纵跳后测显著高于对照班男生；将9岁女生实验班与对照班的纵跳前测作为协变量控制的情况下，实验班女生的纵跳后测亦显著高于对照班女生。研究结果表明，与一般体育教学相比，采用20min中等强度运动技能和10min中等强度以力量为主的体能组合练习方式，能够显著提高12岁男生及9岁女生的纵跳成绩。

表4-18　实验班与对照班男、女生纵跳的协方差分析

性别	年龄（岁）	班级	N	M	SD	F	P
男	12	实验班	30	5.35	6.68	4.52	0.04
		对照班	28	3.45	7.87		
女	9	实验班	27	6.03	3.91	4.99	0.03
		对照班	27	4.10	3.85		

实验一　敏感期下运动干预对儿童青少年力量与灵敏相关指标的影响研究

4.3.7　敏感期运动干预下20s反复侧跨步的变化

本书选取20s反复侧跨步作为男、女生灵敏的测评指标，采用描述性统计分析方法，得出男、女生20s反复侧跨步的前测、后测均值与标准差（见表4-19）。

表4-19　实验班与对照班男、女生20s反复侧跨步描述性统计

性别	年龄（岁）	班级	人数（人）	前测 M	前测 SD	后测 M	后测 SD
男	8	实验班	29	23.47	3.81	29.81	3.08
男	8	对照班	28	22.63	3.45	26.67	5.91
女	7	实验班	26	19.58	4.06	26.91	4.23
女	7	对照班	25	20.07	4.83	24.19	4.27

由前述研究结果可知，男、女生20s反复侧跨步敏感期最高值对应的年龄有所不同，男、女生20s反复侧跨步敏感期最高值对应的年龄分别为8岁和7岁。前测结果显示8岁男生实验班与对照班的20s反复侧跨步均值分别为23.47和22.63，而7岁女生实验班与对照班的20s反复侧跨步均值分别为19.58和20.07。

通过后测减去前测，得出实验班与对照班男、女生20s反复侧跨步的进步幅度（如图4-6所示），结果显示，不同年龄的男、女生实验班与对照班的20s反复侧跨步均值都有所增长。与对照班相比，男生与女生实验班的20s反复侧跨步的进步幅度均有所提高。本书采用单因素协方差分析方法，分别以男生20s反复侧跨步和女生20s反复侧跨步的前测作为协变量、组别（实验班与对照班）作为自变量，再分别以男、女生20s反复侧跨步的后测作为因变量，分析出8岁男生实验班与对照班反复侧跨步的变化是否存在显著性差异，以及7岁女生实验班与对照班20s反复侧跨步的变化是否存在显著性差异。

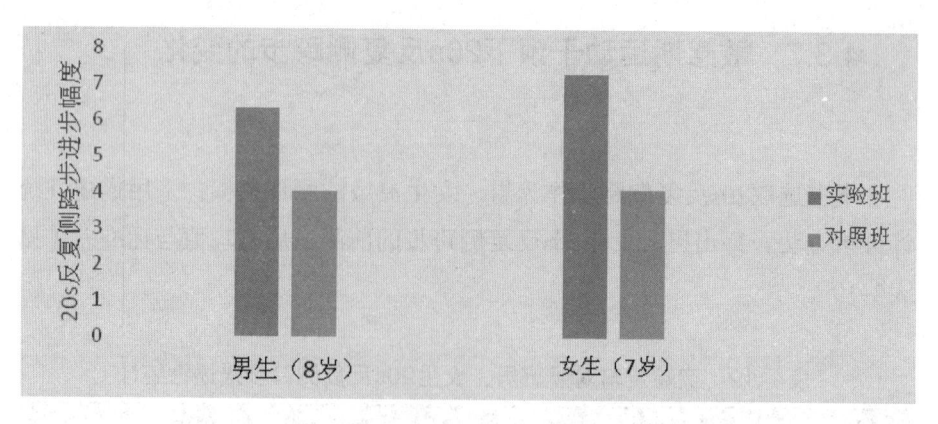

图4-6 实验班和对照班男、女生20s反复侧跨步的进步幅度

进一步比较实验班与对照班的实验前后20s反复侧跨步是否具有差异性，采用协方差分析结果显示（见表4-20），将8岁男生实验班与对照班的20s反复侧跨步前测作为协变量控制的情况下，实验班男生的20s反复侧跨步后测显著高于对照班男生；将7岁女生实验班与对照班的20s反复侧跨步前测作为协变量控制的情况下，实验班女生的20s反复侧跨步后测亦显著高于对照班女生。研究结果表明，与一般体育教学相比，采用20min中等强度运动技能和10min高强度以灵敏为主的体能组合练习方式，能够显著提高8岁男生及7岁女生的20s反复侧跨步成绩。

表4-20 实验班与对照班男、女生20s反复侧跨步的协方差分析

性别	年龄（岁）	班级	N	M	SD	F	P
男	8	实验班	29	6.34	3.13	6.76	0.01
		对照班	28	4.03	4.59		
女	7	实验班	26	7.33	4.82	4.68	0.04
		对照班	25	4.12	5.33		

4.3.8 敏感期运动干预下往返跑(10m×4)的变化

本书选取往返跑（10m×4）作为男、女生灵敏的测评指标，采用描述性统计分析方法，得出男、女生返跑（10m×4）的前测、后测均值与标准差（见表4-21）。

表4-21 实验班与对照班男、女生往返跑(10m×4)描述性统计

性别	年龄（岁）	班级	人数（人）	前测 M	前测 SD	后测 M	后测 SD
男	9	实验班	28	13.85	0.75	12.64	0.81
男	9	对照班	29	13.97	0.97	13.23	1.13
女	8	实验班	26	15.50	0.72	12.23	0.75
女	8	对照班	28	15.36	0.89	12.68	1.02

由前述研究结果可知，男、女生往返跑敏感期最高值对应的年龄有所不同，男、女生往返跑敏感期最高值对应的年龄分别为9岁和8岁。前测结果显示9岁男生实验班与对照班的往返跑均值分别为13.85和13.97，而8岁女生实验班与对照班的往返跑均值分别为15.50和15.36。

通过后测减去前测，得出实验班与对照班男、女生往返跑的进步幅度（如图4-7所示），结果显示，不同年龄的男、女生实验班与对照班的往返跑均值都有所增长。与对照班相比，男生与女生实验班的往返跑的进步幅度均有所提高。本书采用单因素协方差分析方法，分别以男生往返跑和女生往返跑的前测作为协变量、组别（实验班与对照班）作为自变量，再分别以男、女生往返跑的后测作为因变量，分析出9岁男生实验班与对照班往返跑的变化是否存在显著性差异，以及8岁女生实验班与对照班往返跑的变化是否存在显著性差异。

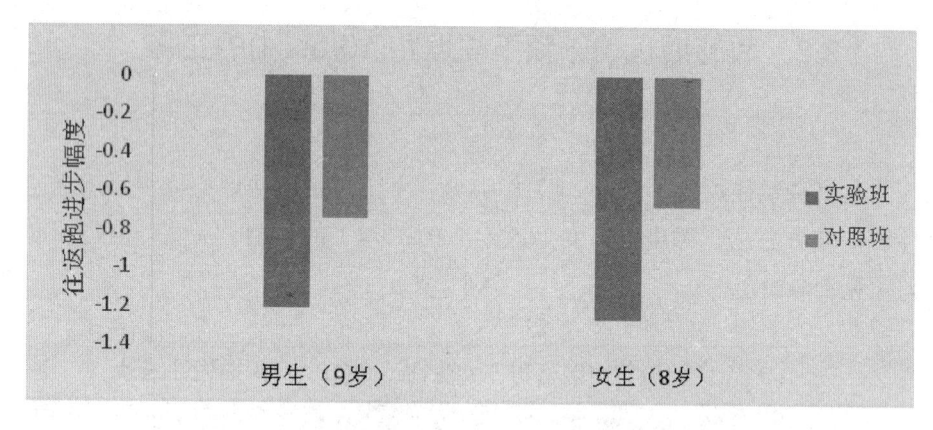

图4-7 实验班和对照班男、女生往返跑的进步幅度

进一步比较实验班与对照班的实验前后的往返跑是否具有差异性，采用协方差分析结果显示（见表4-22），将9岁男生实验班与对照班的往返跑前测作为协变量控制的情况下，实验班男生的往返跑后测显著高于对照班男生；将8岁女生实验班与对照班的往返跑前测作为协变量控制的情况下，实验班女生的往返跑后测亦显著高于对照班女生。研究结果表明，与一般体育教学相比，采用20min中等强度运动技能和10min高强度以灵敏为主的体能组合练习方式，能够显著提高9岁男生及8岁女生的往返跑成绩。

表4-22 实验班与对照班男、女生往返跑(10m×4)的协方差分析

性别	年龄（岁）	班级	N	M	SD	F	P
男	9	实验班	28	−1.19	0.97	5.07	0.03
		对照班	29	−0.73	0.81		
女	8	实验班	26	−1.27	0.98	4.68	0.04
		对照班	28	−0.79	1.02		

实验一 敏感期下运动干预对儿童青少年力量与灵敏相关指标的影响研究

4.4 分析与讨论

4.4.1 对儿童青少年握力的影响分析

本书选取握力作为男、女生上肢力量的测评指标。经过一学期12周、每周3次，共36次课的教学干预，实验班13岁男生握力成绩提高的均值为5.82kg，对照班男生握力成绩提高的均值为3.76kg，对实验班与对照班握力的协方差分析结果表明，与对照班相比，实验班13岁男生的握力水平显著提高。相比而言，实验班10岁女生握力成绩提高的均值为4.17kg，对照班女生握力成绩提高的均值为2.49kg，对实验班与对照班握力的协方差分析结果表明，与对照班相比，实验班10岁女生的握力水平显著提高。研究结果表明，与一般体育教学相比，在男、女生握力高敏感期下采用20min中等强度运动技能和10min中等强度以力量为主的体能组合练习方式，能够显著提高儿童青少年的握力成绩。

在实验一中，相比对照班，实验班13岁男生与10岁女生的握力均得到显著提高，与进行10min中等强度力量为主的体能练习有着紧密关系。Moazzami等研究表明，专门性体能干预对学生肌肉力量和肌肉耐力提高幅度可达25%～50%。[1]

就体能练习强度而言，中高强度的间歇性体能练习增大了练习负荷，一

---

[1] MOAZZAMI M, KHOSHRAFTAR N. The effect of a short time training program on physical fitness in female students[J]. Procedia-Social and Behavioral Sciences, 2011, 15（1）: 2627-2630.

定程度上，学生重复练习次数更多。研究表明，多次重复练习对学生上肢肌肉力量与局部肌肉耐力的提高效果更明显。[1]Christou等对12～15岁青少年运动员进行的16周抗阻实验发现，相比单一运动技能干预方式，采用技能加体能运动干预方式对青少年的速度、最大力量、速度力量及灵敏干预效果更好。[2]此外，陈福亮对运动技能与体能练习时间组合及适宜运动强度的研究结果表明，20min中等强度运动技能和10min中等强度体能组合练习是最适宜的运动技能和体能组合练习方式，能够显著改善青少年体成分，增强心肺功能，提高肌肉力量与肌肉耐力。[3]

就男、女生对照班而言，男生对照班与女生对照班实验前后的进步幅度亦较为明显。对13岁男生及10岁女生来说，可能都处于各自的握力敏感期阶段，此阶段学生由于身体自然增长因素，即便不进行针对性的力量为主的体能干预，握力水平也会得到一定的提高。另外，在一般体育教学中，尽管教师没有刻意模仿实验班教学干预的方式，但伴随学生运动技能学练的不断深入，学生在运动技能形成的同时，体能水平也有一定的累积，进而对男、女生对照班的握力成绩的提高有一定的促进作用。

4.4.2　对儿童青少年背力的影响分析

本书选取背力作为男、女生腰背力量的测评指标。经过一学期12周、

---

[1] FAIGENBAUM A D, LOUD R L, O'CONNELL J, et al. Effects of different resistance training protocols on upper-body strength and endurance development in children[J]. Journal of Strength & Conditioning Research, 2001, 15（4）: 459.

[2] CHRISTOU M, SMILIOS I, SOTIROPOULOS K, et al. Effects of resistance training on the physical capacities of adolescent soccer players[J]. The Journal of Strength & Conditioning Research, 2006, 20（4）: 783-791.

[3] 陈福亮. 体育课运动技能和体能组合练习对儿童青少年身心健康的影响[D]. 上海：华东师范大学, 2018.

实验一　敏感期下运动干预对儿童青少年力量与灵敏相关指标的影响研究

每周3次，共36次课的教学干预，实验班13岁男生背力成绩提高的均值为11.80kg，对照班男生背力成绩提高的均值为7.49kg，对实验班与对照班握力的协方差分析结果表明，与对照班相比，实验班13岁男生的背力水平显著提高。相比而言，实验班11岁女生背力成绩提高的均值为7.37kg，对照班女生背力成绩提高的均值为4.91kg，对实验班与对照班背力的协方差分析结果表明，与对照班相比，实验班11岁女生的背力水平显著提高。研究结果表明，与一般体育教学相比，在男、女学生背力高敏感期下采用20min中等强度运动技能和10min中等强度以力量为主的体能组合练习方式，能够显著提高儿童青少年的背力成绩。

在实验一中，相比对照班，实验班13岁男生与11岁女生的背力均得到显著提高，与进行10min中等强度以力量为主的体能练习有着密切关系。ACSM（美国运动医学学会）对于普通人群力量训练推荐的标准是主要肌群（上肢、肩、胸、腹、背髋和下肢）每周2~3次，每次至少1组8~10 RM的锻炼。[1]ACSM认为这种锻炼方式有利于增强肌肉力量和提高骨骼肌抗阻能力。Berger对抗阻练习的组数研究进一步发现，多组运动对增长肌力的效果优于单组运动，每次锻炼中安排2~3组的抗阻练习效果会更好。因为更多的组数、每组中更多的重复次数和每次练习中的总次数越多，力量的增长就越明显。[2][3]本书中采用新课程教学法，积极倡导从以教为主向以学为主转变，教师做到精讲多练，提高体育课运动密度，从而在有限时间内提高学生课堂练习的频次。有研究表明，采用教师精讲多练的教学方法，可以显著提高儿童青少年的肌肉力量与肌肉耐力。[4]因此，在体育教学中，如果需要提高学

---

[1] KRAEMER W J, ADAMS K, CAFARELLI E, et al. American College of Sports Medicine position stand. Progression models in resistance training for healthy adults[J]. Medicine and science in sports and exercise, 2002, 34（2）: 364-380.

[2] BERGER R. Effect of varied weight training programs on strength[J]. Research Quarterly. American Association for Health, Physical Education and Recreation, 1962, 33（2）: 168-181.

[3] 王丽，马嵘，马国栋，等.抗阻训练运动处方研究进展[J].中国体育科技，2007（03）: 71-76.

[4] LÖFGREN B, DALY R M, NILSSON J Å, et al. An increase in school-based physical education increases muscle strength in children[J]. Medicine and science in sports and exercise, 2013, 45（5）: 997-1003.

生的肌肉力量与肌肉耐力，一定要重视每次课上练习强度、组数与次数的预设，进行适宜的负荷练习，才能获得良好的锻炼效果。

对对照班来说，男生对照班实验前后的背力显著提高，研究结果还显示，在女生对照班实验前后发现了与男生对照班实验前后相似的结果。从研究一中男、女生背力敏感期的筛选结果可知，13岁男生及11岁女生都处于各自的背力敏感期阶段，在3个月左右自然生长状态下，背力水平可能也会得到一定的提高。此外，在一般体育教学中，尽管教师没有刻意模仿实验班教学干预的方式，但伴随学生运动技能学练的不断深入，学生在运动技能形成的同时，体能水平也有一定的累积，进而对男、女生对照班背力水平的提高有一定的促进作用。

4.4.3　对儿童青少年1min仰卧起坐的影响分析

本书选取1min仰卧起坐作为男、女生力量耐力的测评指标。经过一学期12周、每周3次，共36次课的教学干预，实验班9岁男生1min仰卧起坐成绩提高的均值为5.69，对照班男生1min仰卧起坐成绩提高的均值为3.27，对实验班与对照班1min仰卧起坐的协方差分析结果表明，与对照班相比，实验班9岁男生的1min仰卧起坐成绩显著提高。相比而言，实验班8岁女生1min仰卧起坐成绩提高的均值为5.72，对照班女生1min仰卧起坐成绩提高的均值为3.97，对实验班与对照班1min仰卧起坐的协方差分析结果表明，与对照班相比，实验班8岁女生的1min仰卧起坐成绩显著提高。研究结果表明，与一般体育教学相比，在1min仰卧起坐高敏感期年龄采用20min中等强度运动技能和10min中等强度以力量为主的体能组合练习方式，能够显著提高儿童青少年的1min仰卧起坐成绩。

在实验一中，相比对照班，实验班9岁男生与8岁女生的1min仰卧起坐均得到显著提高，与进行10min中等强度力量为主的体能练习有着密切关系。Dorgo等对222名青少年进行每周3次，共18周抗阻干预研究，结果发现，与

实验一　敏感期下运动干预对儿童青少年力量与灵敏相关指标的影响研究

对照组相比，实验组学生的肌肉力量与肌肉耐力得到显著提高。[1][2]Kirkham用Actigraph加速度计测量了281名1—5年级学生在12周体育课（每周3节课，每节课45min）中的身体活动水平，最终获得5个年级共175节体育课的有效数据，研究结果表明，学生在"运动技能+体能"练习课型中，中等到高强度身体活动（MVPA）时间显著长于一般体育课的MVPA时间。[3]武海潭等在对体育课中融入不同持续时间与运动强度对学生体能影响的研究中发现，相比其他体能干预方式，持续性10min以上大强度运动能有效改善学生身体成分，提高肌肉力量和肌肉耐力。[4]此外，有研究表明，将体能练习融入体育课，与运动技能练习构成组合练习后，整节体育课的运动负荷会上升。本实验干预中，除了进行20min运动技能教学，在体育课还融入10min中等强度间歇性的力量练习方式进行多组循环练习，提高了体育课堂的运动密度，从而在有限时间内提高了学生练习的频次。因此，在本研究中取得了类似的干预效果。本书采用新课程教学法，积极倡导从以教为主向以学为主转变，教师做到精讲多练，提高体育课运动密度，从而在有限时间内提高学生课堂练习的频次。因此，在体育教学中，如果需要提高学生的肌肉力量与肌肉耐力，一定要重视每次课上练习强度与次数的预设，进行适宜的负荷练习，才能获得良好的锻炼效果。

对对照班来说，男生对照班实验前后的1min仰卧起坐显著提高，研究结果还显示，在女生对照班实验前后发现了与男生对照班实验前后相似的结果。通过研究一中男、女生1min仰卧起坐敏感期的筛选结果可知，9岁男生

---

[1] DORGO S, KING G A, CANDELARIA N G, et al. Effects of manual resistance training on fitness in adolescents [J]. Journal of Strength & Conditioning Research, 2009, 23（23）: 2287-2294.

[2] DORGO S, KING G A, RICE C A. The effects of manual resistance training on improving muscular strength and endurance[J]. The Journal of Strength & Conditioning Research, 2009, 23（1）: 293-303.

[3] KIRKHAM-KING M, BRUSSEAU T A, HANNON J C, et al. Elementary physical education: a focus on fitness activities and smaller class sizes are associated with higher levels of physical activity[J]. Preventive medicine reports, 2017, 8: 135-139.

[4] 武海潭, 季浏. 体育课不同累积中-大强度体力活动时间对初中生健康体适能及情绪状态影响的实验研究[J]. 体育科学, 2015（1）: 13-23.

及8岁女生都处于各自的1min仰卧起坐敏感期阶段，在3个月左右自然生长状态下，1min仰卧起坐水平可能也会得到一定的提高。此外，在一般体育教学中，尽管教师没有刻意模仿实验班教学干预的方式，但学生在课堂中跟随教师参与一般的身体活动练习，对多种体能促进也具有一定的积极作用，进而对男、女生对照班的1min仰卧起坐成绩的提高也有一定的促进作用。

4.4.4 对儿童青少年立定跳远的影响分析

本书选取立定跳远作为男、女生下肢速度力量的测评指标。经过一学期12周、每周3次，共36次课的教学干预，实验班13岁男生立定跳远成绩提高的均值为8.75cm，对照班男生立定跳远成绩提高的均值为5.37cm，对实验班与对照班握力的协方差分析结果表明，与对照班相比，实验班13岁男生的立定跳远水平显著提高。相比而言，实验班8岁女生立定跳远成绩提高的均值为7.99cm，对照班女生立定跳远成绩提高的均值为4.94cm，对实验班与对照班立定跳远的协方差分析结果表明，与对照班相比，实验班8岁女生的立定跳远水平显著提高。研究结果表明，与一般体育教学相比，在男、女生立定跳远高敏感期下采用20min中等强度运动技能和10min中等强度以力量为主的体能组合练习方式，能够显著提高儿童青少年的立定跳远成绩。

在实验一中，相比对照班，实验班13岁男生与8岁女生的立定跳远均得到显著提高。从研究结果分析可知，实验班男、女生立定跳远水平的提高得益于10min中等强度以力量为主的体能练习方式。Baquet等对551名11~16岁青少年进行10周高强度体能干预研究，其中，503名青少年组成实验组，每周3次体育课，每次持续时间为1 h，3 h中有1 h进行3次从100%到120%的10s（间歇时间）最大有氧速度的干预；48名青少年组成对照组，完成每周3次、每次1 h正常的体育课。研究发现，实验组立定跳远、20m折返跑和7min最大

实验一 敏感期下运动干预对儿童青少年力量与灵敏相关指标的影响研究

距离跑显著性提高，而对照组没有提高。[①]从本研究结果还可得知，立定跳远成绩显著性提高还与进行以篮球为运动项目的20min中等强度运动技能有着密切关系。刘根发对体育选项教学对学生体能的影响的研究发现，相比选项教学，以篮球选项教学的体育课程更能有效发展学生下肢的爆发力、肌肉耐力及灵敏等体能。[②]Brusseau等积极尝试在体育课融入一定时间段专门性体能练习，亦有研究尝试在体育课中体能与运动技能穿插练习，此类研究还发现，运动技能与体能的组合练习有助于提高体育课的运动负荷，使儿童青少年处于中高强度的运动中，这种运动负荷最有助于运动效益的出现，还提高了儿童青少年的体质健康水平。[③]本实验干预中，除了进行20min运动技能教学，在体育课还融入10min中等强度间歇性的力量练习方式进行多组循环练习，提高了体育课堂的运动密度，从而在有限时间内提高了学生练习的频次。因此，在本研究中取得了类似的干预效果。本书采用新课程教学法，积极倡导从以教为主向以学为主转变，教师做到精讲多练，提高体育课运动密度，从而在有限时间内提高学生课堂练习的频次。因此，在体育教学中，如果需要提高学生的肌肉力量与肌肉耐力，一定要重视每次课上练习强度与次数的预设，进行适宜的负荷练习，才能获得良好的锻炼效果。

对对照班来说，男生对照班实验前后的立定跳远显著提高，研究结果还显示，在女生对照班实验前后发现了与男生对照班实验前后相似的结果。通过敏感期的筛选结果可知，13岁男生及8岁女生都处于各自的立定跳远敏感期阶段，在3个月左右自然生长状态下，立定跳远水平可能也会得到一定的提高。此外，在一般体育教学中，尽管教师没有刻意模仿实验班教学干预的方式，但伴随学生运动技能学练的不断深入，学生在运动技能形成的同时，

---

① BAQUET G, BERTHOIN S, GERBEAUX M, et al. High-Intensity Aerobic Training During a 10 Week One-Hour Physical Education Cycle: Effects on Physical Fitness of Adolescents Aged 11 to 16[J]. International Journal of Sports Medicine, 2001, 22（04）: 295-300.

② 刘根发. 体育选项课程对大学男生体质健康影响的研究[J]. 山东体育学院学报, 2008, 24（7）: 92-94.

③ BRUSSEAU T A, DARST P W, JOHNSON T. Combining Fitness and SkillTasks[J]. Journal of Physical Education, Recreation and Dance, 2009, 80（8）: 50-52.

体能水平也有一定的累积，进而对男、女生对照班的立定跳远水平的提高有一定的促进作用。

4.4.5 对儿童青少年纵跳的影响分析

本书选取纵跳作为男、女生下肢速度力量的测评指标。经过一学期12周、每周3次，共36次课的教学干预，实验班12岁男生纵跳成绩提高的均值为5.34cm，对照班男生纵跳成绩提高的均值为3.45cm，对实验班与对照班握力的协方差分析结果表明，与对照班相比，实验班12岁男生的纵跳水平显著提高。相比而言，实验班9岁女生纵跳成绩提高的均值为6.03cm，对照班女生纵跳成绩提高的均值为4.09cm，对实验班与对照班纵跳的协方差分析结果表明，与对照班相比，实验班9岁女生的纵跳水平显著提高。研究结果表明，与一般体育教学相比，在男、女生高敏感期下采用20min中等强度运动技能和10min中等强度以力量为主的体能组合练习方式，能够显著提高儿童青少年的纵跳成绩。

在实验一中，相比对照班，实验班12岁男生与9岁女生的纵跳均得到显著提高。从研究结果分析可知，实验班男、女生纵跳水平的提高得益于10min高强度力量为主的体能练习方式。Buchan在探讨高强度间歇性运动对儿童青少年体能发展的研究结果显示，中高强度间歇性运动干预对学生体能具有较好的效果，实验后学生纵跳、10m冲刺和心肺功能显著提高。[1]Faigenbaum等对12~17岁男生进行每周2次、为期6周增强式抗阻训练干预，研究结果发现，学生的纵跳、跳远、抛实心球、冲刺跑、折返跑等项目

---

[1] BUCHAN D S. High intensity interval running enhances measures of physical fitness but not metabolic measures of cardiovascular disease risk in healthy adolescents[J]. Bmc Public Health, 2013, 13（1）: 498.

实验一　敏感期下运动干预对儿童青少年力量与灵敏相关指标的影响研究

成绩都得到显著性提高。[1]Moazzami等对195名不经常参与体育运动的女大学生进行了为期16周小到大强度的体能干预发现，干预前后，被试在1英里跑、折返跑、俯卧撑、仰卧起坐、纵跳上成绩提高了25%~50%。[2]

较多的研究表明，运动技能的提高对儿童大部分体能发展具有积极的影响。对于运动技能促进儿童体能水平的机制，有研究者认为，运动技能中包含了很多爆发性动作，如抛、踢、击、跳、跑，这些动作需要较高水平的神经肌肉协调，这一机制同样也是力量素质发展的机制。[3][4]篮球技能教学中运球、传接球、投篮，包括诸多技术与比赛等包含大量跑、跳、投等基本运动技能，参与涉及这些动作的运动和游戏能够有效促进儿童力量素质的提升。[5][6][7]Christou等对12~15岁青少年运动员进行的16周抗阻练习发现，相比单一的技能练习，采用技能加体能的干预方式，学生在最大卧推、腿推、纵

---

[1] FAIGENBAUM A D, MCFARLAND J E, KEIPER F B, et al. Effects of a short-term plyometric and resistance training program on fitness performance in boys age 12 to 15 years[J]. Journal of sports science & medicine, 2007, 6 (4): 519.

[2] MOAZZAMI M, KHOSHRAFTAR N. The effect of a short time training program on physical fitness in female students[J]. Procedia-Social and Behavioral Sciences, 2011, 15: 2627-2630.

[3] BEURDEN E V, ZASK A, BARNETT L M, et al. Fundamental movement skills — How do primary school children perform? The "Move it Groove it" program in rural Australia[J]. Journal of Science & Medicine in Sport, 2002, 5 (3): 244-252.

[4] 王欢, 张彦峰, 王梅, 等. 2005—2015年中国澳门地区幼儿身体素质的变化以及相关因素分析[J]. 中国体育科技, 2018 (6): 76-82.

[5] ALEMDAROĞLU U. The relationship between muscle strength, anaerobic performance, agility, sprint ability and vertical jump performance in professional basketball players[J]. Journal of human kinetics, 2012, 31: 149-158.

[6] SHALFAWI S A I, SABBAH A, KAILANI G, et al. The relationship between running speed and measures of vertical jump in professional basketball players: a field-test approach[J]. The Journal of Strength & Conditioning Research, 2011, 25 (11): 3088-3092.

[7] ZIV G, LIDOR R. Vertical jump in female and male basketball players—A review of observational and experimental studies[J]. Journal of Science and Medicine in Sport, 2010, 13 (3): 332-339.

跳等体能上有了显著的提高。[1]

对对照班来说，男生对照班与女生对照班实验前后的纵跳成绩都得到了显著提高，通过研究一中男、女生纵跳敏感期的筛选结果可知，12岁男生及9岁女生都处于各自的纵跳敏感期阶段，在3个月左右自然生长状态下，纵跳成绩可能也会得到一定的提高。此外，在一般体育教学中，尽管教师没有刻意模仿实验班教学干预的方式，但伴随学生运动技能学练的不断深入，学生在运动技能形成的同时，体能水平也有一定的累积，进而对男、女生对照班的纵跳成绩的提高有一定的促进作用。

4.4.6 对儿童青少年20s反复侧跨步的影响分析

本书选取20s反复侧跨步作为男、女生灵敏的测评指标。经过一学期12周、每周3次，共36次课的教学干预，实验班8岁男生20s反复侧跨步成绩提高的均值为6.34次，对照班男生20s反复侧跨步成绩提高的均值为4.04次，对实验班与对照班握力的协方差分析结果表明，与对照班相比，实验班8岁男生的20s反复侧跨步水平显著提高。相比而言，实验班7岁女生20s反复侧跨步成绩提高的均值为7.33，对照班女生20s反复侧跨步成绩提高的均值为4.12次，对实验班与对照班20s反复侧跨步的协方差分析结果表明，与对照班相比，实验班7岁女生的20s反复侧跨步水平显著提高。研究结果表明，与一般体育教学相比，在男、女生高敏感期下采用20min中等强度运动技能和10min高强度以灵敏为主的体能组合练习方式，能够显著提高儿童青少年的20s反复侧跨步成绩。

在实验一中，相比对照班，实验班8岁男生与7岁女生的20s反复侧跨步均得到显著提高。从研究结果分析可知，实验班男、女生20s反复侧跨步水

---

[1] CHRISTOU M, SMILIOS I, SOTIROPOULOS K, et al. Effects of resistance training on the physical capacities of adolescent soccer players[J]. The Journal of Strength & Conditioning Research，2006，20（4）：783-791.

实验一　敏感期下运动干预对儿童青少年力量与灵敏相关指标的影响研究

平的提高得益于20min运动技能与10min高强度灵敏为主的体能练习方式。对10min体能干预而言，不同运动形式的体能干预对灵敏促进效果有所差异。Javier等对小学阶段的学生生长发育突增阶段，尝试在体育课中融入不同灵敏干预手段的研究显示，通过影响灵敏素质关键因素（预判决策能力、变换动作和快速变向能力）进行5种不同情境模式实验干预研究。研究发现，与直线冲刺跑、折返跑等单一练习情境相比，传统的有标志物的游戏或比赛等，在练习中不断创设较为复杂的情境练习的干预效果更好。[1][2]Barnes等和Vescovi等研究发现，纵跳成绩好的运动员大多具有较好的灵敏能力，纵跳与灵敏高度相关。[3][4]陈哲通过实验研究发现反复侧跨步是一种可以有效发展初中生灵敏素质的练习方法。[5]因此，实验一在体育课中融入10min中高强度的多种灵敏练习形式为主的干预，对实验班男生及女生灵敏能力的促进具有明显的效果。对运动技能学练对体能促进效果的研究，Zwierko等认为，篮球运动主要是一项灵敏性运动，它是多种运动能力的复杂组合，篮球运动员在空间定向、复杂反应、注意力集中、动作习得等方面显著优于非体育运动

---

[1] YANCI J, REINA R, LOS A A, et al. Effects of different contextual interference training programs on straight sprinting and agility performance of primary school students[J]. J Sports Sci Med, 2013, 12（3）: 601-607.

[2] YANCI J, LOS A A, GRANDE I, et al. Correlation between agility and sprinting according to student age[J]. Coll Antropol, 2014, 38（2）: 533-538.

[3] BARNES J L, SCHILLING B K, FALVO M J, et al. Relationship of jumping and agility performance in female volleyball athletes[J]. Journal of Strength and Conditioning research, 2007, 21（4）: 1192.

[4] VESCOVI J D, MCGUIGAN M R. Relationships between sprinting, agility, and jump ability in female athletes[J]. Journal of sports sciences, 2008, 26（1）: 97-107.

[5] 陈哲. 反复横跨练习对提高初中生灵敏素质的教学实验研究[J]. 南京体育学院学报（自然科学版）, 2011, 10（6）: 87-88.

者。[1][2]有研究表明，篮球运动有助于运动员提高协调与平衡能力。[3][4]刘根发对体育选项教学对学生体能影响的研究发现，相比其他选项教学，以篮球选项教学的体育课程更能有效发展学生下肢的爆发力、肌肉耐力及灵敏等体能。[5]众所周知，篮球运动中许多技战术与比赛环节都包含着速度、力量、耐力、灵敏与协调等基本的动作技能，随着篮球运动技能学练的不断深入，学生的灵敏等诸多体能必定得到一定的提高。[6][7]

对对照班来说，男生对照班与女生对照班实验前后的20s反复侧跨步成绩都显著提高，通过男、女生20s反复侧跨步敏感期的筛选结果可知，8岁男生和7岁女生都处于各自的20s反复侧跨步敏感期阶段，在3个月左右自然生长状态下，20s反复侧跨步成绩可能也会取得一定的提高。此外，在一般体育教学中，尽管教师没有刻意模仿实验班教学干预的方式，但伴随学生运动技能学练的不断深入，学生在运动技能形成的同时，体能水平也有一定的累积，进而对男、女生对照班的20s反复侧跨步成绩的提高有一定的促进作用。

---

[1] ZWIERKO T, LESIAKOWSKI P, FLORKIEWICZ B. Selected aspects of motor coordination in young basketball players[J]. Human Movement Science, 2005, 6: 124-128.

[2] TRNINIĆ S, MARKOVIĆ G, HEIMER S. Effects of developmental training of basketball cadets realised in the competitive period[J]. Collegium antropologicum, 2001, 25（2）: 591-604.

[3] MCLEOD T C V, ARMSTRONG T, MILLER M, et al. Balance improvements in female high school basketball players after a 6-week neuromuscular-training program[J]. Journal of sport rehabilitation, 2009, 18（4）: 465-481.

[4] BOCCOLINI G, BRAZZIT A, BONFANTI L, et al. Using balance training to improve the performance of youth basketball players[J]. Sport sciences for health, 2013, 9（2）: 37-42.

[5] 刘根发. 体育选项课程对大学男生体质健康影响的研究[J]. 山东体育学院学报, 2008, 24（7）: 92-94.

[6] KONUKMAN F, BRUSSEAU T A, DARST P W, et al. Combining Fitness and Skill Tasks[J]. Journal of Physical Education, Recreation & Dance, 2009, 80（8）: 50-52.

[7] TRNINIĆ S, MARKOVIĆ G, HEIMER S. Effects of developmental training of basketball cadets realised in the competitive period[J]. Collegium antropologicum, 2001, 25（2）: 591-604.

实验一　敏感期下运动干预对儿童青少年力量与灵敏相关指标的影响研究

4.4.7　对儿童青少年往返跑(10m×4)的影响分析

本书选取往返跑作为男、女生灵敏的测评指标。经过一学期12周、每周3次，共36次课的教学干预，实验班9岁男生往返跑成绩提高的均值为-1.21s，对照班男生往返跑成绩提高的均值为-0.74s，对实验班与对照班握力的协方差分析结果表明，与对照班相比，实验班9岁男生的往返跑水平显著提高。相比而言，实验班8岁女生往返跑成绩提高的均值为-1.27s，对照班女生往返跑成绩提高的均值为-0.68s，对实验班与对照班往返跑的协方差分析结果表明，与对照班相比，实验班8岁女生的往返跑水平显著提高。研究结果表明，与一般体育教学相比，在男、女生往返跑高敏感期下采用20min中等强度运动技能和10min高强度以灵敏为主的体能组合练习方式，能够显著提高儿童青少年的往返跑成绩。

在实验一中，相比对照班，实验班8岁男生与7岁女生的往返跑均得到显著提高。从研究结果分析可知，实验班男、女生往返跑水平的提高得益于20min运动技能与10min高强度灵敏为主的体能练习方式。对运动技能而言，Sheppard等研究认为篮球运动项目中频繁的短距离冲刺、快速改变方向、提高反应练习、加强身体的平衡与协调等练习，可有效提高儿童青少年灵敏能力。[1][2]Spiteri等与Scanlan等研究认为篮球运动能有效提高运动员的反应能力、快速运动过程中方向的变换能力。[3][4]汪喆等对青年篮球队的34名运动员进行

---

[1] SHEPPARD J M, YOUNG W B. Agility literature review: classifications, training and testing[J]. Journal of Sports Sciences, 2006, 24（9）: 919-932.

[2] SHEPPARD J M, YOUNG W B, DOYLE T L, et al. An evaluation of a new test of reactive agility and its relationship to sprint speed and change of direction speed [J]. Journal of Science & Medicine in Sport, 2006, 9（4）: 342-349.

[3] SPITERI T, NIMPHIUS S, HART N H, et al. Contribution of strength characteristics to change of direction and agility performance in female basketball athletes[J]. The Journal of Strength & Conditioning Research, 2014, 28（9）: 2415-2423.

[4] SCANLAN A, HUMPHRIES B, TUCKER P S, et al. The influence of physical and cognitive factors on reactive agility performance in men basketball players[J]. Journal of sports sciences, 2014, 32（4）: 367-374.

为期12周的核心力量、弹跳力干预发现，通过发展运动员的核心力量及弹跳力，可提高篮球运动员的动态稳定性、灵敏性及爆发力水平。[1]Christou等通过对青少年运动员16周的训练表明，技能与力量组合训练组和单纯技能训练组都能有效提高运动员的灵敏能力。[2]已有研究证明，灵敏素质是人体的一项综合素质，它与速度、力量、柔韧、平衡等素质之间存在直接转移与间接转移现象。[3][4][5][6][7]依据体能转移的机制，[8]实验方案采用10min中高强度灵敏为主，兼顾速度、力量、耐力、柔韧、平衡等多项体能练习的方式，进一步佐证以体能正相关转移的实验方案可行性与有效性。

对对照班来说，男生对照班与女生对照班实验前后的往返跑成绩都显著提高，通过男、女生往返跑敏感期的筛选结果可知，9岁男生及8岁女生都处于各自的往返跑敏感期阶段，在3个月左右自然生长状态下，往返跑水平可能也会得到一定的提高。此外，在一般体育教学中，尽管教师没有刻意模仿实验班教学干预的方式，但伴随学生运动技能学练的不断深入，学生在运动技能形成的同时，体能水平有也一定的累积，进而对男、女生对照班的往返

---

[1] 汪喆，何俊良，杨涛. 青年篮球运动员低重心突破与防守的干预效果[J]. 上海体育学院学报，2018，3：16.

[2] CHRISTOU M, SMILIOS I, SOTIROPOULOS K, et al. Effects of resistance training on the physical capacities of adolescent soccer players[J]. The Journal of Strength & Conditioning Research, 2006, 20 (4): 783-791.

[3] 乔秀梅，张秀枝，赵焕彬. 敏感期小学生灵敏素质促进的干预实验研究[J]. 体育学刊，2013（5）：89-92.

[4] GABBETT T J, KELLY J N, SHEPPARD J M. Speed, change of direction speed, and reactive agility of rugby league players[J]. The Journal of Strength & Conditioning Research, 2008, 22 (1): 174-181.

[5] LITTLE T, WILLIAMS A G. Specificity of Acceleration, Maximum Speed, and Agility in Professional Soccer Players[J]. The Journal of Strength and Conditioning Research, 2005, 19 (1): 76-78.

[6] MARKOVIĆ G, SEKULIĆ D, MARKOVIĆ M. Is agility related to strength qualities?-Analysis in latent space[J]. Collegium antropologicum, 2007, 31 (3): 787-793.

[7] NIMPHIUS S, MCGUIGAN M R, NEWTON R U. Relationship between strength, power, speed, and change of direction performance of female softball players[J]. The Journal of Strength & Conditioning Research, 2010, 24 (4): 885-895.

[8] 杨世勇. 体能训练[M]. 北京：人民体育出版社，2012：281.

跑成绩的提高有一定的促进作用。

4.4.8 综合分析与讨论

在前一章横断面研究的基础上，实验一主要是探讨敏感期下运动干预对儿童青少年力量与灵敏相关指标的影响研究。以敏感期内的年级（敏感期内年增长率最大的年龄）所对应的班级作为研究对象，选取了握力、背力、1min仰卧起坐、立定跳远、纵跳、20s反复侧跨步及往返跑（10m×4）7个项目作为本书的实验指标，实验班采用运动技能加体能（20min中等强度结构化篮球运动技能与10min中高强度以力量或灵敏为主的体能练习的组合方式）的运动干预方式进行教学，对照班按一般体育教学方式进行教学，不做额外的体能干预。

对男生力量指标的干预，实验班与对照班进行一学期共36次课（每周3次，共12周）的实验干预。研究结果表明，与对照班男生相比，实验班男生在握力、背力、1min仰卧起坐、立定跳远及纵跳5项指标干预后的成绩均显著高于对照班。对男生灵敏指标的干预，实验班与对照班进行一学期共36次课（每周3次，共12周）的实验干预。研究结果表明，与对照班男生相比，实验班男生的20s反复侧跨步及往返跑（10m×4）2项灵敏指标成绩均显著高于对照班。

对女生力量指标的干预，实验班与对照班进行一学期共36次课（每周3次，共12周）的实验干预。研究结果表明，与对照班女生相比，实验班女生在握力、背力、1min仰卧起坐、立定跳远及纵跳5项指标干预后的成绩均显著高于对照班。对女生灵敏指标的干预，实验班与对照班进行一学期共36次课（每周3次，共12周）的实验干预。研究结果表明，与对照班女生相比，实验班女生的20s反复侧跨步及往返跑（10m×4）2项灵敏指标成绩均显著高于对照班。

对对照班（一般体育教学）而言，敏感期内对照班男、女生的力量5项指标与灵敏2项指标，实验前后进步幅度明显，且各项指标成绩亦得到显著提高，但力量5项指标与灵敏2项指标实验班的进步幅度均显著高于对照班。

4.5 结论与建议

4.5.1 结论

（1）与一般体育教学相比，在男、女生力量5项指标的高敏感期内，采用20min中等强度运动技能和10min中等强度以力量为主的体能组合练习方式的体育课堂教学（每周3次，共12周）可以显著提高男、女生的握力、背力、1min仰卧起坐、立定跳远及纵跳的成绩。

（2）与一般体育教学相比，在男、女生灵敏2项指标的高敏感期内，采用20min中等强度运动技能和10min高强度以灵敏为主的体能组合练习方式的体育课堂教学（每周3次，共12周）可以显著提高女生的20s反复侧跨步及往返跑（10m×4）的成绩。

4.5.2 建议

（1）在儿童青少年力量或灵敏的体能发展敏感期阶段，可积极尝试采用20min中等强度运动技能和10min中高强度的体能组合练习方式。

（2）敏感期内，采用20min中等强度运动技能和10min中高强度体能组合练习可以显著提高儿童青少年的最大力量、力量耐力、速度力量及灵敏。需要强调的是，在进行20min中等强度运动技能学习环节时，应摒弃单个动作

实验一 敏感期下运动干预对儿童青少年力量与灵敏相关指标的影响研究

技术教学，强调运用结构化运动技能进行教学，让学生在活动与比赛的教学情境中体验完整运动技能的学习；在进行10min中高强度的力量或灵敏相关体能练习时，应充分考虑敏感期阶段儿童青少年身心发展的特点，将现代体能训练中针对力量与灵敏发展的器材和方法引入中小学体育课堂，激发学生学习兴趣，提高体育课堂质量。

（3）在力量与灵敏体能促进方案设计中，需要考虑不同体能属性与特点，充分运用体能的迁移机制，科学制定适宜而有效的力量与灵敏等体能干预方案，有的放矢地指导儿童青少年进行科学锻炼。

5

实验二 敏感期与非敏感期下运动干预对儿童青少年力量与灵敏相关指标的效果研究

5.1 引言

实验二的研究目的是在实验一敏感期下运动干预研究的基础上，以力量与灵敏各指标敏感期与非敏感期下的儿童青少年为实验对象，进一步探讨敏感期与非敏感期下运动干预（20min中等强度运动技能和10min中高强度体能组合练习方式）对儿童青少年力量与灵敏相关指标的干预效果。

在前文横断面研究确定力量与灵敏7项指标体能发展敏感期年龄的基础上，实验二通过选取力量与灵敏7项指标敏感期的两个年龄段与非敏感期的两个年龄段，共确定四个年龄段进行实验效果的比较研究。实验对象划分依据以下原则：实验1班为敏感期中年增长率最高年龄所对应的班级（以下简称"高敏感期班"）；实验2班为敏感期中年增长率最小年龄所对应的班级（以下简称"低敏感期班"）；对照1班为非敏感期班，与敏感期相邻且年增率较高的年龄所对应的班级（以下简称"非敏感期相邻班"）；对照2班为非敏感期班，与敏感期不相邻且与上述三个年龄处于不同年龄阶段，年增率较高的年龄所对应的班级（以下简称"非敏感期不相邻班"）。敏感期年龄段的选择兼顾中小学生不同年龄阶段的身心发展特征，将年龄段划分为小学低年级阶段（1—3年级）、小学高年级阶段（4—6年级）、初中阶段（7—9年级）与高中阶段（10—12年级）。

本书提出以下实验假设：

（1）与对照班（非敏感期相邻班）相比，相同实验干预条件下，实验班（高敏感期班）男、女生的力量5项指标和灵敏2项指标的干预效果更好。

（2）与对照班（非敏感期不相邻班）相比，相同实验干预条件下，实验班（高敏感期班）男、女生力量5项指标和灵敏2项指标的干预效果更好。

（3）与对照班（非敏感期相邻班）相比，相同实验干预条件下，实验班

实验二　敏感期与非敏感期下运动干预对儿童青少年力量与灵敏相关指标的效果研究

（低敏感期班）男、女生力量5项指标和灵敏2项指标的干预效果更好。

（4）与对照班（非敏感期不相邻班）相比，相同实验干预条件下，实验班（低敏感期班）男、女生力量5项指标和灵敏2项指标的干预效果更好。

5.2　实验方法

5.2.1　实验对象

实验二中实验对象组成的方法，确定某市城区的3所学校，其中小学、初中和高中各1所。高敏感期中随机选取一个班作为实验1班，低敏感期中随机选取一个班作为实验2班，非敏感期相邻年级中随机选取一个班作为对照1班，非敏感期不相邻年级中随机选取一个班作为对照2班。询问学生既往病史、家族遗传与心血管疾病、身体状况等，身体有潜在问题的学生不参与教学实验，有运动训练经历或参加学校课余运动队训练的学生不参与本次实验。共有实验对象1 489人，其中男生实验对象791人（实验班398人，对照班393人）、女生实验对象698人（实验班355人，对照班343人）。各个实验班和对照班基本情况见表5-1和5-2。

表5-1　男生力量与灵敏7项指标实验班与对照班的安排表

班级\指标	高	实验1班	低	实验2班	相邻	对照1班	不相邻	对照2班
握力	13岁	初一（1）	12岁	六（2）	11岁	五（2）	8岁	二（1）
背力	13岁	初一（3）	14岁	初二（5）	12岁	六（4）	17岁	高二（8）
1min仰卧起坐	9岁	三（1）	8岁	二（4）	10岁	四（2）	13岁	初一（5）

续表

指标\班级	高	实验1班	低	实验2班	相邻	对照1班	不相邻	对照2班
立定跳远	13岁	初一（4）	8岁	二（6）	9岁	三（5）	16岁	高一（9）
纵跳	12岁	六（5）	11岁	五（3）	13岁	初一（8）	8岁	二（8）
20s反复侧跨步	8岁	二（3）	10岁	四（5）	11岁	五（8）	13岁	初一（7）
往返跑(10m×4)	9岁	三（2）	10岁	四（8）	8岁	二（7）	15岁	初三（7）

表5-2 女生力量与灵敏7项指标实验班与对照班的安排表

指标\班级	高	实验1班	低	实验2班	相邻	对照1班	不相邻	对照2班
握力	10岁	四（2）	8岁	二（6）	9岁	三（4）	13岁	初一（2）
背力	11岁	五（3）	10岁	四（3）	9岁	三（5）	16岁	高一（7）
1min仰卧起坐	8岁	二（1）	9岁	三（7）	10岁	四（5）	14岁	初二（3）
立定跳远	8岁	二（3）	10岁	四（6）	11岁	五（4）	13岁	初一（3）
纵跳	9岁	三（2）	11岁	五（6）	8岁	二（9）	13岁	初一（5）
20s反复侧跨步	7岁	一（1）	8岁	二（8）	10岁	四（8）	13岁	初一（8）
往返跑(10m×4)	8岁	二（5）	10岁	四（9）	7岁	一（3）	13岁	初一（9）

5.2.2 实验程序

实验一从2017年10月初开始，至2018年6月末结束。其中，灵敏指标的实验时间从2017年10月初开始，至2018年1月末结束，共12周；力量指标的实验时间从2018年3月初开始，至2018年6月末结束，共12周。实验二中参与实验教师同实验一（见表5-3和5-4）。在正式实验开始的第一周（3次课）开展预实验研究，预实验期间对所有参与教学实验的教师进行与实验内容有

实验二　敏感期与非敏感期下运动干预对儿童青少年力量与灵敏相关指标的效果研究

关的培训，帮助教师掌握实验干预的教学模式、教学方法及课堂练习强度的控制，以便教师通过预实验之后，便会了解并掌握设计何种身体练习可以达到中等强度或高强度，有助于教学实验干预活动达到实验要求。

表5-3　男生实验班与对照班教师安排情况

班级＼指标	实验1班	实验2班	对照1班	对照2班	教师分配
握力	初一（1）	六（2）	五（2）	二（1）	教师A
背力	初一（3）	初二（5）	六（4）	高二（8）	教师B
1min仰卧起坐	三（1）	二（4）	四（2）	初一（5）	教师C
立定跳远	初一（4）	二（6）	三（5）	高一（9）	教师D
纵跳	六（5）	五（3）	初一（8）	二（8）	教师E
20s反复侧跨步	二（3）	四（5）	五（8）	初一（7）	教师F
往返跑(10m×4)	三（2）	四（8）	二（7）	初三（7）	教师G

表5-4　女生实验班与对照班教师安排情况

班级＼指标	实验1班	实验2班	对照1班	对照2班	教师分配
握力	四（2）	二（6）	三（4）	初一（2）	教师H
背力	五（3）	四（3）	三（5）	高一（7）	教师I
1min仰卧起坐	二（1）	三（7）	四（5）	初二（3）	教师J
立定跳远	二（3）	四（6）	五（4）	初一（3）	教师K
纵跳	三（2）	五（6）	二（9）	初一（5）	教师L
20s反复侧跨步	一（1）	二（8）	四（8）	初一（8）	教师M
往返跑(10m×4)	二（5）	四（9）	二（3）	初一（9）	教师N

在每个班的第一节课前，教会学生佩戴polar心率带的方法，每节课随机抽取13名学生佩戴心率带。预实验过程中，在实验主试协助下，实验教师能够分析polar遥测心率仪的监测数据，进而依据强度监测结果对实验过程进行控制与调整，以便使教学过程达到实验干预条件。在正式实验过程中，实验

主试通过观察polar遥测心率仪，在体能或运动技能教学时间分配、运动强度过高或不足的情况下，及时提醒实验教师予以调整。

实验开始第二周，实验主试协助实验教师完成力量与灵敏相关指标的前测。第三周正式进行实验班的教学。按实验计划每个班级需完成12周（每周3次课）共36次课的教学。因本书实验对象包含小学、初中及高中的学生，小学与初中在规定的18周（每周3节课）内能够完成规定的干预次数，高中在规定的18周（每周2节课）内，去除预实验和前测时间（共2周），不够时间利用活动课时间补足，从而保证在相同条件下进行干预实验。待各实验班级完成教学任务后，实验主试协助实验教师完成力量与灵敏相关指标的后测。对照班同样在正式实验的第二周完成力量与灵敏相关指标的前测，在36次课后完成力量与灵敏相关指标的后测。

5.2.3 实验干预方案

在实验二中，实验班与对照班的每节体育课都为45min，各班级的准备部分为10min、基本部分为30min、结束部分为5min。所有实验班与对照班干预条件相同。体育课的基本部分都进行20min中等强度运动技能和10min中高强度体能组合的练习。为了避免运动项目对实验结果的干扰，各年级实验班和对照班的运动技能练习内容都为篮球。

（1）运动技能干预方案

所有实验班和对照班的运动技能练习内容统一为篮球（见附录1—附录4），如此设计是为避免不同运动技练习内容对实验结果的干扰。实验班20min中等强度运动技能教学的设计原则：体育教学主要是教会学生运动，而不是教会单个技术，倡导用较少的时间进行单个技术教学，用较多的时间进行组合技术学练，组合技术学练应更多地融于活动和比赛情境，从而提高学生在真实运动中运用技术和解决问题的能力。

（2）体能干预方案

通过一周3次课的预实验教学，让教师清楚选用哪些体能练习内容、进

实验二　敏感期与非敏感期下运动干预对儿童青少年力量与灵敏相关指标的效果研究

行多少组数的练习，可以达到实验的时间与强度要求。实验主试在预实验期间，与实验教师一起制定好各班级的体能练习方案，依据不同年龄阶段儿童青少年身心发展特点和本实验指标的具体要求进行设计。10min中高强度体能练习的设计：力量指标实验的体能练习以10min中等强度力量综合干预的练习形式为主（见附录5—附录8），灵敏指标的体能练习以10min高强度灵敏综合干预的练习形式为主（见附录9—附录12）。

（3）运动强度的干预方案

本书采用芬兰产ploar team 2遥测心率仪监控学生课堂运动的强度，每次体育课前对心率监控学生进行编码，实验班与对照班均需佩戴心率带，每个班随机安排13名学生佩戴心率带，通过此套设备可以同时观察佩戴心率带学生的即刻心率与平均心率，监测设备还可以根据学生年龄，借助中等强度和高强度心率范围的界定公式［中等强度心率范围=（220-年龄）×64%~77%；高强度心率范围=（220-年龄）×77%以上］，[1]实时呈现出学生的运动强度。polar遥测心率仪能够自动存储实验班与对照班学生在每节课不同时段运动时的平均心率和运动强度等信息。

5.2.4　实验测试指标

力量与灵敏相关指标见表5-5。

表5-5　力量与灵敏相关指标

体能类型	指标分类	测试项目
力量	最大力量（上肢）	握力
	最大力量（腰背）	背力
	力量耐力	1min仰卧起坐

---

[1] 美国运动医学学会.ACSM运动测试与运动处方指南（第九版）[M].王正珍，等译.北京：北京体育大学出版社，2014：3-5.

续表

体能类型	指标分类	测试项目
力量	速度力量（水平方向）	立定跳远
	速度力量（垂直方向）	纵跳
灵敏	与平衡及协调相关的灵敏	20s反复侧跨步
	与急停急起、快速变向及冲刺相关的灵敏	往返跑（10m×4）

5.2.5 实验仪器

实验仪器见表5-6。

表5-6　实验仪器

仪器	功能	产地
polar遥测心率仪	监控运动强度	芬兰
握力测量仪	测量握力	中国
背力测量仪	测量背力	中国
立定跳远测量仪	测量立定跳远	中国
纵跳测量仪	测量纵跳	中国
秒表	测量仰卧起坐、反复侧跨步、往返跑时间	中国

5.2.6 统计分析方法

实验二的主要研究目的是分析在相同实验干预条件下，敏感期与非敏感期的力量与灵敏相关指标的干预效果。由于不同班级儿童青少年的力量与灵敏部分指标在前测时就存在差异，所以通过"后测-前测"得出各组力量与灵敏相关指标的进步幅度，使用单因素方差分析各组的进步幅度是否有显著

实验二　敏感期与非敏感期下运动干预对儿童青少年力量与灵敏相关指标的效果研究

性差异，结合各组进步幅度的均值大小，从而判断敏感期与非敏感期力量与灵敏相关指标的干预效果。[①]

实验二中实验班与对照班基本部分进行的是20min中等强度运动技能和10min中高强度体能组合练习。实验班与对照班学生的力量与灵敏指标都可能有所提高，所以实验二还使用配对样本T检验，分析与自身前测相比，各班级力量与灵敏相关指标的后测结果是否出现显著提高。

5.3　研究结果

5.3.1　运动强度的监测结果

本书采用polar遥测心率仪监控学生课堂运动的强度，所有实验班与对照班在一学期内完成36节课，各班级实验期间每节课的心率均值与标准差见表5-7。按照美国运动医学学会界定的中等强度和高强度心率范围的界定公式［中等强度心率范围=（220-年龄）×64%~77%；高强度心率范围=（220-年龄）×77%以上］，[②]通过polar遥测心率仪监控数据表明，实验期间实验班与对照班运动技能强度与体能练习强度达到了实验要求的中等强度或高强度。

---

① 张力为.体育科学研究方法[M].北京：高等教育出版社，2012：136.
② 美国运动医学学会.ACSM运动测试与运动处方指南（第九版）[M].王正珍，等译.北京：北京体育大学出版社，2014：3-5.

表5-7 实验班与对照班实验期间每节课平均心率的描述性统计

班级\指标	性别	分类	实验1班心率	实验2班心率	对照1班心率	对照2班心率
握力	男	运动技能	146±1.9	145±2.4	147±2.1	149±2.7
握力	男	体能练习	158±3.5	157±3.4	159±3.8	161±4.2
握力	女	运动技能	145±2.3	142±1.7	143±1.9	147±2.5
握力	女	体能练习	155±3.2	159±3.7	161±4.1	156±3.4
背力	男	运动技能	146±1.7	143±1.5	148±2.3	145±2.1
背力	男	体能练习	157±3.6	156±3.2	159±4.4	155±3.2
背力	女	运动技能	147±1.6	143±1.9	142±1.5	145±2.6
背力	女	体能练习	156±3.7	159±3.9	161±4.2	158±3.5
仰卧起坐	男	运动技能	146±1.7	148±2.1	143±1.6	147±1.8
仰卧起坐	男	体能练习	157±4.1	160±4.3	156±3.5	158±3.9
仰卧起坐	女	运动技能	147±1.5	145±1.7	146±2.2	143±1.6
仰卧起坐	女	体能练习	161±4.2	159±3.5	155±3.7	156±3.4
立定跳远	男	运动技能	144±1.9	147±2.3	145±1.7	148±2.1
立定跳远	男	体能练习	157±3.8	162±5.2	160±4.7	159±4.4
立定跳远	女	运动技能	146±1.5	142±1.8	144±2.1	141±1.7
立定跳远	女	体能练习	162±3.8	159±3.3	157±3.6	156±3.2
纵跳	男	运动技能	148±2.1	145±1.7	147±1.9	146±2.3
纵跳	男	体能练习	157±3.7	158±3.9	154±3.1	161±4.2
纵跳	女	运动技能	145±1.8	143±1.4	146±1.9	142±1.7
纵跳	女	体能练习	158±3.7	156±3.2	160±.7	157±3.5
反复侧跨步	男	运动技能	147±1.7	145±1.3	146±1.6	149±2.1
反复侧跨步	男	体能练习	173±5.3	170±4.2	168±3.9	171±4.6
反复侧跨步	女	运动技能	149±1.5	147±1.3	142±1.7	145±1.4
反复侧跨步	女	体能练习	168±4.4	165±3.9	171±4.7	169±4.2
往返跑	男	运动技能	149±1.5	146±1.3	148±1.8	145±1.4
往返跑	男	体能练习	173±5.2	171±4.5	167±3.7	168±4.3
往返跑	女	运动技能	147±1.9	144±1.5	148±1.6	145±1.3
往返跑	女	体能练习	167±4.5	171±4.9	169±4.6	172±5.1

实验二　敏感期与非敏感期下运动干预对儿童青少年力量与灵敏相关指标的效果研究

5.3.2　敏感期与非敏感期运动干预下握力的变化

本书选取握力作为敏感期与非敏感期男、女生上肢力量的测评指标，采用描述性统计分析方法，得出男、女生握力的前测、后测均值与标准差（见表5-8）。

表5-8　实验与对照班男、女生握力描述性统计

性别	年龄（岁）	班级	人数（人）	前测 M	前测 SD	后测 M	后测 SD
男	13	实验1班	30	27.75	6.71	33.57	7.16
男	12	实验2班	29	22.93	5.12	27.67	4.95
男	11	对照1班	27	18.40	3.92	21.73	4.77
男	8	对照2班	29	11.97	2.75	12.36	2.99
女	10	实验1班	26	12.24	3.49	18.41	3.87
女	8	实验2班	23	10.75	2.17	13.92	2.24
女	9	对照1班	24	12.45	2.58	15.23	2.36
女	13	对照2班	25	21.83	5.89	23.82	6.19

前测结果显示，在男生握力敏感期，实验1班与实验2班男生握力的均值分别为27.75和22.93；在男生握力非敏感期，对照1班与对照2班男生握力的均值分别为18.40和11.97。在女生握力敏感期，实验1班与实验2班女生握力的均值分别为12.24和10.75；在女生握力非敏感期，对照1班与对照2班女生握力的均值分别为12.45和21.83。总体来看，在握力敏感期与非敏感期，男、女生各年龄段所对应班级握力均值存在一定的性别与年龄差异。随着年龄增大，男、女生握力均值也明显增大。从描述性结果可知，同年龄段男生握力均值一般比女生的握力均值高。

通过后测减去前测，得出握力进步幅度（如图5-1所示），结果显示，鉴于不同班级男生与女生的生长特点，以及体育课运动干预的作用，无论在

握力敏感期或是非敏感期，男生与女生的握力都有所提高，但相比而言，男生实验班的进步幅度明显高于对照班的进步幅度，女生实验班的进步幅度亦明显高于对照班的进步幅度。通过单因素方差分析，进一步探讨男、女生实验班与对照班各班级握力的进步幅度是否存在显著性差异。

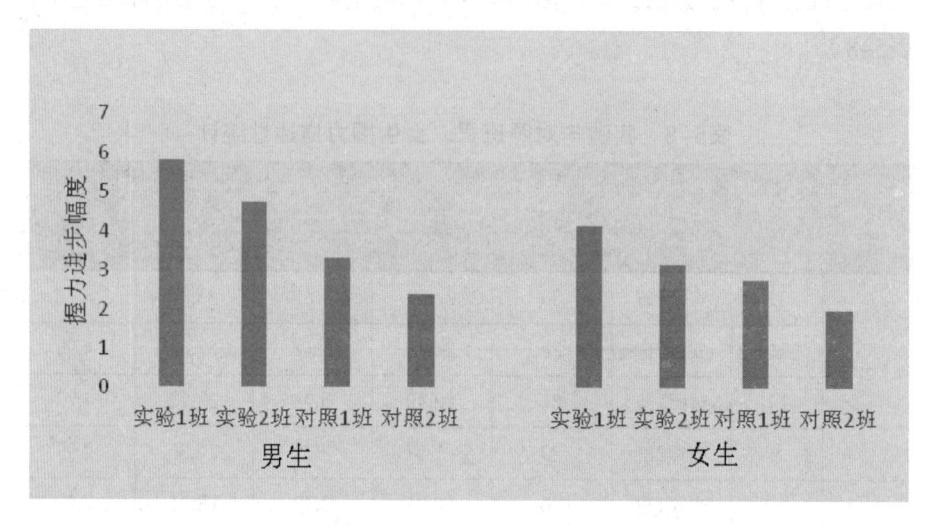

图5-1 实验班和对照班男女生握力的进步幅度

对男生而言，单因素方差分析结果表明（$F=8.78$，$P<0.01$），实验班与对照班不同班级的握力进步幅度存在显著性差异（见表5-9）。除实验2班，实验1班与对照1班和对照2班握力的进步幅度都存在显著性差异；实验2班与对照1班和对照2班的进步幅度亦存在显著性差异；而对照1班与对照2班的进步幅度差异不显著。从男生握力敏感期与非敏感期干预效果可知，握力敏感期两个实验班的干预效果明显好于非敏感期两个对照班的干预效果，敏感期两个班之间的干预效果相似，非敏感期两个班之间的干预效果亦不明显。

对女生而言，单因素方差分析结果表明（$F=16.34$，$P<0.01$），实验班与对照班不同班级的握力进步幅度存在显著性差异（见表5-9）。实验1班与实验2班、对照1班及对照2班均存在显著性差异；实验2班与对照1班没有显著性差异，但与对照2班存在显著性差异；对照1班与对照2班也存在显著性差异。从女生握力敏感期与非敏感期干预效果可知，女生握力实验1班干预

实验二 敏感期与非敏感期下运动干预对儿童青少年力量与灵敏相关指标的效果研究

效果明显好于非敏感期两个班。敏感期实验1班的干预效果好于实验2班,非敏感期对照1班的干预效果要好于对照2班的干预效果。研究结果还发现,女生握力敏感期实验2班与非敏感期相邻班对照1班之间握力的干预效果相似。

表5-9 实验班与对照班男、女生握力进步幅度的后续检验

	性别	班级	班级	均值差	显著性（P）
LSD（最小显著性差异法）	男	实验1班	实验2班	1.074	0.12
			对照1班	2.791	0.00
			对照2班	3.723	0.00
		实验2班	对照1班	1.416	0.05
			对照2班	2.345	0.00
		对照1班	对照2班	0.933	0.21
	女	实验1班	实验2班	1.006	0.00
			对照1班	1.384	0.00
			对照2班	2.183	0.00
		实验2班	对照1班	0.378	0.23
			对照2班	1.177	0.00
		对照1班	对照2班	0.799	0.01

5.3.3 敏感期与非敏感期运动干预下背力的变化

本书选取背力作为敏感期与非敏感期男、女生腰背力量的测评指标,采用描述性统计分析方法,得出男、女生背力的前测、后测均值与标准差(见表5-10)。

前测结果显示,在男生背力敏感期,实验1班与实验2班男生背力的均值分别为65.53和78.49;在男生背力非敏感期,对照1班与对照2班男生背力的均值分别为58.49和105.97。在女生背力敏感期,实验1班与实验2班女生背

力的均值分别为41.59和38.02；在女生背力非敏感期，对照1班与对照2班女生背力的均值分别为33.96和65.80。

表5-10　实验班与对照班男、女生背力描述性统计

性别	年龄（岁）	班级	人数（人）	前测 M	前测 SD	后测 M	后测 SD
男	13	实验1班	29	65.53	18.79	77.33	19.28
	14	实验2班	28	78.49	17.64	88.17	18.77
	12	对照1班	30	58.49	15.43	66.93	16.41
	17	对照2班	27	105.97	22.24	111.69	23.03
女	11	实验1班	27	41.59	7.29	48.96	8.36
	10	实验2班	24	38.02	6.69	43.51	7.28
	9	对照1班	24	33.96	4.67	38.75	5.26
	16	对照2班	25	65.80	10.98	68.51	11.25

总体来看，在背力敏感期与非敏感期，男、女生各年龄段所对应班级背力均值存在明显的性别与年龄差异。随着年龄增大，男、女生背力均值也明显增大。从描述性结果可知，同年龄段男生背力均值一般比女生的背力均值高。

通过后测减去前测，得出背力进步幅度（如图5-2所示），结果显示，鉴于不同班级男生与女生的生长特点，以及体育课运动干预的作用，无论在背力敏感期或是非敏感期，男生与女生的背力都有所提高，但相比而言，男、女生实验班的进步幅度均明显高于对照班的进步幅度。通过单因素方差分析，进一步探讨男、女生实验班与对照班各班级背力的进步幅度是否存在显著性差异。

对男生而言，单因素方差分析结果表明（$F=13.37$，$P<0.01$），实验班与对照班不同班级背力的进步幅度存在显著性差异（见表5-11）。实验1班与实验2班、对照1班及对照2班背力的进步幅度均存在显著性差异；实验2班与对照2班的进步幅度存在显著性差异，但与对照1班的进步幅度没有显著性

实验二　敏感期与非敏感期下运动干预对儿童青少年力量与灵敏相关指标的效果研究

差异；对照1班与对照2班的进步幅度有显著性差异。从男生背力敏感期与非敏感期干预效果可知，敏感期实验1班在所有实验班中的干预效果最为明显，非敏感期对照1班干预效果要好于对照2班，而敏感期实验2班与非敏感期相邻班对照1班的干预效果相似。

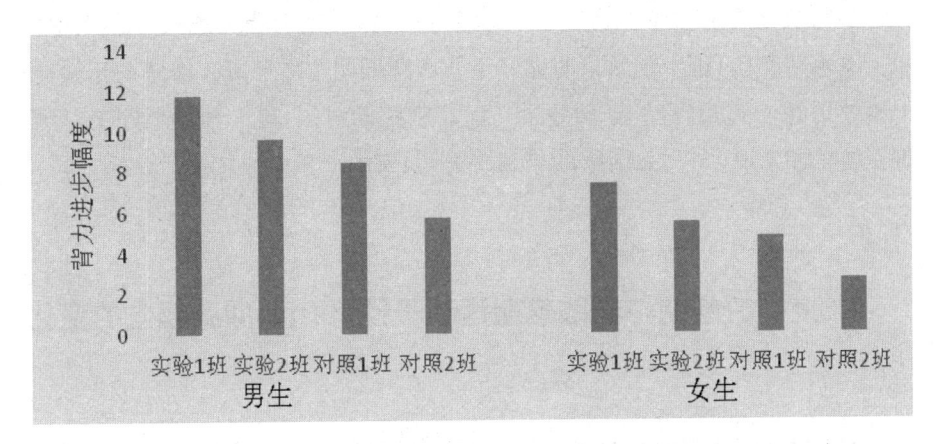

图5-2　实验班和对照班男、女生背力的进步幅度

表5-11　实验班与对照班男、女生背力进步幅度的后续检验

	性别	班级	班级	均值差	显著性（P）
LSD（最小显著性差异法）	男	实验1班	实验2班	2.112	0.02
			对照1班	3.359	0.00
			对照2班	6.086	0.00
		实验2班	对照1班	1.245	0.19
			对照2班	4.971	0.00
		对照1班	对照2班	2.726	0.00
LSD（最小显著性差异法）	女	实验1班	实验2班	1.861	0.04
			对照1班	4.379	0.01
			对照2班	6.670	0.00
		实验2班	对照1班	1.317	0.45
			对照2班	3.609	0.01
		对照1班	对照2班	2.292	0.03

对女生而言，单因素方差分析结果表明（$F=8.36$，$P<0.01$），实验班与对照班不同班级的背力进步幅度存在显著性差异（见表5-11）。实验1班与实验2班、对照1班及对照2班之间的进步幅度均存在显著性差异；实验2班与对照1班及对照2班的进步幅度也存在显著性差异；且对照1班与对照2班之间的进步幅度也存在显著性差异。从女生背力敏感期与非敏感期干预效果可知，敏感期实验1班干预效果明显好于非敏感期两个对照班，敏感期实验1班干预效果好于实验2班的干预效果，而非敏感期对照1班干预效果好于对照2班，敏感期实验2班与非敏感期相邻班对照1班的干预效果相似。

5.3.4 敏感期与非敏感期运动干预下1min仰卧起坐的变化

本书选取1min仰卧起坐作为敏感期与非敏感期男、女生力量耐力的测评指标，采用描述性统计分析方法，得出男、女生1min仰卧起坐的前测、后测均值与标准差（见表5-12）。

表5-12 实验班与对照班男、女生1min仰卧起坐描述性统计

性别	年龄（岁）	班级	人数（人）	前测 M	前测 SD	后测 M	后测 SD
男	9	实验1班	28	28.96	5.36	34.65	4.38
男	8	实验2班	29	26.79	5.39	31.68	4.84
男	10	对照1班	31	30.60	3.81	34.07	5.02
男	13	对照2班	29	34.37	6.50	36.83	7.28
女	8	实验1班	25	25.04	4.27	30.77	3.75
女	9	实验2班	24	27.92	4.26	32.08	4.88
女	10	对照1班	23	31.71	7.32	35.63	6.99
女	14	对照2班	22	35.85	4.82	37.93	6.71

实验二　敏感期与非敏感期下运动干预对儿童青少年力量与灵敏相关指标的效果研究

前测结果显示，在男生1min仰卧起坐敏感期，实验1班与实验2班男生仰卧起坐的均值分别为28.96和26.79；在男生1min仰卧起坐非敏感期，对照1班与对照2班男生1min仰卧起坐的均值分别为30.36和34.37。在女生1min仰卧起坐敏感期，实验1班与实验2班女生1min仰卧起坐的均值分别为25.04和27.92。在女生1min仰卧起坐非敏感期，对照1班与对照2班女生1min仰卧起坐的均值分别为31.71和35.85。总体来看，在1min仰卧起坐敏感期与非敏感期，男、女生各年龄段所对应班级1min仰卧起坐均值没有明显的性别差异。从描述性结果可知，同年龄段男、女生1min仰卧起坐均值非常接近。但男、女生1min仰卧起坐均值存在一定的年龄差异，在男、女生实验选取的四个年龄段，一般随着年龄增大，男、女生仰卧起坐均值也有所提高。

通过后测减去前测，得出1min仰卧起坐进步幅度（如图5-3所示），结果显示，鉴于不同班级男生与女生的生长特点，以及体育课运动干预的作用，不论在1min仰卧起坐敏感期或是非敏感期，男生与女生的1min仰卧起坐都有所提高，但相比而言，男生、女生实验班1min仰卧起坐的进步幅度均明显高于对照班的进步幅度。通过单因素方差分析，进一步探讨男、女生实验班与对照班各班级1min仰卧起坐的进步幅度是否存在显著性差异。

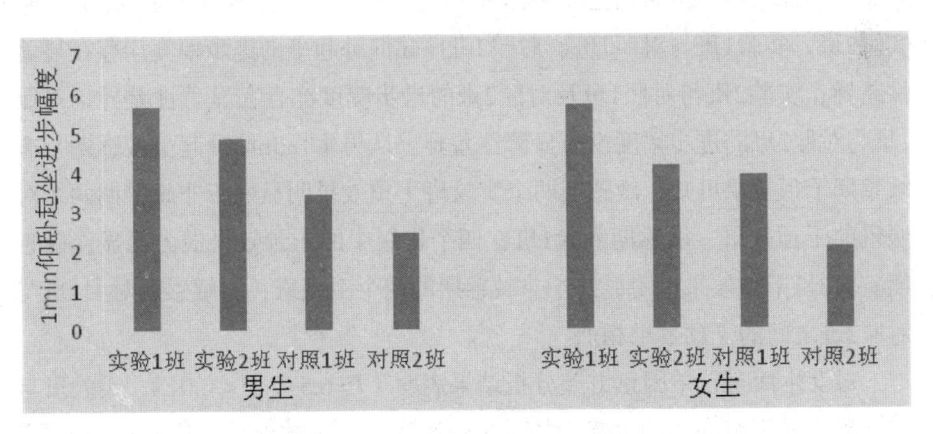

图5-3　实验班和对照班男、女生1min仰卧起坐的进步幅度

表5-13　实验班与对照班男、女生1min仰卧起坐进步幅度的后续检验

性别	班级	班级	均值差	显著性（P）
男	实验1班	实验2班	0.792	0.27
		对照1班	2.215	0.00
		对照2班	3.226	0.00
	实验2班	对照1班	1.363	0.04
		对照2班	2.431	0.00
	对照1班	对照2班	1.007	0.12
女	实验1班	实验2班	1.557	0.05
		对照1班	1.807	0.03
		对照2班	3.622	0.00
	实验2班	对照1班	0.252	0.75
		对照2班	2.067	0.01
	对照1班	对照2班	1.812	0.03

对男生而言，单因素方差分析结果表明（$F=8.39$，$P<0.01$），实验班与对照班不同班级1min仰卧起坐的进步幅度存在显著性差异（见表5-13）。除实验2班，实验1班与对照1班、对照2班1min仰卧起坐的进步幅度均存在显著性差异；实验2班与对照1班及对照2班的进步幅度亦存在显著性差异；对照1班与对照2班的进步幅度没有显著性差异。从男生1min仰卧起坐敏感期与非敏感期干预效果可知，敏感期两个实验班干预效果明显好于非敏感期两个对照班的干预效果，敏感期实验1班在四个班级中的干预效果最为明显；敏感期实验2班干预效果也明显好于非敏感期的两个对照班；非敏感期对照1班与对照2班之间的干预效果相似。

对女生而言，单因素方差分析结果表明（$F=6.57$，$P<0.01$），实验班与对照班不同班级1min仰卧起坐的进步幅度存在显著性差异（见表5-13）。实验1班与实验2班、对照1班及对照2班之间进步幅度均存在显著性差异；实验2班与对照2班之间的进步幅度存在显著性差异，但与对照1班之间没有显著性差异；对照1班与对照2班之间进步幅度也存在显著性差异。从女生1min仰

实验二　敏感期与非敏感期下运动干预对儿童青少年力量与灵敏相关指标的效果研究

卧起坐敏感期与非敏感期干预效果可知，敏感期实验1班干预的效果明显好于实验2班与两个对照班，且非敏感期两个对照班中，对照1班的干预效果好于对照2班的干预效果。研究结果还进一步表明，敏感期实验2班与非敏感期相邻班对照1班之间仰卧起坐的干预效果相似。

5.3.5　敏感期与非敏感期运动干预下立定跳远的变化

本书选取立定跳远作为敏感期与非敏感期男、女生下肢速度力量的测评指标，采用描述性统计分析方法，得出男、女生立定跳远的前测、后测均值与标准差（见表5-14）。

表5-14　实验班与对照班男、女生立定跳远描述性统计

性别	年龄（岁）	班级	人数（人）	前测 M	前测 SD	后测 M	后测 SD
男	13	实验1班	27	193.59	19.58	202.34	20.83
	8	实验2班	26	136.81	12.38	124.03	15.13
	9	对照1班	26	126.85	16.89	153.31	17.65
	16	对照2班	25	220.40	20.49	223.88	21.25
女	8	实验1班	26	122.69	16.36	130.71	17.85
	10	实验2班	24	125.48	17.47	152.01	16.52
	11	对照1班	25	150.12	18.44	154.44	17.56
	13	对照2班	25	161.36	18.85	163.78	19.67

前测结果显示，在男生立定跳远敏感期，实验1班与实验2班男生立定跳远的均值分别为193.59和136.81；在男生立定跳远非敏感期，对照1班与对照2班男生立定跳远的均值分别为126.85和220.40。在女生立定跳远敏感期，实验1班与实验2班女生立定跳远的均值分别为122.69和125.48；在女生立定跳

远非敏感期，对照1班与对照2班女生立定跳远的均值分别为150.12和161.36。总体来看，在立定跳远敏感期与非敏感期，男、女生各年龄段所对应班级立定跳远均值存在明显的性别差异。从研究结果可知，在11岁之前，男、女生立定跳远成绩有一定差异，但不明显；在13岁以后，男、女生立定跳远均值差异非常明显，男生立定跳远成绩明显好于女生立定跳远的成绩。由描述性结果可知，男、女生立定跳远均值存在年龄差异，随着年龄增大，男生立定跳远均值显著提高，突增现象明显；女生立定跳远均值亦显著提高，但增长幅度相对稳定，突增现象不明显。

通过后测减去前测，得出立定跳远进步幅度（如图5-4所示），结果显示，鉴于不同实验班级男生与女生的生长特点，以及体育课运动干预的作用，不论在立定跳远敏感期或是非敏感期，男生与女生的立定跳远都有所提高，但相比而言，男、女生实验班立定跳远的进步幅度均明显高于对照班的进步幅度。通过单因素方差分析，进一步探讨男、女生实验班与对照班各班级立定跳远的进步幅度是否存在显著性差异。

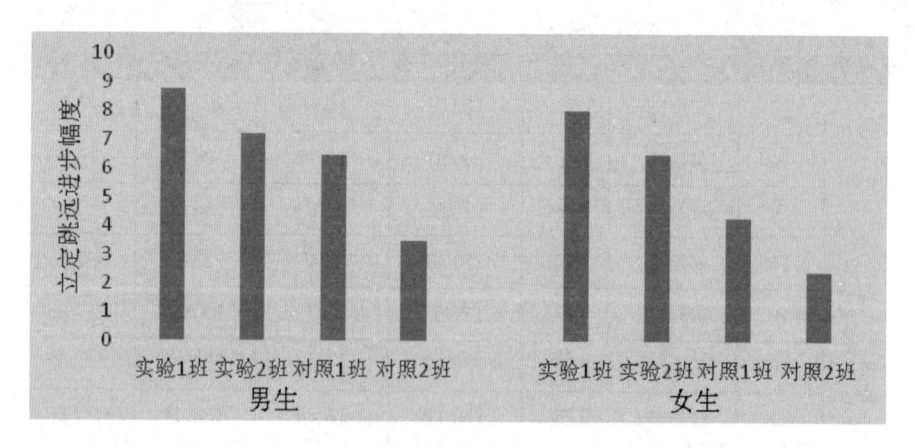

图5-4 实验班和对照班男、女生立定跳远的进步幅度

对男生而言，单因素方差分析结果表明（$F=7.62$，$P<0.01$），实验班与对照班不同班级立定跳远的进步幅度存在显著性差异（见表5-15）。除实验2班，实验1班与对照1班及对照2班立定跳远的进步幅度都存在显著性差异；实验2班与对照2班的进步幅度存在显著性差异，但与对照1班没有显著性差

实验二 敏感期与非敏感期下运动干预对儿童青少年力量与灵敏相关指标的效果研究

异;对照1班与对照2班进步幅度存在显著差异。从男生立定跳远敏感期与非敏感期干预效果可知,敏感期实验1班干预效果显著好于非敏感期的两个对照班;非敏感期对照1班干预效果好于对照2班的干预效果。研究结果还表明,敏感期实验2班与非敏感期相邻班对照1班立定跳远的干预效果没有显著性差异。

表5-15 实验班与对照班男、女生立定跳远进步幅度的后续检验

	性别	班级	班级	均值差	显著性(P)
LSD（最小显著性差异法）	男	实验1班	实验2班	1.559	0.17
			对照1班	2.291	0.04
			对照2班	5.372	0.00
		实验2班	对照1班	0.731	0.52
			对照2班	3.712	0.00
		对照1班	对照2班	2.981	0.01
LSD（最小显著性差异法）	女	实验1班	实验2班	1.467	0.15
			对照1班	3.662	0.00
			对照2班	5.571	0.00
		实验2班	对照1班	2.194	0.03
			对照2班	4.104	0.00
		对照1班	对照2班	1.909	0.04

对女生而言,单因素方差分析结果表明($F=12.59$,$P<0.01$),实验班与对照班不同班级立定跳远的进步幅度存在显著性差异(见表5-15)。除实验2班,实验1班与对照1班及对照2班立定跳远的进步幅度都存在显著性差异;实验2班与对照1班及对照2班的进步幅度亦存在显著性差异;对照1班与对照2班的进步幅度同样存在显著性差异。从女生立定跳远敏感期与非敏感期干预效果可知,敏感期两个实验班的干预效果显著好于非敏感期的两个对照班,但敏感期两个实验班之间的干预效果不显著;在非敏感期的两个对照班之间,对照1班的干预效果要好于对照2班的干预效果。

5.3.6　敏感期与非敏感期运动干预下纵跳的变化

本书选取纵跳作为敏感期与非敏感期男、女生下肢速度力量的测评指标，采用描述性统计分析方法，得出男、女生纵跳的前测、后测均值与标准差（见表5-16）。

表5-16　实验班与对照班男、女生纵跳描述性统计

性别	年龄（岁）	班级	人数（人）	前测 M	前测 SD	后测 M	后测 SD
男	12	实验1班	30	29.02	6.22	34.35	6.37
男	11	实验2班	27	26.73	5.63	30.48	6.12
男	13	对照1班	27	31.92	7.45	34.21	7.24
男	8	对照2班	26	21.36	4.35	23.34	5.16
女	9	实验1班	27	21.54	4.21	27.57	4.57
女	11	实验2班	25	26.29	5.39	30.54	5.58
女	8	对照1班	25	18.97	4.08	22.71	4.23
女	13	对照2班	24	28.64	5.37	30.53	5.96

前测结果显示，在男生纵跳敏感期，实验1班与实验2班男生纵跳的均值分别为29.02和26.73；在男生纵跳非敏感期，对照1班与对照2班男生纵跳的均值分别为31.92和21.36。在女生纵跳敏感期，实验1班与实验2班女生纵跳的均值分别为21.54和26.29；在女生纵跳非敏感期，对照1班与对照2班女生纵跳的均值分别为18.97和28.64。总体来看，在纵跳敏感期与非敏感期，男、女生各年龄段所对应班级纵跳均值存在一定性别与年龄的差异。从描述性结果可知，在11岁之前，男、女生纵跳成绩差异不明显；在13岁以后，男、女生纵跳均值差异明显，男生纵跳成绩明显好于女生纵跳的成绩。由研究结果可知，男、女生纵跳均值亦存在年龄差异，随着年龄增大，男生纵跳均值显著提高，但男、女生纵跳均值增长趋势大体相似。

实验二　敏感期与非敏感期下运动干预对儿童青少年力量与灵敏相关指标的效果研究

通过后测减去前测，得出纵跳进步幅度（如图5-5所示），结果显示，鉴于不同实验班级男生与女生的生长特点，以及体育课运动干预的作用，不论在纵跳敏感期或是非敏感期，男生与女生的纵跳都有所提高，但相比而言，男、女生实验班纵跳的进步幅度均明显高于对照班的进步幅度。通过单因素方差分析，进一步探讨男、女生实验班与对照班各班级纵跳的进步幅度是否存在显著性差异。

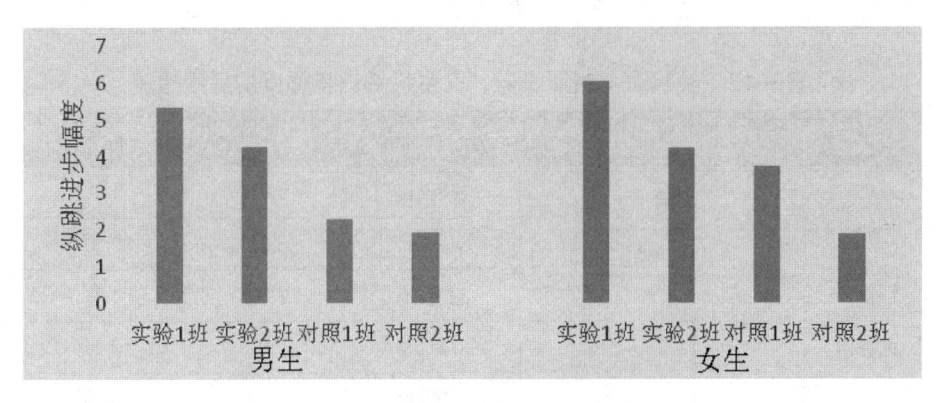

图5-5　实验班和对照班男、女生纵跳的进步幅度

对男生而言，单因素方差分析结果表明（$F=8.47$，$P<0.01$），实验班与对照班不同班级纵跳的进步幅度存在显著性差异（见表5-17）。除实验2班，实验1班与对照1班及对照2班纵跳的进步幅度都存在显著性差异；实验2班与对照1班的进步幅度存在显著性差异，但与对照2班没有显著性差异；对照1班与对照2班的进步幅度存在显著性差异。从男生纵跳敏感期与非敏感期干预效果可知，除实验2班，敏感期实验1班干预效果显著好于非敏感期两个对照班的干预效果；敏感期实验2班的干预效果好于非敏感期对照1班的干预效果，但与非敏感期对照2班干预效果相似；非敏感期两个对照班之间，对照1班的干预效果不及对照2班的干预效果。研究结果还表明，敏感期实验2班与非敏感期相邻班对照1班纵跳的干预效果相似。

对女生而言，单因素方差分析结果表明（$F=7.96$，$P<0.01$），实验班与对照班不同班级纵跳的进步幅度存在显著性差异（见表5-17）。除实验2班，实验1班与对照1班及对照2班纵跳的进步幅度都存在显著性差异；实验2班与

对照2班的进步幅度存在显著性差异,但与对照1班没有显著性差异;对照1班与对照2班的进步幅度同样存在显著性差异。从女生纵跳敏感期与非敏感期干预效果可知,除实验2班,敏感期实验1班的干预效果显著好于非敏感期对照1班与对照2班,但敏感期两个实验班之间的干预效果相似;敏感期实验2班干预效果好于对照2班;在非敏感期的两个对照班之间,对照1班的干预效果要好于对照2班的干预效果。研究结果还表明,敏感期实验2班与非敏感期相邻班对照1班纵跳的干预效果相似。

表5-17 实验班与对照班男、女生纵跳进步幅度的后续检验

	性别	班级	班级	均值差	显著性(P)
LSD(最小显著性差异法)	男	实验1班	实验2班	1.071	0.31
			对照1班	3.047	0.00
			对照2班	2.366	0.03
		实验2班	对照1班	1.975	0.06
			对照2班	1.294	0.24
		对照1班	对照2班	−0.681	0.52
LSD(最小显著性差异法)	女	实验1班	实验2班	1.775	0.04
			对照1班	2.296	0.01
			对照2班	4.131	0.00
		实验2班	对照1班	0.521	0.54
			对照2班	2.356	0.01
		对照1班	对照2班	1.835	0.04

5.3.7 敏感期与非敏感期运动干预下20s反复侧跨步的变化

本书选取20s反复侧跨步作为敏感期与非敏感期男、女生灵敏的测评指标,采用描述性统计分析方法,得出男、女生20s反复侧跨步的前测、后测

实验二 敏感期与非敏感期下运动干预对儿童青少年力量与灵敏相关指标的效果研究

均值与标准差（见表5-18）。

表5-18 实验班与对照班男、女生20s反复侧跨步描述性统计

性别	年龄（岁）	班级	人数（人）	前测 M	前测 SD	后测 M	后测 SD
男	8	实验1班	29	23.47	3.81	29.81	3.08
	10	实验2班	31	27.55	5.16	32.36	5.71
	11	对照1班	31	28.36	7.71	32.27	7.98
	13	对照2班	30	30.23	3.63	33.02	3.72
女	7	实验1班	26	19.58	4.06	26.91	4.23
	8	实验2班	27	22.87	3.36	28.39	3.88
	10	对照1班	24	27.71	3.86	31.28	3.41
	13	对照2班	25	28.56	3.64	31.12	3.18

前测结果显示，在男生20s反复侧跨步敏感期，实验1班与实验2班男生20s反复侧跨步的均值分别为23.47和27.55；在男生20s反复侧跨步非敏感期，对照1班与对照2班男生20s反复侧跨步的均值分别为28.36和30.23。在女生反复侧跨步敏感期，实验1班与实验2班女生20s反复侧跨步的均值分别为19.58和22.87；在女生20s反复侧跨步非敏感期，对照1班与对照2班女生反复侧跨步的均值分别为27.71和28.56。总体来看，在20s反复侧跨步敏感期与非敏感期，男、女生各年龄段所对应班级20s反复侧跨步均值存在一定的性别差异。从描述性结果可知，在11岁之前，男、女生20s反复侧跨步成绩差异不明显；在13岁以后，男、女生20s反复侧跨步均值差异明显，男生20s反复侧跨步成绩明显好于女生反复侧跨步的成绩。由描述性结果可知，男、女生20s反复侧跨步均值亦存在年龄差异，随着年龄增大，男生20s反复侧跨步均值显著提高，女生20s反复侧跨步均值增长不明显。

通过后测减去前测，得出20s反复侧跨步进步幅度（如图5-6所示），结果显示，鉴于各班级男生与女生的生长特点，以及体育课运动干预的作用，尽管在反复侧跨步敏感期或是非敏感期，男生与女生的20s反复侧跨步都有

所提高，但相比而言，男、女生实验班20s反复侧跨步的进步幅度均高于对照班的进步幅度。通过单因素方差分析，进一步探讨男、女生实验班与对照班各班级20s反复侧跨步的进步幅度是否存在显著性差异。

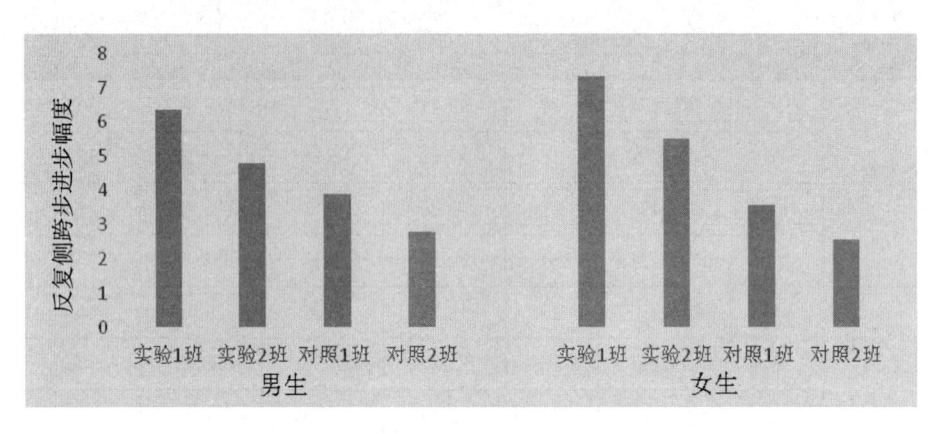

图5-6 实验班和对照班男、女生20s反复侧跨步的进步幅度

对男生而言，单因素方差分析结果表明（$F=8.17$，$P<0.01$），实验班与对照班不同班级20s反复侧跨步的进步幅度存在显著性差异（见表5-19）。实验1班与实验2班、对照1班及对照2班20s反复侧跨步的进步幅度都存在显著性差异；实验2班与对照2班存在显著性差异，但与对照1班没有显著性差异；对照1班与对照2班没有显著性差异。从男生20s反复侧跨步敏感期与非敏感期干预效果可知，实验1班的干预效果要显著好于实验2班及两个对照班的干预效果；实验2班的干预效果好于对照2班的干预效果，与对照1班没有显著性差异；非敏感期两个对照班之间，对照1班与对照2班的干预效果没有显著性差异。研究结果还表明，敏感期实验2班与非敏感期相邻班对照1班20s反复侧跨步的干预效果相似。

对女生而言，单因素方差分析结果表明（$F=6.94$，$P<0.01$），实验班与对照班不同班级20s反复侧跨步的进步幅度存在显著性差异（见表5-19）。除实验2班，实验1班与对照1班及对照2班20s反复侧跨步的进步幅度都存在显著性差异；实验2班与对照2班的进步幅度存在显著性差异，但与对照1班没有显著性差异；对照1班与对照2班的进步幅度没有显著性差异。从女生20s

实验二　敏感期与非敏感期下运动干预对儿童青少年力量与灵敏相关指标的效果研究

反复侧跨步敏感期与非敏感期干预效果可知,除实验2班,敏感期实验1班的干预效果显著好于非敏感期对照1班与对照2班,但敏感期两个实验班之间的干预效果相似;敏感期实验2班的干预效果好于非敏感期对照2班;在非敏感期的两个对照班之间,对照1班与对照2班的干预效果相似。研究结果还表明,敏感期实验2班与非敏感期相邻班对照1班的干预效果相似。

表5-19　实验班与对照班男、女生20s反复侧跨步进步幅度的后续检验

	性别	班级	班级	均值差	显著性（P）
LSD（最小显著性差异法）	男	实验1班	实验2班	1.530	0.04
			对照1班	2.431	0.00
			对照2班	3.545	0.00
		实验2班	对照1班	0.901	0.24
			对照2班	2.012	0.01
		对照1班	对照2班	1.115	0.15
LSD（最小显著性差异法）	女	实验1班	实验2班	1.808	0.12
			对照1班	3.768	0.00
			对照2班	4.770	0.00
		实验2班	对照1班	1.960	0.10
			对照2班	2.962	0.01
		对照1班	对照2班	1.002	0.39

5.3.8　敏感期与非敏感期运动干预下往返跑(10m×4)的变化

本书选取往返跑（10m×4）作为敏感期与非敏感期男、女生灵敏的测评指标,采用描述性统计分析方法,得出男、女生往返跑（10m×4）的前测、后测均值与标准差（见表5-20）。

表5-20　实验班与对照班男、女生往返跑(10m×4)描述性统计

性别	年龄（岁）	班级	人数（人）	前测 M	前测 SD	后测 M	后测 SD
男	9	实验1班	28	13.85	0.75	12.64	0.81
	10	实验2班	27	12.69	1.16	12.03	0.93
	8	对照1班	27	15.04	1.07	12.57	0.84
	15	对照2班	28	11.31	0.78	11.18	0.73
女	8	实验1班	26	15.50	0.72	12.23	0.75
	10	实验2班	25	12.93	1.09	12.05	1.03
	7	对照1班	27	15.97	0.86	15.48	0.92
	13	对照2班	25	12.18	0.96	11.97	1.02

前测结果显示，在男生往返跑敏感期，实验1班与实验2班男生往返跑的均值分别为13.85和12.69；在男生往返跑非敏感期，对照1班与对照2班男生往返跑的均值分别为15.04和11.31。在女生往返跑敏感期，实验1班与实验2班女生往返跑的均值分别为15.50和12.93；在女生往返跑非敏感期，对照1班与对照2班女生往返跑的均值分别为15.97和12.18。总体来看，在往返跑敏感期与非敏感期，男、女生各年龄段所对应班级往返跑均值存在的性别差异不明显。从描述性结果可知，在10岁之前，男、女生往返跑成绩差异不明显；在13岁之后，男、女生往返跑均值差异开始显现，男生往返跑成绩要好于女生往返跑的成绩。由描述性结果可知，男、女生往返跑均值亦存在年龄差异，随着年龄增大，男生往返跑均值显著提高，女生往返跑均值增长趋势大体相似。

通过后测减去前测，得出往返跑进步幅度（如图5-7所示），结果显示，鉴于不同年龄段男生与女生的生长特点，以及体育课运动干预的作用，不论在往返跑敏感期或是非敏感期，男生与女生的往返跑都有所提高，但相比而言，男、女生实验班往返跑的进步幅度均高于对照班的进步幅度。通过单因素方差分析，进一步探讨男、女生实验班与对照班各班级往返跑的进步幅度是否存在显著性差异。

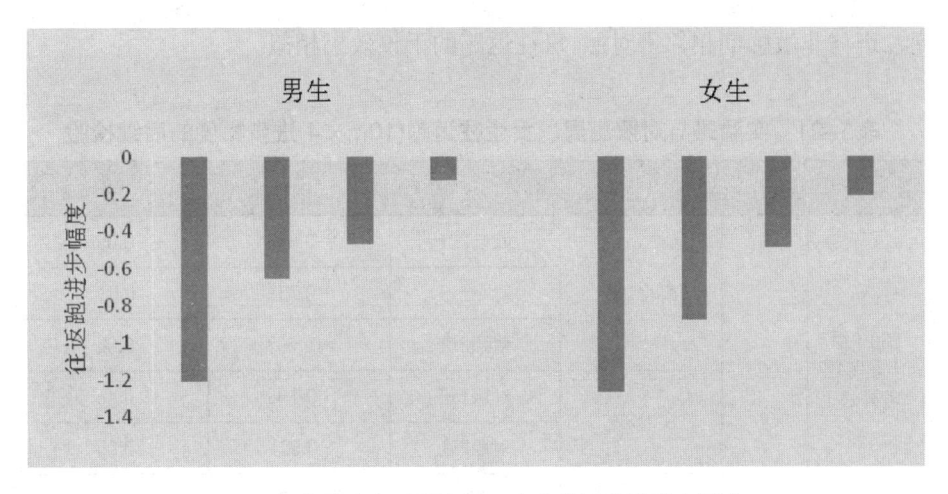

实验二　敏感期与非敏感期下运动干预对儿童青少年力量与灵敏相关指标的效果研究

图5-7　实验班和对照班男、女生往返跑的进步幅度

对男生而言，单因素方差分析结果表明（$F=5.58$，$P<0.01$），实验班与对照班不同班级往返跑的进步幅度存在显著性差异（见表5-21）。实验1班与实验2班、对照1班及对照2班往返跑的进步幅度都存在显著性差异；实验2班与对照2班的进步幅度存在显著性差异，但与对照1班没有显著性差异；对照1班与对照2班的进步幅度没有显著性差异。从男生往返跑敏感期与非敏感期干预效果可知，敏感期实验1班的干预效果要显著好于实验2班及非敏感期两个对照班的干预效果；敏感期实验2班的干预效果好于非敏感期对照2班的干预效果；非敏感期两个对照班之间，对照1班与对照2班的干预效果相似。研究结果还表明，敏感期实验2班与非敏感期相邻班对照2班往返跑的干预效果相似。

对女生而言，单因素方差分析结果表明（$F=5.91$，$P<0.01$），实验班与对照班不同班级往返跑的进步幅度存在显著性差异（见表5-21）。除实验2班，实验1班与对照1班及对照2班往返跑的进步幅度都存在显著性差异；实验2班与对照2班的进步幅度存在显著性差异，但与对照1班没有显著性；对照1班与对照2班之间的进步幅度没有显著性差异。从女生往返跑敏感期与非敏感期干预效果可知，除实验2班，敏感期实验1班的干预效果显著好于对照1班与对照2班；敏感期实验2班干预效果好于对照2班；在非敏感期的两个对照班之间，对照1班与对照2班的干预效果相似。研究结果还表明，敏感期实

验2班与非敏感期相邻班对照1班往返跑的干预效果相似。

表5-21 实验班与对照班男、女生往返跑(10m×4)进步幅度的后续检验

	性别	班级	班级	均值差	显著性（P）
LSD（最小显著性差异法）	男	实验1班	实验2班	−0.536	0.05
			对照1班	−0.733	0.01
			对照2班	−1.067	0.00
		实验2班	对照1班	−0.196	0.46
			对照2班	−0.531	0.05
		对照1班	对照2班	−0.335	0.21
LSD（最小显著性差异法）	女	实验1班	实验2班	−0.394	0.15
			对照1班	−0.769	0.00
			对照2班	−1.057	0.00
		实验2班	对照1班	−0.375	0.16
			对照2班	−0.663	0.02
		对照1班	对照2班	−0.288	0.26

5.4 分析与讨论

5.4.1 对儿童青少年握力干预效果的分析

本书选取握力作为男、女生上肢力量的测评指标。经过一学期12周，每周3次共36次课的教学干预，结果显示，对男生握力而言，男生握力敏感期

实验二　敏感期与非敏感期下运动干预对儿童青少年力量与灵敏相关指标的效果研究

的实验1班与实验2班、非敏感期的对照1班与对照2班，实验前后的握力均值均有显著提高。从男生各班级握力进步幅度的分析可知，实验1班和实验2班握力的进步幅度显著高于对照1班与对照2班；实验1班与实验2班的进步幅度差异不显著；对照1班与对照2班的进步幅度差异亦不显著。对女生握力而言，女生握力敏感期的实验1班与实验2班、非敏感期的对照1班与对照2班，实验前后的握力均值均有显著提高。从女生各班级握力进步幅度的分析可知，实验1班握力的进步幅度显著高于实验2班、对照1班和对照2班；实验2班与对照1班的进步幅度显著高于对照2班；实验2班与对照1班的进步幅度没有显著性差异。

总体来看，男、女生握力敏感期班与非敏感期班在实验前后都存在显著性差异，干预后的握力均值都得到显著提高。Loko等在对爱沙尼亚10～17岁无运动经历的女生进行生长发育与运动成绩特征的实验研究时，实验组每周进行一定的中高强度的体能锻炼，干预后学生的最大力量、速度力量、肌肉耐力等研究指标均得到显著提高。[1]就体能练习强度而言，中高强度间歇性体能练习增大了练习负荷，而多次重复练习对学生上肢肌肉力量与局部肌肉耐力的提高效果更明显。[2]可以看出，在体育课上融入10min中等强度以力量为主的体能练习对学生握力成绩提高非常明显。

研究结果还显示，在相同干预条件下，男生握力敏感期班级干预效果显著高于非敏感期班级干预效果。研究表明，男生12～13岁正处于身体发育突增期，肌肉快速增长，蛋白质和无机盐含量逐渐增多，肌纤维不断增加，肌肉重量不断增加，肌肉力量日益增长。[3]儿童的肌肉力量与年龄和性别有关，因为随着儿童的成长，肌肉力量会随着肌肉质量和肌肉纤维大小的变化而

---

[1] LOKO J, AULE R, SIKKUT T, et al. Age differences in growth and physical abilities in trained and untrained girls 10-17 years of age[J]. American Journal of Human Biology, 2003, 15（1）: 72-77.

[2] FAIGENBAUM A D, LOUD R L, O'CONNELL J, et al. Effects of different resistance training protocols on upper-body strength and endurance development in children[J]. Journal of Strength & Conditioning Research, 2001, 15（4）: 459.

[3] 田野. 运动生理学高级教程[M]. 北京: 高等教育出版社, 2006: 722.

增加。因此，肌肉力量在很大程度上取决于身高和体重。[1][2][3][4]有研究表明，握力与总肌力相关性强，相关系数在0.736~0.890（$p<0.01$）。[5]也有研究指出，握力与立定跳远之间存在显著性相关。[6][7]通过研究一中握力与立定跳远敏感期的筛选结果可知，12~13岁正处于握力与立定跳远敏感期。对女生而言，敏感期实验1班干预效果显著好于其余三个班级的干预效果，值得注意的是，尽管敏感期实验2班干预效果显著好于非敏感期对照2班，但与之相邻的非敏感期对照1班干预效果没有显著性差异（$p>0.05$）。有研究显示，女生8岁与9岁均处于生长发育前期，身体生长与体能增长都处于快速增长阶段，但整体生长趋势相近。[8]因此，8岁与9岁女生握力干预后的进步幅度相似。

综上分析可知，男生握力高敏感期班的干预效果显著高于非敏感期相邻班与非敏感期不相邻班；男生握力低敏感期班的干预效果显著高于非敏感期相邻班与非敏感期不相邻班；男生握力非敏感期相邻班与非敏感期不相邻班

---

[1] RAUCH F, NEU C M, WASSMER G, et al. Muscle Analysis by Measurement of Maximal Isometric Grip Force: New Reference Data and Clinical Applications in Pediatrics[J]. Pediatric Research, 2002, 51（4）: 505.

[2] MARKOVIC G, JARIC S. Movement performance and body size: the relationship for different groups of tests[J]. European Journal of Applied Physiology, 2004, 92（1-2）: 139-149.

[3] RANTANEN T, HARRIS T. Muscle strength and body mass index as long-term predictors of mortality in initially healthy men [J]. Journals of Gerontology, 2000, 55（3）: M168.

[4] NICOLAY C W, WALKER A L. Grip strength and endurance: Influences of anthropometric variation, hand dominance, and gender[J]. International Journal of Industrial Ergonomics, 2005, 35（7）: 605-618.

[5] WIND A E, TAKKEN T, HELDERS P J M, et al. Is grip strength a predictor for total muscle strength in healthy children, adolescents, and young adults?[J]. European Journal of Pediatrics, 2010, 169（3）: 281-287.

[6] DAVIES B N, GREENWOOD E J, JONES S R. Gender difference in the relationship of performance in the handgrip and standing long jump tests to lean limb volume in young adults [J]. European Journal of Applied Physiology & Occupational Physiology, 1988, 58（3）: 315.

[7] FRICKE O, SCHOENAU E. Examining the developing skeletal muscle: Why, what and how?[J]. Journal of Musculoskeletal & Neuronal Interactions, 2005, 5（3）: 225.

[8] LOKO J, SIKKUT T, AULE R. Sensitive periods in physical development[J]. Modern Athlete and Coach, 1996, 34（2）: 26-29.

实验二　敏感期与非敏感期下运动干预对儿童青少年力量与灵敏相关指标的效果研究

的干预效果相似。对女生来说，女生握力高敏感期班的干预效果显著高于非敏感期相邻班与非敏感期不相邻班；女生握力低敏感期班与非敏感期相邻班的干预效果相似，但显著好于非敏感期不相邻班；女生握力非敏感期相邻班的干预效果显著高于非敏感期不相邻班。

5.4.2　对儿童青少年背力干预效果的分析

本书选取背力作为男、女生腰背力量的测评指标。经过一学期12周，每周3次共36次课的教学干预，结果显示，对男生背力而言，男生背力敏感期的实验1班与实验2班、非敏感期的对照1班与对照2班，实验前后的背力均值均有显著提高。从男生各班级背力进步幅度的分析可知，实验1班背力的进步幅度显著高于实验2班、对照1班与对照2班；实验2班与对照1班的进步幅度显著高于对照2班；实验2班与对照1班的进步幅度差异不显著。对女生背力而言，女生背力敏感期的实验1班与实验2班、非敏感期的对照1班与对照2班，实验前后的背力均值均有显著提高。从女生各班级背力进步幅度的分析可知，实验1班进步幅度显著高于实验2班、对照1班与对照2班；实验2班的进步幅度亦显著高于对照1班与对照2班；对照1班的进步幅度也显著高于对照2班。

总体来看，男、女生背力敏感期班级与非敏感期班级在实验前后都存在显著性差异，干预后的背力均值都得到显著提高。陈福亮研究指出，20min中等强度运动技能和10min中等强度体能组合练习方式是最适宜的运动技能和体能组合练习方式，能够显著改善青少年体成分，增强心肺功能，提高肌肉力量与耐力、柔韧和速度素质。[①]Berger对抗阻练习的组数研究发现，多组高强度间歇性抗阻训练对增长肌力的效果优于单组运动，每次锻炼中安排

---

① 陈福亮.体育课运动技能和体能组合练习对儿童青少年身心健康的影响[D].上海：华东师范大学，2018.

2~3组的抗阻练习效果会更好。因为更多的组数、每组中更多的重复次数和每次练习中的总次数越多，力量的增长就越明显。[1]可以看出，本书采取进行10min高强度多组间歇性循环练习方式对背力干预效果非常明显。

研究结果显示，在相同运动技能与体能组合干预条件下，对男生而言，男生背力敏感期实验1班进步幅度显著高于非敏感期班级，而敏感期实验2班与相邻的非敏感期对照1班之间没有显著性差异（$p>0.05$）。从研究一结果可知，作为与敏感期相邻的对照1班（12岁）与实验2班（14岁）的男生都处于身体快速生长阶段，12岁与14岁男生背力年均增长率分别为17.61%与18.87%。总体来看，两个年龄段生长状况及体能发展特点相近，背力指标实验干预效果相似。对女生而言，敏感期班级干预效果均显著好于非敏感期班级。9~11岁女生正处在青春期交界点，身高与体重都急剧分化，女生身高年增长率分别为9岁时的4.25%、10岁时的6.01%、11岁时的5.12%；女生体重年增长率分别为9岁时的8.59%、10岁时的16.45%、11岁时的12.65%。有研究指出，儿童青少年的身高、体重、握力与背部力量存在较高的相关性，常被作为预测背肌力量的最佳指标。[2][3][4]Malina等研究指出，11~15岁为女生最大力量的快速增长期，在此阶段进行适宜的力量干预会产生积极的变化。[5]对照握力指标分析结果可知，背力同样作为最大力量的测评指标，从敏感期年龄特征及干预效果与握力指标均有相似之处。

综上分析可知，对男生来说，男生背力高敏感期班的干预效果显著高于非敏感期相邻班与非敏感期不相邻班；男生背力低敏感期班的干预效果与非

---

[1] BERGER R. Effect of varied weight training programs on strength[J]. Research Quarterly. American Association for Health, Physical Education and Recreation, 1962, 33（2）: 168-181.

[2] WANG M, LEGER A B, DUMAS G A. Prediction of back strength using anthropometric and strength measurements in healthy females[J]. Clinical Biomechanics, 2005, 20（7）: 685-692.

[3] RAUCH F, NEU C M, WASSMER G, et al. Muscle Analysis by Measurement of Maximal Isometric Grip Force: New Reference Data and Clinical Applications in Pediatrics[J]. Pediatric Research, 2002, 51（4）: 505.

[4] JARIC S. Muscle strength testing[J]. Sports Medicine, 2002, 32（10）: 615-631.

[5] MALINA R, IGNASIAK Z, ROŻEK K, et al. Growth, maturity and functional characteristics of female athletes 11-15 years of age[J]. Human Movement, 2011, 12（1）: 31-40.

实验二　敏感期与非敏感期下运动干预对儿童青少年力量与灵敏相关指标的效果研究

敏感期相邻班相似，但均显著好于非敏感期不相邻班；男生背力非敏感期相邻班的干预效果都显著好于非敏感期不相邻班。对女生来说，女生背力高敏感期班的干预效果显著高于非敏感期相邻班与非敏感期不相邻班；女生背力低敏感期班的干预效果与非敏感期相邻班相似，但均显著好于非敏感期不相邻班；女生背力非敏感期相邻班的干预效果显著好于非敏感期不相邻班。

5.4.3　对儿童青少年1min仰卧起坐干预效果的分析

本书选取1min仰卧起坐作为男、女生力量耐力的测评指标。经过一学期12周，每周3次共36次课的教学干预，结果显示，对男生而言，男生仰卧起坐敏感期的实验1班与实验2班、非敏感期的对照1班与对照2班，实验前后的仰卧起坐均值均有显著提高。从男生各班级1min仰卧起坐进步幅度的分析可知，实验1班和实验2班1min仰卧起坐的进步幅度显著高于对照1班与对照2班；实验1班与实验2班的进步幅度差异不显著；对照1班与对照2班的进步幅度差异亦不显著。对女生而言，女生1min仰卧起坐敏感期的实验1班与实验2班、非敏感期的对照1班与对照2班，实验前后的1min仰卧起坐均值均有显著提高。从女生各班级1min仰卧起坐进步幅度的分析可知，实验1班1min仰卧起坐的进步幅度显著高于实验2班、对照1班和对照2班；实验2班与对照1班的进步幅度显著高于对照2班；实验2班与对照1班的进步幅度没有显著性差异。

总体来看，男、女生1min仰卧起坐敏感期班级与非敏感期班级在实验前后都存在显著性差异，干预后的仰卧起坐均值都得到显著提高。可以看出，体育课上融入10min中等强度以力量为主的体能练习对学生1min仰卧起坐成绩提高非常明显。武海潭等在对体育课中融入不同持续时间与运动强度的练习，以及对学生体能影响的研究中发现，相比其他体能干预方式，持续性10min以上大强度运动能有效改善学生身体成分，提高肌肉力量和肌肉耐力。[1]Dorgo等对222名青少年进行每周三次共18周抗阻干预研究,结果发现,与对照组相比,实验组学生的肌肉力量与肌肉耐力得到显著提高。[2][3]就体能练习强度而言,高强度间歇性体能练习增大了练习负荷,而多次重复练习对学生上肢肌肉力量与局部肌肉耐力的提高效果更明显。[4]

研究结果显示,在相同运动技能与体能组合干预条件下,对男生而言,男生1min仰卧起坐敏感期实验1班与实验2班的进步幅度没有显著差异($p>0.27$),但两个敏感期班级的进步幅度显著高于两个非敏感期班级。从研究一结果可知,男生8~10岁正处于身体快速生长阶段,身高与体重都快速增长,男生身高年增长率分别为8岁时的3.73%、9岁时的3.55%、10岁时的4.41%;男生体重年增长率分别为8岁时的11.49%、9岁时的10.66%、11岁时的12.47%。由结果可知,相比10岁阶段,在8岁与9岁阶段男生身体生长状况没有明显的差异,而与之紧密相关的体能增长趋势亦相似。相反,10岁阶段男生身高与体重增长幅度较大,而身体形态的变化可能对仰卧起坐的干预效果有一定的影响。对女生而言,8~10岁正处于身体急速生长阶段,女生1min仰卧起坐敏感期实验1班干预效果显著好于实验2班、对照1班与对照2班;敏感期对照2班与对照1班(非敏感期相邻班)干预效果相似($p>0.05$),但均显著好于对照1班。从研究一结果可知,女生8~10岁正处于身体快速生长阶段,身高与体重都快速增长,女生身高年增长率分别为8岁时的4.62%、9岁时的4.25%、10岁时的6.01%;女生体重年增长率分别为8岁时的13.04%、9岁时的8.59%、10岁时的12.65%。由此可见,8~10岁女生身高

---

[1] 武海潭,季浏. 体育课不同累积中-大强度体力活动时间对初中生健康体适能及情绪状态影响的实验研究[J]. 体育科学,2015(1):13-23.

[2] DORGO S, KING G A, CANDELARIA N G, et al. Effects of manual resistance training on fitness in adolescents [J]. Journal of Strength & Conditioning Research, 2009, 23(23):2287-2294.

[3] DORGO S, KING G A, RICE C A. The effects of manual resistance training on improving muscular strength and endurance[J]. The Journal of Strength & Conditioning Research, 2009, 23(1):293-303.

[4] FAIGENBAUM A D, LOUD R L, O'CONNELL J, et al. Effects of different resistance training protocols on upper-body strength and endurance development in children[J]. Journal of Strength & Conditioning Research, 2001, 15(4):459.

实验二 敏感期与非敏感期下运动干预对儿童青少年力量与灵敏相关指标的效果研究

与体重增长幅度与趋势并不对应，可能由于女生生理机制的作用，而对于8~10岁女生进行力量耐力干预效果的差异可能也受到女生生理机制的影响。

综上分析可知，对男生来说，男生1min仰卧起坐高敏感期班的干预效果显著高于非敏感期相邻班与非敏感期不相邻班；男生1min仰卧起坐低敏感期班的干预效果显著高于非敏感期相邻班与非敏感期不相邻班；男生1min仰卧起坐非敏感期相邻班的干预效果与非敏感期不相邻班相似。对女生来说，女生1min仰卧起坐高敏感期班的干预效果显著高于非敏感期相邻班与非敏感期不相邻班；女生1min仰卧起坐低敏感期班与非敏感期相邻班的干预效果相似，但显著好于非敏感期不相邻班；女生1min仰卧起坐非敏感期相邻班的干预效果显著好于非敏感期不相邻班。

5.4.4 对儿童青少年立定跳远干预效果的分析

本书选取立定跳远作为男、女生下肢速度力量的测评指标。经过一学期12周，每周3次共36次课的教学干预，结果显示，对男生立定跳远而言，男生立定跳远敏感期的实验1班与实验2班、非敏感期的对照1班与对照2班，实验前后的立定跳远均值均有显著提高。从男生各班级立定跳远进步幅度的分析可知，实验1班立定跳远的进步幅度显著高于对照1班与对照2班；实验1班与实验2班的进步幅度没有显著性差异；实验2班与对照1班的进步幅度显著高于对照2班。对女生立定跳远而言，女生立定跳远敏感期的实验1班与实验2班、非敏感期的对照1班与对照2班，实验前后的立定跳远均值均有显著提高。从女生各班级立定跳远进步幅度的分析可知，实验1班与实验2班进步幅度显著高于对照1班与对照2班；实验1班与实验2班进步幅度没有显著性差异；对照1班的进步幅度显著高于对照2班。

总体来看，男、女生立定跳远敏感期班级与非敏感期班级在实验前后都存在显著性差异，干预后的立定跳远均值都得到显著提高。Baquet等对551名11~16岁青少年进行10周高强度体能干预研究，503名青少年组成实验组，每周3次体育课，每次持续时间为1小时，3小时中有1小时进行3次从100%

到120%的10s（间歇时间）最大有氧速度的干预；其中48名青少年组成对照组，完成每周3次、每次1小时正常的体育课。研究发现，学生立定跳远显著提高，20m折返跑和7min最大距离跑显著性提高，而对照组没有提高。[①]可以看出，本书采取进行10min高强度多组间歇性循环练习方式对立定跳远干预效果非常明显。

研究结果显示，在相同运动技能与体能组合干预条件下，对男生而言，男生立定跳远敏感期实验1班进步幅度显著高于非敏感期班级，而敏感期实验2班与对照1班（与敏感期相邻）之间没有显著性差异（$p>0.05$）。从研究一结果可知，作为与敏感期相邻的对照1班（9岁）与实验2班（8岁）的男生都处于身体快速生长阶段，两个年龄段男生的生长状况及体能发展特点相近，立定跳远指标实验干预效果相似。对女生而言，敏感期班级干预效果均显著好于非敏感期班级。11~13岁女生正处在青春期阶段，身高与体重都处于突增期，而女生在青春期身体形态的快速变化，一定程度上制约了女生立定跳远成绩的进一步提高。[②③]Imamoğlu等对不同年龄、性别儿童的运动表现研究发现，12岁男生和11岁女生的立定跳远成绩超过11岁男生与12岁女生，研究分析认为可能是男、女生特定的生长特点与生理机制影响的结果。[④⑤]

综上分析可知，对男生来说，男生立定跳远高敏感期班的干预效果显著高于非敏感期相邻班与非敏感期不相邻班；男生立定跳远低敏感期班与非敏

[①] BAQUET G, BERTHOIN S, GERBEAUX M, et al. High-Intensity Aerobic Training During a 10 Week One-Hour Physical Education Cycle: Effects on Physical Fitness of Adolescents Aged 11 to 16[J]. International Journal of Sports Medicine, 2001, 22（04）: 295-300.

[②] MALINA R, IGNASIAK Z, ROŻEK K, et al. Growth, maturity and functional characteristics of female athletes 11-15 years of age[J]. Human Movement, 2011, 12（1）: 31-40.

[③] SAAR M, JURIMAE T. The relationships between anthropometry, physical activity and motor ability in 10-17year-olds[J]. Journal of Human Movement Studies, 2004, 47(1):1-12.

[④] IMAMOĞLU M, ŞENER O A. Comparison of Children's Motor Performances by Age and Gender[J]. Universal Journal of Educational Research, 2019, 7（1）: 10-15.

[⑤] GULÍAS-GONZÁLEZ R, SÁNCHEZ-LÓPEZ M, OLIVAS-BRAVO Á, et al. Physical fitness in Spanish schoolchildren aged 6-12 years: reference values of the battery EUROFIT and associated cardiovascular risk[J]. Journal of School Health, 2014, 84（10）: 625-635.

实验二　敏感期与非敏感期下运动干预对儿童青少年力量与灵敏相关指标的效果研究

感期相邻班的干预效果相似，但显著好于非敏感期不相邻班；男生立定跳远非敏感期相邻班的干预效果显著好于非敏感期不相邻班。对女生来说，女生立定跳远高敏感期班的干预效果显著高于非敏感期相邻班与非敏感期不相邻班；女生立定跳远低敏感期班的干预效果显著高于非敏感期相邻班与非敏感期不相邻班；女生立定跳远非敏感期相邻班的干预效果显著好于非敏感期不相邻班。

5.4.5　对儿童青少年纵跳干预效果的分析

本书选取纵跳作为男、女生下肢速度力量的测评指标。经过一学期12周，每周3次共36次课的教学干预，结果显示，对男生纵跳而言，男生纵跳敏感期的实验1班与实验2班、非敏感期的对照1班与对照2班，实验前后的纵跳均值均有显著提高。从男生各班级纵跳进步幅度的分析可知，实验1班与实验2班纵跳的进步幅度显著高于对照1班与对照2班；实验1班与实验2班的进步幅度没有显著性差异；对照1班的进步幅度与对照2班相似。对女生纵跳而言，女生纵跳敏感期的实验1班与实验2班、非敏感期的对照1班与对照2班，实验前后的纵跳均值均有显著提高。从女生各班级纵跳进步幅度的分析可知，实验1班的进步幅度显著高于实验2班、对照1班与对照2班；实验2班与对照1班的进步幅度显著高于对照2班；实验2班与对照1班的进步幅度差异不显著；对照1班进步幅度显著好于对照2班。

总体来看，男、女生纵跳敏感期班级与非敏感期班级在实验前后都存在显著性差异，干预后的纵跳均值都得到显著提高。Buchan在探讨高强度间歇性循环运动对儿童青少年体能发展及心血管疾病影响的研究中，每周3次体育课中进行20m最大速度冲刺跑（4~6次，组间休息30s，共7周）最大强度间歇性练习，结果显示，高强度间歇性运动干预对学生体能具有较好的效果，实验后学生纵跳、10m冲刺和心肺功能显著提高，收缩压显著降低，低密度脂蛋白（LDL）显著增加。[1]与其他学者的研究相比，本书也发现12周、每周3次、每次融入10min 高强度体能练习，同时进行20min 运动技能练习的体育课能够显著提高初中生的最大力量、力量耐力与速度力量。有研究表明，将体能练习融入体育课，可以增加学生持续运动的时间，提高体育课练习密度，就体能练习强度而言，高强度间歇性体能练习增大了练习负荷，一定程度上，学生重复练习次数更多。[2]

研究结果显示，在相同运动技能与体能组合干预条件下，对男生而言，男生纵跳敏感期实验1班进步幅度显著高于非敏感期班级，而敏感期实验2班进度幅度显著高于对照1班（与敏感期相邻），但与对照2班进步幅度相似。从研究一结果可知，作为与敏感期相邻的对照1班（13岁）与实验2班（11岁）的男生都处于身体快速生长阶段，两个年龄段男生的生长状况及体能发展特点相近，纵跳指标实验干预效果相似。对女生而言，敏感期班级干预效果均显著好于非敏感期班级。11～13岁女生正处在青春期阶段，身高与体重都处于突增期，而女生在青春期身体形态的快速变化，一定程度上制约了女生纵跳成绩的进一步提高。[3][4]

综上分析可知，对男生来说，男生纵跳高敏感期班的干预效果显著高于非敏感期相邻班与非敏感期不相邻班；男生纵跳低敏感期班与非敏感期不相邻班的干预效果相似，但显著好于非敏感期相邻班；男生纵跳非敏感期相邻班的干预效果与非敏感期不相邻班相似。对女生来说，女生纵跳高敏感期班的干预效果显著高于非敏感期相邻班与非敏感期不相邻班；女生纵跳低敏感

---

[1] BUCHAN D S. High intensity interval running enhances measures of physical fitness but not metabolic measures of cardiovascular disease risk in healthy adolescents[J]. Bmc Public Health, 2013, 13（1）: 498.

[2] MOAZZAMI M, KHOSHRAFTAR N. The effect of a short time training program on physical fitness in female students[J]. Procedia - Social and Behavioral Sciences, 2011, 15（1）: 2627-2630.

[3] MALINA R, IGNASIAK Z, ROŻEK K, et al. Growth, maturity and functional characteristics of female athletes 11-15 years of age[J]. Human Movement, 2011, 12（1）: 31-40.

[4] SAAR M, T. Jürime. Relationships between anthropometry, physical activity and motor abilities in 10-17 year old Estonians[J]. Journal of Human Movement Studies, 2004, 47（1）: 1-12.

实验二　敏感期与非敏感期下运动干预对儿童青少年力量与灵敏相关指标的效果研究

期班与非敏感期相邻班的干预效果相似，但显著好于非敏感期不相邻班；女生纵跳非敏感期相邻班的干预效果显著好于非敏感期不相邻班。

5.4.6　对儿童青少年20s反复侧跨步干预效果的分析

本书选取20s反复侧跨步作为男、女生灵敏的测评指标。经过一学期12周，每周3次共36次课的教学干预，结果显示，对男生反复侧跨步而言，男生反复侧跨步敏感期的实验1班与实验2班、非敏感期的对照1班与对照2班，实验前后的反复侧跨步均值均有显著提高。从男生各班级反复侧跨步进步幅度的分析可知，实验1班反复侧跨步的进步幅度显著高于实验2班、对照1班与对照2班；实验2班与对照1班的进步幅度没有显著性差异，但显著高于对照2班；对照1班与对照2班的进步幅度没有显著性差异。对女生反复侧跨步而言，女生反复侧跨步敏感期的实验1班与实验2班、非敏感期的对照1班与对照2班，实验前后的反复侧跨步均值均有显著提高。从女生各班级反复侧跨步进步幅度的分析可知，实验1班进步幅度显著高于对照1班与对照2班，与实验2班没有显著性差异；实验2班进步幅度与对照1班没有显著性差异；对照1班的进步幅度与对照2班没有显著性差异。

总体来看，男、女生反复侧跨步敏感期班级与非敏感期班级在实验前后都存在显著性差异，干预后的反复侧跨步均值都得到明显提高。陈哲通过实验研究发现反复侧跨步是一种可以有效发展初中生灵敏素质的练习方法。[1]刘晶等研究表明，对大学生篮球运动员采用15周多元组合训练法，即每周多种不同体能类型项目搭配的训练，其力量、速度、灵敏、耐力与柔韧等均有明显的提高且差异显著。[2]可以看出，本书采取进行10min以灵敏为主的高强

---

[1] 陈哲．反复横跨练习对提高初中生灵敏素质的教学实验研究[J]．南京体育学院学报（自然科学版），2011，10（6）：87-88．

[2] 刘晶，王维琦，张宏杰．多元组合训练法在男篮队员体能训练中的运用研究[J]．北京体育大学学报，2007，30（8）．1129-1131．

度间歇性循环练习方式对20s反复侧跨步干预效果非常明显。

研究结果显示，在相同运动技能与体能组合干预条件下，男生反复侧跨步敏感期实验1班进步幅度显著高于非敏感期班级，而敏感期实验2班与对照1班（与敏感期相邻）之间没有显著性差异（$p>0.05$），但显著高于对照2班。Raudsepp等研究表明，身体形态与体重指数（BMI）是影响儿童青少年灵敏素质的关键因素，灵敏素质与男、女生BMI呈中度负相关，与女生身高呈中度负相关。[1]综上分析可知，男生BMI年增率分别为8岁（3.52%）、10岁（3.91%）、11岁（1.10%）和12岁（4.61%），女生BMI年增率分别为7岁（2.29%）、8岁（2.67）、9岁（4.84%）和12岁（5.09%）。可见，男生在8~12岁、女生在7~12岁BMI均快速增长，12岁左右年增率达到峰值。实验干预研究结论与该研究结果一致。亦有研究认为，在复杂的动作中，加强身体平衡、协调及控制能力，能够有效提高儿童青少年灵敏能力。[2]本书中男、女生四个年龄段中，其中7~9岁男、女生的干预效果最明显，可能由于此阶段儿童身体重心较低，有利于身体动作及方向的变换。[3]

综上分析可知，对男生来说，男生20s反复侧跨步高敏感期班干预效果显著高于非敏感期相邻班与非敏感期不相邻班；男生反复侧跨步低敏感班与非敏感期不相邻班的干预效果相似，但显著好于非敏感期相邻班；男生20s反复侧跨步非敏感期相邻班的干预效果与非敏感期不相邻班相似。对女生来说，女生20s反复侧跨步高敏感期班的干预效果显著高于非敏感期相邻班与非敏感期不相邻班；女生20s反复侧跨步低敏感期班与非敏感期相邻班干预效果相似，但显著好于非敏感期不相邻班；女生20s反复侧跨步非敏感期相邻班的干预效果与非敏感期不相邻班相似。

---

[1] RAUDSEPP L, PÄÄSUKE M. Gender differences in fundamental movement patterns, motor performances, and strength measurements of prepubertal children[J]. Pediatric Exercise Science, 1995, 7（3）: 294-304.

[2] MILLER M G, HERNIMAN J J, RICARD M D, et al. The effects of a 6-week plyometric training program on agility[J]. Journal of sports science & medicine, 2006, 5（3）: 459.

[3] 柴娇，杨铁黎，姜山. 开放情境下7—12岁儿童动作灵敏性发展的研究——六角反应球抓球测试[J]. 山东体育学院学报，2011, 27（9）: 60-65.

实验二　敏感期与非敏感期下运动干预对儿童青少年力量与灵敏相关指标的效果研究

5.4.7　对儿童青少年往返跑(10m×4)干预效果的分析

本书选取往返跑作为男、女生灵敏的测评指标。经过一学期12周,每周3次共36次课的教学干预,结果显示,对男生往返跑而言,男生往返跑敏感期的实验1班与实验2班、非敏感期的对照1班与对照2班,实验前后的往返跑均值均有显著提高。从男生各班级往返跑进步幅度的分析可知,实验1班往返跑的进步幅度显著高于实验2班、对照1班与对照2班;实验2班与对照1班的进步幅度没有显著性差异,但与对照2班有显著性差异;对照1班与对照2班的进步幅度没有显著性差异。对女生往返跑而言,女生往返跑敏感期的实验1班与实验2班、非敏感期的对照1班与对照2班,实验前后的往返跑均值都有显著提高。从女生各班级往返跑进步幅度的分析可知,实验1班的进步幅度显著高于对照1班与对照2班,而实验1班与实验2班的进步幅度没有显著性差异;实验2班与对照1班进步幅度没有显著性差异,但显著高于对照2班;对照1班与对照2班的进步幅度没有显著性差异。

总体来看,男、女生往返跑敏感期班级与非敏感期班级在实验前后都存在显著性差异,干预后的往返跑均值都得到明显提高。Sheppard等研究认为,篮球运动项目中频繁的短距离冲刺、快速改变方向、提高反应练习、加强身体的平衡与协调等练习,可有效提高儿童青少年灵敏能力。[①②]赵亚风采用3m往返跑、立卧撑、反复横跨和十字跳作为灵敏指标,经过3周训练后,4个灵敏指标都得到了显著提高;并指出身体成分对灵敏素质有较大影响。[③]可以看出,本书采取进行10min以灵敏为主题的高强度多组间歇性循环练习

---

① SHEPPARD J M, YOUNG W B. Agility literature review: classifications, training and testing [J]. Journal of Sports Sciences, 2006, 24(9): 919-932.

② SHEPPARD J M, YOUNG W B, DOYLE T L, et al. An evaluation of a new test of reactive agility and its relationship to sprint speed and change of direction speed. [J]. Journal of Science & Medicine in Sport, 2006, 9(4): 342-349.

③ 赵亚风. 体育专业与非体育专业大学生灵敏素质的差异性及其影响机制研究[D]. 沈阳:沈阳师范大学, 2011.

方式对往返跑干预效果非常明显。

研究结果显示，在相同运动技能与体能组合干预条件下，男、女生往返跑敏感期实验1班进步幅度显著高于非敏感期班级，且男、女生敏感期实验2班与对照1班（与敏感期相邻）之间都没有显著性差异（$p>0.05$），但均显著高于对照2班。有研究认为，速度与力量与女生的灵敏素质高度相关。[1][2] 综上分析可知，在下肢速度力量指标来看，女生立定跳远年增率为8岁（9.47%）、10岁（6.65%）、11岁（3.59%）、13岁（1.37%），纵跳年增率为9岁（16.15%）、11岁（10.97%）、8岁（8.78%）、13岁（3.18%）。综合来看，11岁之前女生下肢力量快速增长，伴随速度力量的快速发展，女生灵敏成绩有相应的提高，本实验部分也验证了此结论。对男生而言，8～10岁正处于生长发育前期，此阶段男生身体形态及基本运动能力均呈线性上升趋势，往返跑不仅体现在反应与快速变换方向的能力，还依赖于速度与力量快速的提高。[3][4][5] 比较而言，9～10岁男生较8岁有更好的速度、力量、协调及平衡能力，从实验干预效果似乎也验证了此结论。

综上分析可知，对男生来说，男生往返跑高敏感期班的干预效果显著高于非敏感期相邻班与非敏感期不相邻班；男生往返跑低敏感期班与非敏感期不相邻班的干预效果相似，但显著好于非敏感期相邻班；男生往返跑非敏感期相邻班的干预效果与非敏感期不相邻班相似。对女生来说，女生往返跑高

---

[1] NIMPHIUS S, MCGUIGAN M R, NEWTON R U. Relationship between strength, power, speed, and change of direction performance of female softball players[J]. The Journal of Strength & Conditioning Research, 2010, 24（4）: 885-895.

[2] PAUOLE K, MADOLE K, GARHAMMER J, et al. Reliability and validity of the T-test as a measure of agility, leg power, and leg speed in college-aged men and women[J]. The Journal of Strength & Conditioning Research, 2000, 14（4）: 443-450.

[3] 同上。

[4] SEKULIC D, SPASIC M, MIRKOV D, et al. Gender-specific influences of balance, speed, and power on agility performance[J]. The Journal of Strength & Conditioning Research, 2013, 27（3）: 802-811.

[5] BAKER D G, NEWTON R U. Comparison of lower body strength, power, acceleration, speed, agility, and sprint momentum to describe and compare playing rank among professional rugby league players[J]. The Journal of Strength & Conditioning Research, 2008, 22（1）: 153-158.

实验二　敏感期与非敏感期下运动干预对儿童青少年力量与灵敏相关指标的效果研究

敏感期班的干预效果显著高于非敏感期相邻班与非敏感期不相邻班；女生往返跑低敏感期班与非敏感期相邻班的干预效果相似，但显著好于非敏感期不相邻班；女生往返跑非敏感期相邻班的干预效果与非敏感期不相邻班相似。

5.4.8　综合分析与讨论

在实验一研究的基础上，实验二进一步探讨敏感期与非敏感期的运动干预对儿童青少年力量与灵敏相关指标效果的研究。本实验以敏感期的实验1班（高敏感期班）和实验2班（低敏感期班）、非敏感期的对照1班（非敏感期相邻班）和对照2班（非敏感期不相邻班）的四个年级所对应班级的学生为研究对象，选取了握力、背力、1min仰卧起坐、立定跳远、纵跳、20s反复侧跨步及往返跑7个项目作为实验指标，实验班与对照班均在相同干预条件（20min中等强度结构化运动技能与10min中高强度以力量或灵敏为主的体能组合练习方式）下进行实验干预研究。敏感期与非敏感期的实验干预结果从三个层面、按性别进行分析，即实验1班与对照1班、对照2班干预效果的比较；实验2班与对照1班、对照2班干预效果的比较；对照1班与对照2班干预效果的比较。

对男生5项力量指标来说，实验班与对照班进行一学期共36次课（每周3次，共12周）的实验干预。研究结果显示：（1）男生实验1班的握力、背力、1min仰卧起坐、立定跳远及纵跳的进步幅度均显著高于对照1班与对照2班。（2）男生实验2班的握力与仰卧起坐的进步幅度显著高于对照1班，但实验2班的背力、立定跳远和纵跳的进步幅度与对照1班两组之间没有显著性差异；除纵跳外，男生实验2班的握力、背力、仰卧起坐及立定跳远的进步幅度都显著高于对照2班。（3）男生对照1班的背力和立定跳远的进步幅度显著高于对照2班，但男生的握力、仰卧起坐和纵跳的进步幅度与对照2班没有显著性差异。

对男生2项灵敏指标来说，实验班与对照班进行一学期共36次课（每周3

次，共12周）的实验干预。研究结果显示：（1）男生实验1班的20s反复侧跨步与往返跑的进步幅度均显著高于对照1班与对照2班。（2）男生实验2班的20s反复侧跨步与往返跑的进步幅度与对照1班没有显著性差异，但均显著高于对照2班的进步幅度。（3）男生对照1班的20s反复侧跨步与往返跑的进步幅度与对照2班没有显著性差异。

对女生5项力量指标来说，实验班与对照班进行一学期共36次课（每周3次，共12周）的实验干预。研究结果显示：（1）女生实验1班的握力、背力、1min仰卧起坐、立定跳远及纵跳的进步幅度均显著高于对照1班与对照2班。（2）除立定跳远外，女生实验2班的握力、背力、仰卧起坐和纵跳的进步幅度与对照1班均没有显著性差异，但女生实验2班的握力、背力、仰卧起坐、立定跳远和纵跳的进步幅度均显著高于对照2班。（3）女生对照1班的握力、背力、仰卧起坐、立定跳远和纵跳的进步幅度均显著高于对照2班。

对女生2项灵敏指标来说，实验班与对照班进行一学期共36次课（每周3次，共12周）的实验干预。研究结果显示：（1）女生实验1班的20s反复侧跨步与往返跑的进步幅度均显著高于对照1班与对照2班。（2）女生实验2班的20s反复侧跨步与往返跑的进步幅度与对照1班没有显著性差异，但均显著高于对照2班的进步幅度。（3）女生对照1班的20s反复侧跨步与往返跑的进步幅度与对照2班没有显著性差异。

5.5 结论与建议

5.5.1 结论

（1）与非敏感期相邻班相比，相同运动干预条件下（20min中等强度结构化运动技能和10min中高强度以力量或灵敏为主的体能组合练习方式），高

实验二　敏感期与非敏感期下运动干预对儿童青少年力量与灵敏相关指标的效果研究

敏感期班男、女生的握力、背力、1min仰卧起坐、立定跳远、纵跳、20s反复侧跨步及往返跑（10m×4）均得到显著提高。

（2）与非敏感期不相邻班相比，相同运动干预条件下（20min中等强度结构化运动技能和10min中高强度以力量或灵敏为主的体能组合练习方式），高敏感期班男、女生的握力、背力、1min仰卧起坐、立定跳远、纵跳、20s反复侧跨步及往返跑（10m×4）均得到显著提高。

（3）与非敏感期相邻班相比，相同运动干预条件下（20min中等强度结构化运动技能和10min中高强度以力量或灵敏为主的体能组合练习方式），低敏感期班除男生的握力、1min仰卧起坐及女生的立定跳远得到显著提高外，男、女生其他所有指标与非敏感期相邻班干预效果没有显著性差异。

（4）与非敏感期不相邻班相比，相同运动干预条件下（20min中等强度结构化运动技能和10min中高强度以力量或灵敏为主的体能组合练习方式），低敏感期班除男生纵跳没有显著性差异外，男、女生力量与灵敏的其他所有指标的成绩均得到显著提高。

5.5.2　建议

（1）基础教育阶段中小学体育课可积极尝试采用20min中等强度结构化运动技能与10min中高强度体能练习组合方式进行体育课堂教学。

（2）基础教育阶段应关注儿童青少年不同年龄段生长特点及体能发展的一般规律，特别重视儿童青少年不同年龄段体能发展敏感期的年龄特征，掌握不同体能发展敏感期的理论基础与科学机制，在遵循儿童青少年敏感期阶段体能自然增长的同时，有计划、有重点地制定适宜的运动"处方"，从而能够科学有效地促进儿童青少年体能的健康发展。

（3）在重视体能发展敏感期，对儿童青少年体能进行有效干预的同时，不应忽视非敏感期中一些关键年龄段或年龄点的干预价值，尤其应当关注非敏感期中与敏感期相邻的年龄段，亦有一些年增长率较大的年龄段，有时也会起到与敏感期同样的干预效果。同时，在儿童青少年体能促进方案中，应充分认识到不同体能之间的迁移价值，考虑到真实的体育课堂教学情境，避免"就力量而练力量，就灵敏而练灵敏"，应充分兼顾体能练习的科学性、全面性及趣味性。

6

研究总结

6.1 本书做的主要工作

体能是反映儿童青少年体质健康水平的关键性指标，良好的体能是一切竞技运动和身体活动的基础。当前，面对我国儿童青少年体质健康状况严重滑坡，尤其是体能的持续下降已经成为不争的事实。本书基于敏感期的研究视角，通过探讨儿童青少年不同年龄阶段的生长特点与体能发展的规律，进而为提高体育课堂教学质量，更好地促进儿童青少年体质健康发展提供一定科学依据。本书在查阅体能发展敏感期相关文献的基础上，发现诸多学者从不同学科视角对儿童青少年体能发展敏感期进行过相关研究与论述，如从运动训练学视角，探讨不同年龄阶段儿童青少年运动能力与运动项目形成规律；从运动生理学视角，探讨儿童青少年生长发育与体能发展内在关联；从体质研究视角，探讨不同年龄段儿童青少年体能特点及发展趋势。以上研究多从理论层面进行了分析或推导，或是少数运动训练实践的案例，抑或是进行过个别年龄段、小样本且较为宏观的设计与实验干预，尚难以全面、客观反映体能发展敏感期的特征与规律。因此，本书主体内容分三个部分进行研究，三个研究各有侧重且紧密相连。

横断面研究目的筛选出7~18岁儿童青少年力量与灵敏等7项指标的发展敏感期。通过人体测量法，采用体能发展敏感期的界定标准，筛选出7~18岁儿童青少年力量与灵敏等7项指标的发展敏感期，为后续实验干预研究打下基础。首先，确立某市城区6所学校（2所小学、2所初中、2所高中）3 953名7~18岁的中小学生作为调查对象。样本组成：男、女两个组别，每个年龄段（12个年龄段）为一组，共24个年龄组。每个年龄段学生样本含量不低于160人，实际共采集有效样本为3 953人（男生为1 972人，女生为1 981人）。其次，运用人体测量法，对所选样本的身体形态指标（身高、体重)、身体成分指标(BMI)、5项力量指标(握力、背力、仰卧起坐、立定跳远、纵跳)及2项灵敏指标(反复侧跨步、往返跑)进行测量。再次,依据体能发展敏感期的界定标准,筛选出7~18岁儿童青少年力量与灵敏7项指标的发展敏感期。体能发展敏感期的界定标准(临界值)并不完全统一,不同学科亦有不同解释,本书采用国内外权威研究对于敏感期的界定标准,即以年增长率的均值加一个标准差($\bar{X}+s$)作为临界值,年增长率等于或大于临界值的称为敏感期,小于临界值的称为非敏感期。敏感期的区间确定为:$X_i \geq \bar{X}+s$(X_i为某一年龄的年增长率)。

实验一目的是在横断面研究的基础上,通过探讨敏感期下运动干预对儿童青少年力量与灵敏7项指标的影响研究。研究选取力量与灵敏相关指标的发展敏感期年增长率最大的年龄段进行研究,实验班采用20min中等强度结构化篮球运动技能学习加10min中高强度以力量或灵敏为主的体能练习的组合方式,对照班为同一年龄段的学生,采用一般体育教学方式进行教学(实验设计中只进行30min运动技能教学,没有体能练习内容)。在实验干预前后,对实验班与对照班学生5项力量指标(握力、背力、仰卧起坐、立定跳远、纵跳)和2项灵敏指标[20s反复侧跨步和往返跑(10m×4)]共7项指标进行测量。运用协方差分析、配对样本T检验等统计方法,分析实验班与对照班学生在力量指标与灵敏指标上的进步幅度,从而明确敏感期下运动干预对儿童青少年力量与灵敏7项指标的干预效果。

实验二目的是在横断面研究与实验一的基础上,进一步探讨敏感期与非敏感期下运动干预对儿童青少年力量与灵敏7项指标干预效果的比较研究。为能够较为全面、客观分析体能发展敏感期的特点与规律,实验二中研究对象确定方法:(1)每个研究指标均确定2个实验班(敏感期)和2个对照班(非敏感期);(2)筛选出各指标敏感期与非敏感期中年增长率趋势较为明显的年龄段进行对比研究。依据上述原则,本书实验班与对照班安排如下:将敏感期内年增长率值最大年龄对应的班级确定为实验1班(高敏感期班);将敏感期内年增长率值最小年龄对应的班级确定为实验2班(低敏感期班);将与敏感期相邻,且年增长率较大年龄对应的班级确定为对照1班(非敏感期相邻班);将与敏感期不相邻,与上述三个年龄段处于不同阶段,且年增长率较大年龄对应的班级确定为对照2班(非敏感期不相邻班)。实验班与对照班统一采用20min中等强度结构化技能教学与10min中高强度体能组合练习方式进行教学。实验干预前后，对实验班与对照班学生5项力量指标（握力、背力、仰卧起坐、立定跳远、纵跳）和2项灵敏指标[20s反复侧跨步和往返跑（10m×4）]共7项指标进行测量。运用单因素方差分析、配对样本T检验等统计方法，分析相同干预条件下实验班与对照班学生力量与灵敏7项指标的干预效果。

6.2 研究结论与建议

6.2.1 研究结论

（1）男生上肢力量敏感期为12~13岁，腰背力量敏感期为8岁、13~14岁，力量耐力敏感期为8~9岁，下肢速度力量（水平方向）敏感期为8岁、12~13岁，下肢速度力量（垂直方向）敏感期为11~12岁，灵敏（平衡与协调相关）敏感期为7~8岁、10岁，灵敏（急停急起、快速变向及冲刺能力相关）敏感期为9~10岁、13岁。女生上肢力量敏感期为8岁、10~11岁，腰背力量敏感期为10~11岁、13岁，力量耐力敏感期为8~9岁，下肢速度力量（水平方向）敏感期为8~10岁，下肢速度力量（垂直方向）敏感期为9~11岁，灵敏（平衡与协调相关）敏感期为7~9岁，灵敏（急停急起、快速变换动作及冲刺相关）敏感期为8~10岁。

（2）与一般体育课堂教学相比，在男、女生力量与灵敏7项指标的敏感期内，采用20min中等强度结构化运动技能和10min中高强度以力量或灵敏为主的体能组合练习方式，可以显著提高敏感期内男、女生的上肢力量、腰背力量、力量耐力、下肢速度力量及灵敏的成绩。

（3）相同实验干预条件下，高敏感期班男、女生的力量与灵敏的7项指标的干预效果均显著高于非敏感期班；除少数指标的干预效果显著外，低敏感期班男、女生的其他所有指标与非敏感期相邻班的干预效果相似；除个别指标干预效果不显著外，低敏感期班男、女生其他所有指标的干预效果均显著高于非敏感期不相邻班。

6.2.2 研究建议

（1）基础教育阶段是儿童青少年身体发展与体能促进的关键阶段，准确把握这个阶段儿童青少年的身体特点及体能发展一般规律，将体能发展敏感期的相关理论与方法应用于教学实践，有的放矢地促进儿童青少年体能水平的不断提高。同时，也应认识到敏感期受到遗传、环境等因素的影响，不同区域、不同人群之间存在一定差异，应积极运用本书提供的方法在实践中校正敏感期的年龄时值表，对儿童青少年体能促进做到科学而行之有效。

（2）体育课堂教学应进一步关注体能练习，积极尝试采用20min中等强度结构化运动技能与10min中高强度体能练习的组合形式。在运动技能学练环节，应摒弃单个动作技术教学，倡导运用结构化运动技能进行教学，让学生在活动与比赛的教学情境中体验完整运动技能的学习；在体能练习环节，应充分考虑敏感期阶段儿童青少年身心发展的特点，将现代体能训练中针对力量与灵敏发展的器材和方法引入中小学体育课堂，激发学生学习兴趣，提高体育课堂质量。

（3）在重视体能发展敏感期，对儿童青少年体能进行科学有效干预的同时，不应忽视非敏感期体能发展的特点与规律，尤其应关注非敏感期中与敏感期相邻的年龄段的干预效果，有时会起到与敏感期内同样的干预效果。此外，在基础教育阶段，有少数年龄段尽管不在敏感期或与敏感期相邻，但其体能年增长率较明显，在体育教学实践中也应给予充分重视。

6.3 研究创新与不足

6.3.1 研究创新

（1）前人研究较多在敏感期理论的层面，探讨儿童青少年敏感期内体能促进的效果，而较少关注儿童青少年体能发展敏感期的特点与规律，以及敏感期的科学干预对体能促进的效果。本书采用横断面研究与实证研究相结合的研究设计，探讨儿童青少年体能发展敏感期的年龄特征及实验干预效果，这种基于体育课堂教学的实验干预设计并不多见。

（2）前人研究多以单一年龄段的实验设计，本书首次选取敏感期（高敏感期、低敏感期）与非敏感期（非敏感期相邻、非敏感期不相邻）四个年龄段的实验设计，能够较为客观地分析敏感期与非敏感期下运动干预的实验效果。

6.3.2 研究不足

（1）由于三个研究的工作量较大，研究者的时间与精力有限，横断面研究仅针对区域内儿童青少年力量与灵敏的相关指标进行分析。因此，该部分研究结论在外推时需要结合区域儿童青少年力量与灵敏等体能的发展现状与特点，可在本书的基础之上进一步探讨。

（2）在敏感期实验研究中，实验一与实验二在进行一学年实验研究中未能完成多次的重复测量，如果能在一学年内进行多次力量与灵敏相关指标的测量，就可以较为全面地反映出力量与灵敏相关指标的增长趋势及干预效果。

（3）因研究设计需要，参与该实验的指导教师和实验班级较多，一定程度上增加了实验干预过程控制的难度，后续研究中还需进一步优化实验方案，提高敏感期相关实验研究的可操作性。

中英文对照及缩略语简写

英文全称及英文缩写	中文全称
physical fitness，PF	体能
physical inactivity，PI	体力活动不足
peak height velocity，PHV	身高生长高峰
puberty growth spurt，PGS	青春期生长突增
age at peak height velocity，APHV	身高生长高峰年龄
body mass index，BMI	身体质量指数
World Health Organization，WHO	世界卫生组织
health-related physical fitness，HPF	健康相关的体能
skill-related physical fitness，SPF	运动相关的体能
American College of Sports Medicine，ACSM	美国运动医学学会
American association of health，physical education and recreation，AAHPERD	美国健康体育娱乐协会
resistance training，RT	抗阻训练
high-intensity intermittent training，HIIT	高强度间歇性运动
moderate-intensity continuous training，MICT	中等强度持续性运动
moderate physical activity，MPA	中等强度体力活动
moderate- vigorous physical activity，MVPA	中-大强度体力活动

参考文献

中文文献：

[1]《教育规划纲要》工作小组办公室. 教育规划纲要学习辅导百问[M]. 北京：教育科学出版社，2010：14.

[2] 佚名.《全民健身指南》发布[J].中国质量万里行，2017（9）：6.

[3] 佚名.编写组党的十八届三中全会《决定》学习辅导百问[M].北京：党建读物出版社，2013：37.

[4] 蔡元培：青年人要有狮子样的体力，猴子样的敏捷，骆驼样的精神[EB/OL].https：//www.sohu.com/a/222510547_529012，2018-02-13.

[5] 曹强.发展身体素质重在融合——对"课课练"的再思考[J].中国学校体育，2017（10）：38.

[6] 曾凡辉，王路德，邢文华. 运动员科学选材[M]. 北京：人民体育出版社，1992：19-20.

[7] 柴娇，杨铁黎，姜山.开放情境下7~12岁儿童动作灵敏性发展的研究——六角反应球抓球测试[J].山东体育学院学报，2011，27（9）：60-65.

[8] 常璐艳. 我国中小学体育教学内容体系构建研究[D]. 开封：河南大学，2012.

[9] 陈福亮.体育课运动技能和体能组合练习对儿童青少年身心健康的影响[D].上海：华东师范大学，2018.

[10] 陈国成.对大中小学体育教学衔接问题的研究[J].北京体育大学学报，2004，27（8）：1105-1106.

[11] 陈佩杰. 运动与健康促进[J].体育科研，2003，24（1）：46-48.

[12] 陈小平，褚云芳，纪晓楠.竞技体能训练理论与实践热点及启示[J].体育科学，2014（02）：3-10.

[13] 陈哲.反复横跨练习对提高初中生灵敏素质的教学实验研究[J].南京体育学院学报（自然科学版），2011，10（6）：87-88.

[14] 陈至立.切实加强学校体育工作促进广大青少年全面健康成长——在全国学校体育工作会议上的讲话（2006年12月23日）[J].中国学校体育，2007（01）：5-7.

[15] 谌晓安，王人卫，白晋湘.体力活动、体适能与健康促进研究进展[J].中国运动医学杂志，2012，31（4）：363-372.

[16] 程宙明，陈彩珍，卢健.形体训练对女大学生身体形态、成分、素质和免疫力影响的实验研究[J].中国体育科技，2014，50（3）：78-88.

[17] 戴朝曦.遗传学[M].北京：高等教育出版社，1998：156-164.

[18] 邓华源.少年儿童速度素质的增长敏感期[J].武汉体育学院学报，1982（02）：61-65.

[19] 邓树励，王健，乔德才.运动生理学[M].北京：高等教育出版社，2009.

[20] 邓树励，王健.高级运动生理学——理论与应用[M].北京：高等教育出版社，2003.

[21] 邓树勋，洪泰田，曹志发.运动生理学[J].北京：高等教育出版社，1999.

[22] 邓树勋，王健，乔德才.运动生理学[M].北京：高等教育出版社，2009.

[23] 邓树勋，王健，乔德才.运动生理学[M].北京：高等教育出版社，2005.

[24] 刁玉翠.3～10岁儿童基本运动技能发展与教育促进研究[D].上海：华东师范大学，2018.

[25] 董国珍.儿童少年身体训练特点[J].沈阳体育学院学报，1988（04）：60-65.

[26] 董国珍.儿童少年训练原则与方法（上）[J].沈阳体育学院学报，1986（4）：38-42.

[27] 董奇，陶沙.动作与心理发展[M].北京：北京师范大学出版社，2004.

[28] 杜海云，郎佳麟，吕慧.云南省五个民族学生身体素质敏感期趋势研究[J].中国校医，1997（05）：328-329.

[29] 段文义.甘肃省师范类高校学生身体素质达标与饮食状况关系研究[J].中国体育科技，2003（11）：36-38.

[30] 冯国群.青少年速度素质敏感期运动处方的研究[D].石家庄：河北师范大学，2004.

[31] 傅建，范亚荣.不同时间中等强度体育锻炼对初中生执行功能和学业成绩影响的实验研究[J].体育与科学，2016（6）：110-116.

[32] 关尚一，朱为模.身体活动与青少年代谢综合征风险的"剂量-效应"关系[J].西安体育学院学报，2013（2）：89-94.

[33] 关于强化学校体育促进学生身心健康全面发展的意见［EB/OL］.http：//www.gov.cn/zhengce/content/2016-05/06/content_5070778.htm.

[34] 国家体育总局训练局.青少年体能训练大纲[M].北京：人民体育出版社，2010.

[35] 过家兴.运动训练学[M].北京：人民体育出版社，1986.

[36] 何雪德，龚波，刘喜林.体能概念的发展演绎着新时期训练思维的整合[J].南京体育学院学报（社会科学版），2005（01）：9-13.

[37] 何子红，胡扬.体能训练个性化新指标——基因标记[J].中国运动医学杂志，2010（05）：597-606.

[38] 贺静，孙有平，季浏.体育课中不同身体练习方式对高中生体成分影响的实验研究[J].中国体育科技，2016，52（04）：139-145.

[39] 胡金帅.耐力干预练习对北京市中小学女生耐力素质发展影响的实验研究[D].北京：首都体育学院，2014.

[40] 及化娟，梁月红，魏孟田，等.对速度素质敏感期11岁男生身体素质灰色关联分析[J].北京体育大学学报，2006（06）：804-806.

[41] 及化娟，梁月红.青少年身体素质敏感期测定及其体育课程设置探析[J].河北工业科技，2011（02）：112-114.

[42] 及化娟，刘建敏.敏感期女生身体素质灰色关联分析[J].石家庄学院学报，2006（03）：106-111.

[43] 季浏, 孙麒麟.体育与健康[M].上海：华东师范大学出版社，2001.

[44] 季浏, 钟秉枢.普通高中体育与健康课程标准（2017年版）解读[M].高等教育出版社，2017.

[45] 季浏.中国健康体育课程模式的思考与构建[J].北京体育大学学报，2015，38（09）：72-80.

[46] 季浏.胡增荦.体育教育展望[M].上海：华东师范大学出版社，2001.

[47] 教育部.2014年全国学生体质与健康调研结果[J].中国学校卫生，2011，32（9）：1024-1026.

[48] 教育部发出开展全国亿万学生阳光体育运动的通知［EB/OL］. http：//www.gov.cn/gzdt/2006-12/25/con tent_477488.htm.

[49] 王晓易.金牌赚了一大堆体质输了一大截[N].长江日报，2010-10-29.

[50] 劳拉·E.贝克.婴儿、儿童和青少年（第5版）[M].桑标，等译.上海：上海人民出版社，2014.

[51] 李恩荆.影响儿童少年运动能力的形态与机能发展特征研究[D].北京：北京体育大学，2014.

[52] 李鸿江.青少年体能锻炼[M].北京：高等教育出版社，2007.

[53] 李洁，陈仁伟.人体运动能力检测与评定[M].北京：人民体育出版社，2005.

[54] 李静，刁玉翠.3～10岁儿童基本动作技能发展比较研究[J].中国体育科技，2013，49（3）：129-132.

[55] 李文川.身体活动建议演变：范式转换与量的积累[J].体育科学，2014（05）：56-65.

[56] 李文家.深圳市中学生身体素质发展敏感期初探[J].体育师友，1997（03）：13-14.

[57] 李志双.省会中小学生速度素质敏感期运动处方的研究[D].石家庄：河北师范大学，2002.

[58] 梁立启，邓星华."扬州会议"的回顾和对当前学校体育发展的启示[J].体育学刊，2014（5）：1-5.

[59] 梁月红，崔颖波.日本小学体育课教学内容对我国的启示[J].体育学刊，2014（2）：75-80.

[60] 林崇德，李庆安.青少年期身心发展特点[J].北京师范大学学报（社会科学版），2005，（01）：48-56.

[61] 刘根发.体育选项课程对大学男生体质健康影响的研究[J].山东体育学院学报，2008，24（7）：92-94.

[62] 刘海元，袁国英.关于开展阳光体育运动若干问题的探讨[J].体育学刊，2007（08）：10-14.

[63] 刘海元."学生每天锻炼一小时"的沿革和落实思考[J].体育学刊，2010，17（04）：40-44.

[64] 刘洪富，刘忠民，王常敏.高强度间歇训练对肥胖青年女性减肥效果的研究[J].山东体育学院学报，2016，32（6）：95-98.

[65] 刘晶，王维琦，张宏杰.多元组合训练法在男篮队员体能训练中的运用研究[J].北京体育大学学报，2007，30（8）：1129-1131.

[66] 刘世海，刘劲松.加强大学生身体素质干预的实证研究[J].武汉体育学院学报，2016，50（4）：90-94.

[67] 刘万伦，田学红.发展与教育心理学[M].北京：高等教育出版社，2011.

[68] 刘星亮，孟思进.运动干预对增强青少年体质与健康的效果[J].武汉体育学院学报，2013，47（12）：56-59.

[69] 刘耀荣，周里，黄海，等.11～13岁少年儿童体质健康促进效果的研究[J].广州体育学院学报，2013，33（1）：80-84.

[70] 刘怡麟.山东青少年跳高运动员素质敏感期训练的研究[D].济南：山东体育学院，2012.

[71] 刘志学.力量干预练习对北京市中小学女生力量素质发展影响的实验研究[D].北京：首都体育学院，2014.

[72] 马瑞，宋珩.基本运动技能发展对儿童身体活动与健康的影响[J].体育科学，2017，37（4）：54-61.

[73] 茅鹏.运动训练新思路[M].北京：人民体育出版社，1994.

[74] 美国运动医学学会.ACSM运动测试与运动处方指南（第九版）[M].王正珍，等译.北京：北京体育大学出版社，2014.

[75] 南京体院王正伦教授：我们要重新认识"学校体育"！[EB/OL].

http：//www.sohu.com/a/167197213_613653，2017-08-25.

[76] 牛英鹏.运动生理学[M].杭州：浙江大学出版社，2012.

[77] 齐景宇.力量干预练习对北京市中小学男生力量素质发展影响的实验研究[D].北京：首都体育学院，2014.

[78] 齐玉刚，黄津虹，谭思洁.HIIT和持续性有氧运动对肥胖女大学生减肥效果的比较研究[J].中国体育科技，2013，49（1）：30-33.

[79] 乔秀梅，童建国，赵焕彬.基于人类动作发展观的中小学生体能教育的思考[J].体育学刊，2010，17（11）：80-82.

[80] 乔秀梅，张秀枝，赵焕彬.敏感期小学生灵敏素质促进的干预实验研究[J].体育学刊，2013（5）：89-92.

[81] 乔玉成.进化·退化：人类体质的演变及其成因分析——体质人类学视角[J].体育科学，2011，31（06）：87-97.

[82] 曲宗湖，李晋裕.在两所学校试行"国家体育锻炼标准"的研究[J].北京体育学院学报，1982（04）：38-49.

[83] 曲宗湖.美国体育教师关注的一个名词——"体适能"[J].体育教学，2008（1）：41-42.

[84] 曲宗湖.我和三十年前的课课练[J].体育教学，2012，32（07）：13-14.

[85] 任玉庆，潘月红.人体平衡机能增长敏感期和衰减明显期的研究[J].吉林体育学院学报，2012（5）：81-85.

[86] 世界卫生组织.有关身体活动有益健康的全球建议[S].日内瓦：世界卫生组织出版物，2010.

[87] 苏士强.力量素质训练敏感期的实验研究[D].北京：北京体育大学，2013.

[88] 孙庆祝，郝文亭，洪峰，等.体育测量与评价（第2版）[M].北京：高等教育出版社，2010.

[89] 陶芳标.儿童生长长期趋势的几个研究热点[J].中国学校卫生，2003，24（5）：429-432.

[90] 陶萍，杨松.八极拳干预方案对中学生身心健康影响实验研究[J].沈阳体育学院学报，2013，32（4）：65-68.

[91] 田麦久，刘大庆.运动训练学[M].北京：人民体育出版社，2012.

[92] 田麦久，董国珍，徐本力，等.运动训练学[M].北京：人民体育出版社，1999.

[93] 田麦久，刘大庆.运动训练学（第1版）[M].北京：人民体育出版社，2014.

[94] 田野.运动生理学高级教程[M].北京：高等教育出版社，2003.

[95] 田野.运动生理学高级教程[M].北京：高等教育出版社，2006.

[96] 万茹，莫磊，毛振明.体质教育教学实验对当今体育教学改革的启示[J].体育学刊，2015（3）：79-84.

[97] 汪喆，何俊良，杨涛.青年篮球运动员低重心突破与防守的干预效果[J].上海体育学院学报，2018（3）：016.

[98] 王彬.耐力干预练习对北京市中小学男生耐力素质发展影响的实验研究[D].北京：首都体育学院，2014.

[99] 王步标，华明.运动生理学[M].北京：高等教育出版社，2006.

[100] 王存宝.速度干预练习对北京市中小学女生速度素质发展影响的实验研究[D].北京：首都体育学院，2014.

[101] 王登峰.强健体魄健全人格——学校体育改革总体思路与路径[J].中国德育，2014（4）：7.

[102] 王登峰.学校体育的困局与破局——王登峰同志在天津市学校体育工作会议上的报告（摘登）[J].中国学校体育，2013（004）：6-12.

[103] 王欢，张彦峰，王梅，等.2005—2015年中国澳门地区幼儿身体素质的变化以及相关因素分析[J].中国体育科技，2018（6）：76-82.

[104] 王健，何秀玉.健康体适能[M].北京：人民体育出版社，2008.

[105] 王金灿.运动选材原理与方法[M].北京：人民体育出版社，2005.

[106] 王军利.身体活动流行病学研究的基本问题述评[J].体育学刊，2015，22（3）：138-144.

[107] 王丽，马嵘，马国栋，刘善云.抗阻训练运动处方研究进展[J].中国体育科技，2007（03）：71-76.

[108] 王瑞元.运动生理学[M]，北京：人民体育出版社，2002.

[109] 王瑞元.运动生理学[M].北京：人民体育出版社，2010.

[110] 王伟杰.儿童青少年身体素质敏感期的变化特点[D].北京：北京体育大学，2016.

[111] 王喜东.速度干预练习对北京市中小学男生速度素质发展影响的实验研究[D].北京：首都体育学院，2014.

[112] 王兴,蔡犁,吴雪萍,等.对竞技运动中体能训练若干问题的认识[J].上海体育学院学报，1998（01）：30-33+39.

[113] 王正珍,主译.ACSM运动测试与运动处方指南（第9版）[M].北京：人民卫生出版社，2014.

[114] 吴键.创新是"课课练"持久生命力的第一要务——再论"新课课练"[J].中国学校体育，2011（5）：14-15.

[115] 吴键.归去来兮身体素质"课课练"学生体能下降问题的有效解决策略之一[J].中国学校体育，2010（8）：23-24.

[116] 武海潭,黄沙海,谢晨.对青少年儿童不同运动负荷组合方式的指导建议——基于"体力活动-健康效益"的关系审视[J].山东体育学院学报，2018（3）：85-91.

[117] 武海潭,季浏.体育课不同累积中-大强度体力活动时间对初中生健康体适能及情绪状态影响的实验研究[J].体育科学，2015（1）：13-23.

[118] 武海潭,袁黄,沙海.国内外基于学校为基础的青少年儿童体力活动干预研究[J].体育科研，2017，38（2）：87-91.

[119] 武海潭.体育课不同运动负荷组合方式对少年儿童健康体适能及情绪状态影响的实验研究[D].上海：华东师范大学，2014.

[120] 武杰,任相涛,秦天红,等.新疆农牧区维吾尔族13～15岁中学生体质下降现象的运动干预研究[J].体育科学，2011，31（04）：41-47+66.

[121] 肖夕君.体质、健康和体适能的概念及关系[J].中国临床康复，2006（20）：146-148.

[122] 谢敏豪.运动员基础训练的人体科学原理[M].北京：北京体育大学出版社，2005.

[123] 邢文华,曲宗湖.研究少年儿童身体素质发展的特点对改进中小学体育教学的启示[J].北京体育学院学报.1982（01）：45-52.

[124] 邢文华.中国青少年体质的现状及加强青少年体育的紧迫性[J].青少

年体育，2012（01）：5-6.

[125] 徐本力.早期训练科学化的提出及系统化训练理论——对早期训练科学化中几个理论问题的再认识（之一）[J].山东体育学院学报，2001（02）：1-6.

[126] 杨世勇.体能训练[M].北京：人民体育出版社，2012.

[127] 杨世勇.体能训练学[M].成都：四川科学技术出版社，2002.

[128] 杨文轩，季浏.义务教育体育与健康课程标准（2011年版）解读[M].北京：高等教育出版社，2012.

[129] 杨文轩.认真思考深化研究努力实践推动新时期我国学校体育大发展[J].体育学刊，2013（5）：1-2.

[130] 杨锡让，符浩坚，张士祥，等.人类身体成份特征与运动能力（第一部分）[J].北京体育大学学报，1994（2）：30-35.

[131] 易妍.吉林省青少年学生身体素质发展敏感期的研究[D].长春：东北师范大学，2012.

[132] 殷恒婵，陈雁飞，张磊.运动干预对小学生身心健康影响的实验研究[J].体育科学，2012，32（2）：14-27.

[133] 尹小俭，邓玉强，饶坤.加强大气污染对儿童心肺功能影响的研究[J].中国学校卫生，2015（06）：805-808.

[134] 忧青少年体质持续滑坡［EB/OL］.http://news.sina.com.cn/c/2007-02-15/082011248007s.shtml.

[135] 于涛，魏丕勇."健康"语境中的"体质"概念辨析[J].天津体育学院学报，2008，23（2）：134-136.

[136] 张传芳，王沥，张涛.人类的体能与遗传[J].遗传学报，2004，31（3）：317-324.

[137] 张春丽.体质不强，何谈栋梁[N].光明日报，2013-01-16（014）.

[138] 张力为.体育科学研究方法[M].北京：高等教育出版社，2012.

[139] 张楠.对中学生身体素质发展敏感期的研究[J].绵阳师范高等专科学校学报，2000（05）：66-69.

[140] 张鹏."三无"体育课如何"育人"[N].文汇报，2016-10-30（003）.

[141] 张涛，张传芳，金锋，等.体能相关基因研究的新进展[J].遗传，

2004, 26 (2): 219-226.

[142] 张铁明.试论少儿在敏感期内的运动训练[J].少年体育训练, 2002 (6): 7-8.

[143] 张勇.中等强度持续跑和间歇跑机体能量消耗与底物代谢特征研究[J].中国体育科技, 2010, 46 (6): 115-120.

[144] 张云婷, 马生霞, 陈畅, 刘世建, 张崇凡, 曹振波, 江帆.中国儿童青少年身体活动指南[J].中国循证儿科杂志, 2017, 12 (06): 401-409.

[145] 赵刚, 刘丹, 严小虎.足球运动员体能训练过程特征的研究[J].体育科学, 2006, 26 (6): 47-50.

[146] 赵西堂, 葛春林, 李晓琨.试论运动灵敏素质的特征与科学机制[J].山东体育学院学报, 2014 (4): 77-82.

[147] 赵西堂, 葛春林, 孙平.试论运动灵敏性的概念及其分类[J].武汉体育学院学报, 2012, 46 (8): 92-95.

[148] 赵亚凤.体育专业与非体育专业大学生灵敏素质的差异性及其影响机制研究[D].沈阳: 沈阳师范大学, 2011.

[149] 甄志平, 崔景辉, 张瑛秋, 等.中学生体育与健康运动处方健身效果评定的实验研究[J].北京体育大学学报, 2007, 30 (1): 35-37.

[150] 支二林, 郭宏伟.7~21岁城市男学生身体素质发展敏感期的研究[J].现代中小学教育, 1992 (03): 50-52.

[151] 中共中央、国务院.关于加强青少年体育增强青少年体质的意见[Z].2007-05-07.

[152] 中国健康体育课程模式强调三大要点.http://sports.sina.com.cn/others/others/2017-06-27/doc-ifyhmtcf2932022.shtml.

[153] 中华人民共和国教育部.普通高中体育与健康课程标准（2017年版）[M].北京: 人民教育出版社, 2017.

[154] 周爱光.日本体育政策的新动向《体育振兴基本计划》解析[J].体育学刊, 2007, 14 (2): 16-19.

[155] 周国海, 季浏, 尹小俭.儿童青少年体能发展敏感期相关热点问题[J].成都体育学院学报, 2016, 42 (6): 114-120.

[156] 周济.在全国学校体育工作会议上的讲话（2006年12月23日）[J].

中国学校体育，2007（01）：8-11.

[157] 周加仙.敏感期的神经可塑性机制研究[J].华东师范大学学报（教育科学版），2010，28（3）：50-53.

[158] 周君来，李爱春.6—22岁学生身体素质敏感期变化特征研究：浙江省第十四届运动会体育科学论文报告会[Z].浙江嘉兴，2010：244-248.

[159] 周迎松，陈小平.六大营养素与体能[J].中国体育科技，2014，50（4）：91-101.

[160] 朱蔚莉.间歇性运动与人体心血管健康研究进展[J].中国运动医学杂志，2010，29（2）：247-250.

[161] 卓金源，米靖，苏士强."敏感期"是否对训练敏感：不同年龄段青少年力量训练效果的实验研究[J].北京体育大学学报，2015，38（10）：139-145.

[162] GREY PAYNE，耿培新，梁国立.人类动作发展概论[M].北京：人民教育出版社，2008.

[88] MALINA M.生长发育与体力活动，运动表现及体适能关系研究的10大问题[J].北京体育大学学报，2015（10）：43-57.

英文文献：

[1] 2008 Physical Activity Uuidelines for Americans[R]. U. S Department of Health and Human Services，2008.

[2] ACAR H, ELER N. The Effect of Balance Exercises on Speed and Agility in Physical Education Lessons[J]. Universal Journal of Educational Research，2019，7（1）：74-79.

[3] ALEMDAROĞLU U. The relationship between muscle strength, anaerobic performance, agility, sprint ability and vertical jump performance in professional basketball players[J].Journal of human kinetics，2012，31：149-158.

[4] ALI M A, LESTREL P E, OHTSUKI F. Adolescent growth events in eight decades of Japanese cohort data：sex differences[J]. Am J Hum Biol，2001，13（3）：390-397.

[5] ALICIA L. FEDEWA, SOYEON AHN. The Effects of Physical Activity and Physical Fitness on Children's Achievement and Cognitive Outcomes[J]. Research quarterly for exercise and sport, 2011, 82（3）: 521.

[6] ALMAGUL ILYASOVA, ZHANYMMURAT ERZHANOV. Optimization of physical fitness development for pr imary school learners in physical education lessons[J]. Education physical training sport, 2014, 2（93）: 21-28.

[7] ARDOY D N, JUAN M. FernándezRodríguez, Ruiz J R, et al. Improving Physical Fitness in Adolescents Through a School-Based Intervention: the EDUFIT Study[J]. Revista Espaola De Cardiología, 2011, 64（6）: 484-491.

[8] ARMSTRONG N, MCMANUS A M. Physiology of elite young male athletes[J].Med Sport Sci, 2011, 56: 1-22.

[9] AVERY D. FAIGENBAUM, LAURIE A. Milliken, RITA LAROSA LOUD, et al. Comparison of 1 and 2 Days per Week of Strength Training in Children[J]. Research Quarterly for Exercise and Sport, 2002, 73（4）: 416-424.

[10] BAKER D, NANCE S, MOORE M. The Load That Maximizes the Average Mechanical Power Output During Jump Squats in Power-Trained Athletes[J]. The Journal of Strength and Conditioning Research, 2001, 15（1）: 92-97.

[11] BAKER D G, NEWTON R U. Comparison of lower body strength, power, acceleration, speed, agility, and sprint momentum to describe and compare playing rank among professional rugby league players[J]. The Journal of Strength & Conditioning Research, 2008, 22（1）: 153-158.

[12] BAKER, DANIEL. A Series of Studies on the Training of High-Intensity Muscle Power in Rugby League Football Players[J]. Journal of Strength and Conditioning Research, 2001, 15（2）: 198-209.

[13] BALAGUÉ F, DAMIDOT P, NORDIN M, et al. Cross-sectional study of the isokinetic muscle trunk strength among school children[J].Spine, 1993, 18（9）: 1199.

[14] BALYI I, HAMILTON A. Long-term athlete development trainability in childhood and adolescence[J].Olympic Coach, 2004.

[15] BAQUET G, BERTHOIN S, GERBEAUX M, et al. High-Intensity Aerobic Training During a 10 Week One-Hour Physical Education Cycle: Effects on Physical Fitness of Adolescents Aged 11 to 16[J].International Journal of Sports Medicine, 2001, 22（04）: 295-300.

[16] BARNES J L, SCHILLING B K, FALVO M J, et al. Relationship of jumping and agility performance in female volleyball athletes[J]. Journal of Strength and Conditioning research, 2007, 21（4）: 1192.

[17] BARRETT L A, MORRIS J G, STENSEL D J, et al. Effects of intermittent games activity on post prandial lipemia in young adults[J]. Medicine & Science in Sports & Exercise, 2006, 38（7）: 1282.

[18] BASSEY E J, HARRIES U J. Normal values for handgrip strength in 920 men and women aged over 65 years, and longitudinal changes over 4 years in 620 survivors[J]. Clinical science, 1993, 84（3）: 331-337.

[19] BERGER R. Effect of varied weight training programs on strength[J]. Research Quarterly. American Association for Health, Physical Education and Recreation, 1962, 33（2）: 168-181.

[20] BEURDEN E V, ZASK A, BARNETT L M, et al. Fundamental movement skills- How do primary school children perform? The 'Move it Groove it' program in rural Australia[J]. Journal of Science & Medicine in Sport, 2002, 5（3）: 244-252.

[21] BLAIR SN. Physical inactivity: the biggest public health problem of the 21st century[J]. British Journal of Sports Medicine, 2009, 43（1）: 1.

[22] BLIMKIE C J R, ROACHE P, HAY J T, et al. Anaerobic power of arms in teenage boys and girls: relationship to lean tissue[J]. European journal of applied physiology and occupational physiology, 1988, 57（6）: 677-683.

[23] BOCCOLINI G, BRAZZIT A, BONFANTI L, et al. Using balance training to improve the performance of youth basketball players[J]. Sport sciences for health, 2013, 9（2）: 37-42.

[24] BOND B, WESTON K L, WILLIAMS C A, et al. Perspectives on high-intensity interval exercise for health promotion in children and adolescents[J]. Open access journal of sports medicine, 2017, 8: 243.

[25] BOOTH J N, LEARY S D, JOINSON C, et al. Associations between objectively measured physical activity and academic attainment in adolescents from a UK cohort.[J].Br J Sports Med, 2013, 48 (3): 265-270.

[26] BORNSTEIN M H. Sensitive periods in development: structural characteristics and causal interpretations[J]. Psychol Bull. 1989, 105 (2): 179-197.

[27] BOUAZIZ W, SCHMITT E, VOGEL T, et al. Effects of interval aerobic training program with recovery bouts on cardiorespiratory and endurance fitness in seniors [J]. Scandinavian Journal of Medicine & Science in Sports, 2018, 28 (11): 2284-2292.

[28] BRUSSEAU T A, DARST P W, Johnson T.Combining Fitness and SkillTasks[J].Journal of Physical Education, Recreation and Dance, 2009, 80 (8): 50-52.

[29] BRYNTESON P, ADAMS T M. The Effects of Conceptually Based Physical Education Programs on Attitudes and Exercise Habits of College Alumni after 2 to 11 Years of Follow-Up[J]. Research Quarterly for Exercise and Sport, 1993, 64 (2): 208-212.

[30] BUCHAN D S. High intensity interval running enhances measures of physical fitness but not metabolic measures of cardiovascular disease risk in healthy adolescents[J].Bmc Public Health, 2013, 13 (1): 498.

[31] CAROLI M. Gross motor skill performance in a sample of overweight and non-overweight preschool children[J].International Journal of Pediatric Obesity, 2011, 6 (S2): 42-46.

[32] CASPERSEN C J, POWELL K E, Christenson G M. Physical activity, exercise, and physical fitness but not metabolic measures of cardiovascular disease risk in healthy adolescents[J].Bmc Public Health, 2013, 13 (1): 498.

[33] CENTER L. Surgeon General's Report on Physical Activity and

Health[J].Journal of the American Medical Association, 1996, 276 (7): 522.

[34] CHALLENGE T P. President's Council on Fitness, Sports, and Nutrition[R].2015.

[35] CLIFF D P, OKELY A D, SMITH L M, et al. Relationships Between Fundamental Movement Skills and Objectively Measured Physical Activity in Preschool Children[J].Pediatric Exercise Science, 2009, 21 (4): 436.

[36] CHRISTOU M, SMILIOS I, SOTIROPOULOS K, et al. Effects of resistance training on the physical capacities of adolescent soccer players[J]. The Journal of Strength & Conditioning Research, 2006, 20 (4): 783-791.

[37] CLIFF D P, OKELY A D, SMITH L M, et al. Relationships Between Fundamental Movement Skills and Objectively Measured Physical Activity in Preschool Children[J]. Pediatric Exercise Science, 2009, 21 (4): 436.

[38] COHEN K E, MORGAN P J, PLOTNIKOFF R C. Improvements in fundamental movement skill competency mediate the effect of the SCORES intervention on physical activity and cardiorespiratory fitness in children[J]. J Sports Sci, 2015, 19 (18): e90-e90.

[39] COOPER K H. The benefits of exercise in promoting long and healthy lives [J]. Methodist De Bakey Cardiovascular Journal, 2010, 6 (4): 10-12.

[40] COSTIGAN S A, EATHER N, PLOTNIKOFF R C, et al. High-intensity interval training for improving health-related fitness in adolescents: a systematic review and meta-analysis[J]. Br J Sports Med, 2015, 49 (19): 1253-1261.

[41] CRONIN J, SLEIVERT G. Challenges in understanding the influence of maximal power training on improving athletic performance[J]. Sports Medicine, 2005, 35 (3): 213-234.

[42] DAVIES B N, GREENWOOD E J, JONES S R. Gender difference in the relationship of performance in the handgrip and standing long jump tests to lean limb volume in young adults[J]. European Journal of Applied Physiology & Occupational Physiology, 1988, 58 (3): 315.

[43] DIANA KUH, JOAN BASSEY, REBECCA HARDY. et al.Birth

Weight, Childhood Size, and Muscle Strength in AdultLife: Evidence from a Birth Cohort Study [J]. American Journal of Epidemiology. 2002, 156（7）: 627-633.

[44] DORGO S, KING G A, RICE C A. The effects of manual resistance training on improving muscular strength and endurance[J]. The Journal of Strength & Conditioning Research, 2009, 23（1）: 293-303.

[45] EATHER N, MORGAN P J, LUBANS D R. Improving the fitness and physical activity levels of primary school children: Results of the Fit-4-Fun group randomized controlled trial[J]. Preventive Medicine, 2013, 56（1）: 12-19.

[46] EGUCHI M, OHTA M, YAMATO H. The effects of single long and accumulated short bouts of exercise on cardiovascular risks in male Japanese workers: a randomized controlled study[J]. Industrial Health, 2013, 51（6）: 563.

[47] EKELUND U, BRAGE S, FRANKS PW, et al. Physical activity en-ergy expenditure predicts progression toward the metabolicsyndro me independently of aerobic fitness in middle -agedhealthy caucasians. Diabetes Care, 2005, 28（5）: 1195-1200.

[48] FJORTOFT I, LOFMAN O, HALVORSEN T K. Schoolyard physical activity in 14-year-old adolescents assessed by mobile GPS and heart rate monitoring analysed by GIS[J].Scand J Public Health, 2010, 38（5 Suppl）: 28-37.

[49] FAIGENBAUM A D, LOUD R L, O'CONNELL J, et al. Effects of different resistance training protocols on upper-body strength and endurance development in children[J]. Journal of Strength & Conditioning Research, 2001, 15（4）: 459.

[50] FAIGENBAUM A D, MCFARLAND J E, KEIPER F B, et al. Effects of a short-term plyometric and resistance training program on fitness performance in boys age 12 to 15 years[J].Journal of sports science & medicine, 2007, 6（4）: 519.

[51] FERRANDEZ A, CARRASCOSA A, AUDI L, et al. Longitudinal

pubertal growth according to age at pubertal growth spurt onset: data from a Spanish study including 458 children (223 boys and 235 girls) [J]. J Pediatr Endocrinol Metab. 2009, 22 (8): 715-726.

[52] FISHER A, REILLY J J, KELLY L A, et al. Fundamental movement skills and habitual physical activity in young children.[J].Med Sci Sports Exerc, 2005, 37 (4): 684-688.

[53] FJORTOFT I, LOFMAN O, Halvorsen T K. Schoolyard physical activity in 14-year-old adolescents assessed by mobile GPS and heart rate monitoring analysed by GIS[J].Scand J Public Health.2010, 38 (5 Suppl): 28-37.

[54] FJORTOFT I, PEDERSEN A V, Sigmundsson H, et al. Measuring physical fitness in children who are 5 to 12 years old with a test battery that is functional and easy to administer[J]. Phys Ther. 2011, 91 (7): 1087-1095.

[55] FRANSEN J, DEPREZ D, PION J, et al. Changes in physical fitness and sports participation among children with different levels of motor competence: a 2-year longitudinal study[J]. Pediatr Exerc Sci. 2014, 26 (1): 11-21.

[56] FRICKE O. SCHOENAU E. Examining the developing skeletal muscle: Why, what and how?[J]. Journal of Musculoskeletal & Neuronal Interactions, 2005, 5 (3): 225.

[57] GABBETT T J, KELLY J N, SHEPPARD J M. Speed, change of direction speed, and reactive agility of rugby league players[J]. The Journal of Strength & Conditioning Research, 2008, 22 (1): 174-181.

[58] GALLAHUE D, OZMUN J, GOODWAY J. Understanding motor development: Infants, children, adolescents, adults (7th edition) [J]. New York: Mc Graw-Hill.2012: 68.

[59] GALLOTTA M C, MARCHETTI R, BALDARI C, et al. Linking coordinative and fitness training in physical education settings[J]. Scandinavian journal of medicine & science in sports, 2009, 19 (3): 412-418.

[60] GAO Y, CHAN E Y Y, ZHU Y, et al. Adverse effect of outdoor

air pollution on cardiorespiratory fitness in Chinese children[J]. Atmospheric Environment, 2013, 64（1）: 10-17

[61] GARBER C E, BLISSMER B, DESCHENES M R, et al. American College of Sports Medicine position stand. Quantity and quality of exercise for developing and maintaining cardiorespiratory, musculoskeletal, and neuromotor fitness in apparently healthy adults: guidance for prescribing exercise[J]. Med Sci Sports Exerc, 2011, 43（7）: 1334-1359.

[62] GROUP W M G R. Relationship between physical growth and motor development in the WHO Child Growth Standards[J]. Acta Paediatr Suppl, 2006, 450: 96-101.

[63] GULÍAS-GONZÁLEZ R, SÁNCHEZ-LÓPEZ M, OLIVAS-BRAVO Á, et al. Physical fitness in Spanish schoolchildren aged 6-12 years: reference values of the battery EUROFIT and associated cardiovascular risk[J]. Journal of School Health, 2014, 84（10）: 625-635.

[64] HILLS A P, DENGEL D R, LUBANS D R. Supporting public health priorities: recommendations for physical education and physical activity promotion in schools[J]. Progress in Cardiovascular Diseases, 2015, 57（4）: 368-374.

[65] HUME C, OKELY A, BAGLEY S, et al. Does weight status influence associations between children's fundamental movement skills and physical activity?[J].Research Quarterly for Exercise & Sport, 2008, 79（2）: 158-165.

[66] IMAMOĞLU M, ŞENER O A. Comparison of Children's Motor Performances by Age and Gender[J]. Universal Journal of Educational Research, 2019, 7（1）: 10-15.

[67] IMIN Lee, CHUNGCHENG HSIEH, RALPH S. Paffenbarger. Exercise Intensity and Longevity in Men: The Harvard Alumni Health Study[J]. Jama, 1995, 274（14）: 1132.

[68] JAMURTAS A Z, KOUTEDAKIS Y, PASCHALIS V, et al. The effects of a single bout of exercise on resting energy expenditure and respiratory exchange ratio[J]. European Journal of Applied Physiology, 2004, 92（4-5）:

393-398.

[69] JANSSEN I, LEBLANC A. Systematic Review of the Health Benefits of Physical Activity in School Aged Children and Youth[J]. International Journal of Behavioural Nutrition and Physical Activity, 2009 [under review for publication].

[70] JANSSEN I. Physical activity guidelines for children and youth[J]. Applied Physiology Nutrition and Metabolism, 2007, 32: S109-S121.

[71] JARIC S. Muscle strength testing[J]. Sports Medicine, 2002, 32 (10): 615-631.

[72] JOVANOVIC M, SPORIS G, OMRCEN D, et al. Effects of speed, agility, quickness training method on power performance in elite soccer players[J]. The Journal of Strength & Conditioning Research, 2011, 25 (5): 1285-1292.

[73] KIRKHAM-KING M, BRUSSEAU T A, HANNON J C, et al. Elementary physical education: a focus on fitness activities and smaller class sizes are associated with higher levels of physical activity[J].Preventive medicine reports, 2017, 8: 135-139.

[74] KLIZIENĖ I, KIMANTIENĖ L, ČIŽAUSKAS G, et al. Effects of an eight-month exercise intervention programme on physical activity and decrease of anxiety in elementary school childred[J]. Baltic Journal of Sport and Health Sciences, 2018, 4 (111): 125-129.

[75] KNECHTLE B, MÜLLER G, WILLMANN F, et al. Fat oxidation in men and women endurance athletes in running and cycling.[J]. International Journal of Sports Medicine, 2004, 25 (01): 38-44.

[76] KONUKMAN F, BRUSSEAU T A, DARST P W, et al. Combining Fitness and Skill Tasks[J].Journal of Physical Education, Recreation & Dance, 2009, 80 (8): 50-52.

[77] KOVAR R. Human Variation in Motor Abilities and its Genetic Analysis (Variación de las habilidades motrices del hombre y su análisis genético) [J]. Praga. Faculty of Physical Education and Sport, 1981.

[78] KRAEMER W J, ADAMS K, CAFARELLI E, et al. American College of Sports Medicine position stand. Progression models in resistance training for healthy adults[J].Medicine and science in sports and exercise, 2002, 34（2）: 364-380.

[79] L.VÉRONIQUE BILLAT. Interval Training for Performance: A Scientific and Empirical Practice[J].Sports Me-dicine, 2001, 31（1）: 13-31.

[80] LITTLE T, WILLIAMS A G. Specificity of Acceleration, Maximum Speed, and Agility in Professional Soccer Players[J]. The Journal of Strength and Conditioning Research, 2005, 19（1）: 76-78.

[81] LÖFGREN B, DALY R M, NILSSON J Å, et al. An increase in school-based physical education increases muscle strength in children[J].Medicine and science in sports and exercise, 2013, 45（5）: 997-1003.

[82] LOKO J, AULE R, SIKKUT T. Sensitive periods in physical development[J].University of Tartu, 1994: 12-15.

[83] LOKO J, AULE R, SIKKUT T, et al. Age differences in growth and physical abilities in trained and untrained girls 10-17 years of age[J]. American Journal of Human Biology, 2003, 15（1）: 72-77.

[84] LOKO J, AULE R, SIKKUT T, et al. Motor performance status in 10 to 17-year-old Estonian girls[J]. Scand J Med Sci Sports. 2000, 10（2）: 109-113.

[85] LOKO J, SIKKUT T, AULE R. Sensitive periods in physical development[J]. Modern Athlete and Coach, 1996, 34（2）: 26-29.

[86] MAIA J A, LEFEVRE J, CLAESSENS A L, et al. A growth curve to model changes in sport participation in adolescent boys[J].Scand J Med Sci Sports, 2010, 20（4）: 679-685.

[87] MALIA RM, BOUCHARD C. Genetic consiferations in physical fitness.In: Assessing physical fitness and physical activity inpopulation-base surveys.Hyattsville, MD: Department of Health and Human Services.National Center for Health Statistics, 1989: 453-473.

[88] MALINA R M, MORANO P J, BARRON M, et al. Incidence

and player risk factors for injury in youth football[J]. Clinical journal of sport medicine, 2006, 16 (3): 214-222.

[89] MALINA R M, ROGOL A D, CUMMING S P, et al. Biological maturation of youth athletes: assessment and implications[J]. Br J Sports Med. 2015, 49 (13): 852-859.

[90] MALINA R M, WOYNAROWSKA B, BIELICKI T, et al. Prospective and retrospective longitudinal studies of the growth, maturation, and fitness of Polish youth active in sport[J]. Int J Sports Med, 1997, 18 Suppl 3: S179-S185.

[91] MALINA R M. Biocultural factors in developing physical activity levels[J]. Youth physical activity and sedentary behavior: Challenges and solutions, 2008: 141-166.

[92] MALINA R M. Critical Review: Exercise as an Influence Upon Growth: Review and Critique of Current Concepts[J]. Clinical pediatrics, 1969, 8 (1): 16-26.

[93] MALINA R M. Physical activity and fitness: pathways from childhood to adulthood[J]. American Journal of Human Biology, 2001, 13 (2): 162-172.

[94] MALINA R M. The effects of exercise on specific tissues, dimensions and functions during growth[J]. Studies in Physical Anthropology, 1979, 5: 21-52.

[95] MALINA R, IGNASIAK Z, ROŻEK K, et al. Growth, maturity and functional characteristics of female athletes 11-15 years of age[J]. Human Movement, 2011, 12 (1): 31-40.

[96] MALINA, ROBERT M. Top 10 Research Questions Related to Growth and Maturation of Relevance to Physical Activity, Performance, and Fitness[J]. Research Quarterly for Exercise and Sport, 2014, 85 (2): 157-173.

[97] MALINA, ROBERT M. Physical activity and training: effects on stature and the adolescent growth spurt[J]. Medicine & Science in Sports & Exercise, 1994, 26 (6): 759-766.

[98] MARKOVIC G, JARIC S. Movement performance and body size:

the relationship for different groups of tests[J]. European Journal of Applied Physiology, 2004, 92（1-2）: 139-149.

[99] MARKOVIĆ G, SEKULIĆ D, Marković M. Is agility related to strength qualities?-Analysis in latent space[J]. Collegium antropologicum, 2007, 31（3）: 787-793.

[100] MAZUREK K, ZMIJEWSKI P, KRAWCZYK K, et al. High intensity interval and moderate continuous cycle training in a physical education programme improves health-related fitness in young f emales[J]. Biology of sport, 2016, 33（2）: 139.

[101] MCLEOD T C V, ARMSTRONG T, MILLER M, et al. Balance improvements in female high school basketball players after a 6-week neuromuscular-training program[J].Journal of sport rehabilitation, 2009, 18（4）: 465-481.

[102] MILLER M G, HERNIMAN J J, RICARD M D, et al. The effects of a 6-week plyometric training program on agility[J]. Journal of sports science & medicine, 2006, 5（3）: 459.

[103] MOAZZAMI M, KHOSHRAFTAR N. The effect of a short time training program on physical fitness in female students[J].Procedia-Social and Behavioral Sciences, 2011, 15（1）: 2627-2630.

[104] MORRISON K M, BUGGE A, EL-NAAMAN B, et al. Inter-Relationships among Physical Activity, Body Fat, and Motor Performance in 6- to 8-Year-Old Danish Children[J]. Pediatric Exercise Science, 2012, 24（2）: 199-209.

[105] NARIYAMA K, HAUSPIE R C, MINO T. Longitudinal growth study of male Japanese junior high school athletes[J]. Am J Hum Biol. 2001, 13（3）: 356-364.

[106] NEMOTO K I, GEN-NO H, MASUKI S, et al. Effects of High-Intensity Interval Walking Training on Physical Fitness and Blood Pressure in Middle-Aged and Older People[J]. Mayo Clinic Proceedings, 2007, 82（7）: 803-811.

[107] NICOLAY C W, WALKER A L. Grip strength and endurance: Influences of anthropometric variation, hand dominance, and gender[J]. International Journal of Industrial Ergonomics, 2005, 35 (7): 605-618.

[108] NIKE. Designed to Move[R].Beaverton, 2013.

[109] NIMPHIUS S, MCGUIGAN M R, NEWTON R U. Relationship between strength, power, speed, and change of direction performance of female softball players[J]. The Journal of Strength & Conditioning Research, 2010, 24 (4): 885-895.

[110] OGUZHAN Y, KEMAL T, GOKHAN C. Evaluate the physical fitness levels of Turkish primary school male and female children between 7-14 ages[J]. Ovidius University Annals, Series Physical Education and Sport/Science, Movement and Health, 2014, 14 (2): 585-594.

[111] ORTEGA F B, RUIZ J R, CASTILLO M J, et al. Physical fitness in childhood and adolescence: a powerful marker of health[J]. International journal of obesity, 2008, 32 (1): 1.

[112] OSEI-TUTU K B, CAMPAGNA P D. The effects of short- vs. long-bout exercise on mood, VO2max.and percent body fat[J].Preventive Medicine, 2005, 40 (1): 92-98.

[113] PARK S, RINK L D, WALLACE J P. Accumulation of physical activity leads to a greater blood pressure reduction than a single continuous session, in prehypertension.[J]. Journal of Hypertension, 2006, 24 (9): 1761.

[114] PAUOLE K, MADOLE K, GARHAMMER J, et al. Reliability and validity of the T-test as a measure of agility, leg power, and leg speed in college-aged men and women[J]. The Journal of Strength & Conditioning Research, 2000, 14 (4): 443-450.

[115] Physical Activity Guidelines Advisory Committee (PAGAC). Physical Activity Guidelines Advisory Committee Report[R]. Washington, DC, US Department of Health and Human Services, 2008.

[116] POLLOCK, MICHAEL L, GAESSER, et al. ACSM Position Stand: The, Recommended Quantity and Quality of Exercise for Developing and

Maintaining Cardiorespiratory, and Muscular Fitness, and Flexibility in Healthy Adults[J]. Schweiz Z Sportmed, 1993, 22（2）: 127-137.

[117] RAKOBOWCHUK M, STUCKEY M I, MILLAR P J, et al. Effect of acute sprint interval exercise on central and peripheral artery distensibility in young healthy males[J]. European Journal of Applied Physiology, 2009, 105（5）: 787-795.

[118] RANTANEN T, HARRIS T. Muscle strength and body mass index as long-term predictors of mortality in initially healthy men[J]. Journals of Gerontology, 2000, 55（3）: M168.

[119] RARICK G L. Exercise and growth[J]. Science and medicine of exercise and sports, 1960: 440-465.

[120] RAUCH F, NEU C M, WASSMER G, et al. Muscle Analysis by Measurement of Maximal Isometric Grip Force: New Reference Data and Clinical Applications in Pediatrics[J]. Pediatric Research, 2002, 51（4）: 505.

[121] RAUDSEPP L, PÄÄSUKE M. Gender differences in fundamental movement patterns, motor performances, and strength measurements of prepubertal children[J]. Pediatric Exercise Science, 1995, 7（3）: 294-304.

[122] RD P C. BURNETT R T, THUN M J, et al. Lung cancer, cardiopulmonary mortality, and long-term exposure to fine particulate air pollution.[J]. Jama, 2002, 287（9）: 1132

[123] REED R L, PEARLMUTTER L, YOCHUM K, et al. The relationship between muscle mass and muscle strength in the elderly[J]. Journal of the American Geriatrics Society, 1991, 39（6）: 555-561.

[124] REED T, FABSITZ R R, SELBY J V, et al. Genetic influences and grip strength norms in the NHLBI twin study males aged 59—69[J]. Annals of Human Biology, 1991, 18（5）: 425-432.

[125] REINDELL H, ROSKAMM H. Ein Beitrag zu den physiologischen Grundlagen des Intervall training unter besonderer Berücksichtigung des Kreilaufes[J]. Schweiz Z Sportmed, 1959, 7: 1-8.

[126] REY O, VALLIER JM, NICOL C, et al. Effects of combined

vigorous interval training program and diet on body composition, physical fitness, and physical self-perceptions among obese adolescent boys and girls[J]. Pediatric Exercise Science, 2017, 29（1）: 73-83.

[127] ROUND J M, JONES D A, HONOUR J W, et al. Hormonal factors in the development of differences in strength between boys and girls during adolescence: a longitudinal study[J].Annals of Human Biology, 1999, 26（1）: 49-62.

[128] SAAR M, JURIMAE T. The relationships between anthropometry, physical activity and motor ability in 10-17-year-olds[J]. Journal of Human Movement Studies, 2004, 47（1）: 1-12.

[129] SAAR M. The relationships between anthropometry, physical activity and motor ability in 10-17-year-olds[D]. 2008.

[130] SALLIS R E. Exercise is medicine and physicians need to prescribe it![J].British Journal of Sports Medicine, 2009, 43（1）: 3.

[131] SARIS W H, SCHRAUWEN P. Substrate oxidation differences between high- and low-intensity exercise are compensated over 24 hours in obese men.[J]. International Journal of Obesity, 2004, 28（6）: 759-765.

[132] SCANLAN A, HUMPHRIES B, TUCKER P S, et al. The influence of physical and cognitive factors on reactive agility performance in men basketball players[J]. Journal of sports sciences, 2014, 32（4）: 367-374.

[133] SCD J L, BENNETT K J, MSPH N H, et al. Urban-Rural Differences in Overweight Status and Physical Inactivity Among US Children Aged 10-17 Years[J. Journal of Rural Health, 2008, 24（4）: 407-415.

[134] SEKULIC D, SPASIC M, ESCO M R. Predicting agility performance with other performance variables in pubescent boys: a multiple-regression approach[J]. Percept Mot Skills.2014, 118（2）: 447-461.

[135] SEKULIC D, SPASIC M, MIRKOV D, et al. Gender-specific influences of balance, speed, and power on agility performance[J].The Journal of Strength & Conditioning Research, 2013, 27（3）: 802-811.

[136] SEKULIC D, SPASIC M, MIRKOV D, et al.Gender-specific

influences of balance, speed, and power on agility performance[J].The Journal of Strength & Conditioning Research, 2013, 27 (3): 802-811.

[137] SERVICES H H, WASHINGTON. Healthy People 2010: Understanding and Improving Health.[J].2000: 73.

[137] SERWE K M, SWARTZ A M, HART T L, et al. Effectiveness of Long and Short Bout Walking on Increasing Physical Activity in Women[J]. Journal of Women\"s Health, 2011, 20 (2): 247-253.

[139] SHALFAWI S A I, SABBAH A, KAILANI G, et al. The relationship between running speed and measures of vertical jump in professional basketball players: a field-test approach[J].The Journal of Strength & Conditioning Research, 2011, 25 (11): 3088-3092.

[140] SHEFFIELD-MOORE M, URBAN R J. An overview of the endocrinology of skeletal muscle[J].Trends in Endocrinology and Metabolism, 2004, 15 (3): 110-115.

[141] SHEN T, HABICHT J P, CHANG Y. Effect of economic reforms on child growth in urban and rural areas of China[J]. New England Journal of Medicine, 1996, 335 (6): 400-406.

[142] SHEPPARD J M, YOUNG W B, DOYLE T L, et al. An evaluation of a new test of reactive agility and its relationship to sprint speed and change of direction speed.[J]. Journal of Science & Medicine in Sport, 2006, 9 (4): 342-349.

[143] SHEPPARD J M, YOUNG W B. Agility literature review: classifications, training and testing [J].Journal of Sports Sciences, 2006, 24 (9): 919-932.

[144] SHUMWAY-COOK A, WOOLLACOTT M H. The growth of stability: postural control from a developmental perspective[J].Journal of motor behavior, 1985, 17 (2): 131-147.

[145] SZOPA J. Familial studies on genetic determination of some manifestations of muscular strength in man[J]. Genetica Polonica, 1982, 23 (1-2): 65-79.

[146] SKEAD N K, ROGERS S L. Running to well-being: A comparative

study on the impact of exercise on the physical and mental health of law and psychology students[J]. International Journal of Law and Psychiatry, 2016, 49: 66-74.

[147] SLAVA S, LAURIE D R, CORBIN C B. Long-Term Effects of a Conceptual Physical Education Program[J].Research Quarterly for Exercise and Sport, 1984, 55（2）: 161-168.

[148] SPITERI T, NIMPHIUS S, HART N H, et al. Contribution of strength characteristics to change of direction and agility performance in female basketball athletes[J]. The Journal of Strength & Conditioning Research, 2014, 28（9）: 2415-2423.

[149] STEINHAUS A H. Chronic effects of exercise[J].Physiological Reviews, 1933, 13（1）: 103-147.

[150] STEVENS J, CAI J, EVENSON KR, et al. Fitness and fatness aspredictors of mortality from all causes and from cardiovas-cular disease in men and women in the lipid research clin-ics study. Am J Epidemiol, 2002, 156（9）: 832-841.

[151] STRONG W B, MALINA R M, BLIMKIE C J R, et al. Evidence based physical activity for school age youth[J]. The Journal of pediatrics, 2005, 146（6）: 732-737.

[152] SUSANA.Instituto Bola Pra Frente, no Rio; na busca por umplacar social justo[EB/OL].http: //redeglobo, globo, com/esporte-cidadania/ noticia/2012/11/instituto-bola-pra-lrente-no-rio-na-busca-pot-um-placat-social- justo, html, 2012-07-11.

[153] SUSLOV F. For school and beginers-About the sensitive age in the development of physical capaities[J]. Modern Athlete and Coach, 2002, 40（3）: 31-33.

[154] TAGUCHI K, TADA C. Change of body sway with growth of children[J].Posture and gait: Development, adaptation and modulation, 1988: 59-65.

[155] TOUNSI M, TABKA Z, TRABELSI Y. Reference values of vertical

jumping parameters in Tunisian adolescent athletes[J]. Sport Sciences for Health, 2015, 11（2）: 159-169.

[156] TRNINIĆ S, MARKOVIĆ G, HEIMER S. Effects of developmental training of basketball cadets realised in the competitive period[J]. Collegium antropologicum, 2001, 25（2）: 591-604.

[157] U.S.A.Department of Health and Human Services.Physical activity guidelines for Americans [Z].2008.

[158] ULTON J E, WARGO J, LOUSTALOT F. Healthy People 2020: Physical Activity Objectives for the Future[J].Presidents Council on Physical Fitness & Sports Research Digest, 2011.

[159] VÁCLAV DOMBEK. The Recommended Quantity and Quality of Exercise for Developing and Maintaining Fitness in Healthy Adults[J]. Schweiz Z Sportmed, 1993, 22（2）: 127-137.

[160] VESCOVI J D, MCGUIGAN M R. Relationships between sprinting, agility, and jump ability in female athletes[J].Journal of sports sciences, 2008, 26（1）: 97-107.

[161] VESCOVI J D, RUPF R, BROWN T D, et al. Physical performance characteristics of high-level female soccer players 12-21 years of age[J]. Scandinavian Journal of Medicine & Science in Sports, 2011, 21（5）: 670-678.

[162] VICENTE-RODRÍGUEZ G, REY-LÓPEZ J P, RUÍZ J R, et al. Interrater reliability and time measurement validity of speed-agility field tests in adolescents[J]. The Journal of Strength & Conditioning Research, 2011, 25（7）: 2059-2063.

[163] WANG M, LEGER A B, DUMAS G A. Prediction of back strength using anthropometric and strength measurements in healthy females[J]. Clinical Biomechanics, 2005, 20（7）: 685-692.

[164] WAR BURTON DER, GLEDHILL N, QUINNEY A. The effects ofchanges in musculoskeletal fitness on health. Can J ApplPhysiol, 2001, 26（2）: 161-216.

[165] WHO.Global health risk[R]. 2004.

[166] WILLIAMS H G, PFEIFFER K A, O'NEILL J R, et al. Motor skill performance and physical activity in preschool children.[J].Obesity, 2012, 16 (6): 1421-1426.

[167] WIND A E, TAKKEN T, HELDERS P J M, et al. Is grip strength a predictor for total muscle strength in healthy children, adolescents, and young adults?[J]. European Journal of Pediatrics, 2010, 169 (3): 281-287.

[168] YANCI J, LOS A A, GRANDE I, et al. Correlation between agility and sprinting according to student age[J]. Coll Antropol.2014, 38 (2): 533-538.

[169] YANCI J, REINA R, LOS A A, et al. Effects of different contextual interference training programs on straight sprinting and agility performance of primary school students[J].J Sports Sci Med. 2013, 12 (3): 601-607.

[170] YEATTS P E, MARTIN S B, PETRIE T A. Physical fitness as a moderator of neuroticism and depression in adolescent boys and girls[J]. Personality and individual differences, 2017, 114: 30-35.

[171] ZHU Y C, WU S K, CAIRNEY J. Obesity and motor coordination ability in Taiwanese children with and without developmental coordination disorder[J].Research in Developmental Disabilities, 2011, 32 (2): 801-807.

[172] ZIV G, LIDOR R. Vertical jump in female and male basketball players—A review of observational and experimental studies[J].Journal of Science and Medicine in Sport, 2010, 13 (3): 332-339.

[173] ZWIERKO T, LESIAKOWSKI P, FLORKIEWICZ B. Selected aspects of motor coordination in young basketball players[J]. Human Movement Science, 2005, 6: 124-128.

附　录

附录1　实验班篮球运动技能练习内容的案例（小学1—3年级）

周次	运动技能内容（20min，中等强度）
1	单人自抛自接、双人你抛我接、三人或多人你抛我接、对墙抛接反弹球、比谁抛得高、比谁抛得远、叫号接球、移动中你抛我接+投篮
2	各种环绕类玩球、各种传递类玩球、手指拨地滚球接力跑、蚂蚁运粮、抱球赛跑+投篮
3	双手原地连续拍高低球、单手原地连续拍高低球、拍球比多、听哨音节奏进行高低变换拍球、快速跑+原地连续拍球+投篮
4	双手原地连续拍高低球、单手原地连续拍高低球、单人多种姿势拍球、双人或多人多种姿势拍球、原地连续拍球+抢截球（干扰对方拍球）
5	双手原地连续拍高低球+转体、单手原地连续拍高低球+转体、单人多种姿势拍球、双人或多人多种姿势拍球、多种形式的合作拍球、老狼和小羊
6	双手原地连续拍高低球+转体、单手原地连续拍高低球+转体、原地推拉球、原地体前变向换手运球+投篮、原地胯下运球+投篮

附录2　实验班篮球运动技能练习内容的案例（小学4—6年级）

周次	运动技能内容（20min，中等强度）
1	左右手高、低姿运球；左右弓步拉球；基本姿态下运球；行进间运球；单手肩上垂直拨球；单手肩上投篮；运球+投篮比赛（看谁投得多）

续表

周次	运动技能内容（20min，中等强度）
2	高、低姿运球；体前变向运球；基本姿态下运球；行进间单手运球；单手肩上投篮；双手胸前投篮；运球+投篮比赛（看谁投得多）
3	看谁传得快：单手头上传接球、双手头上传接球、双手胸前传接球；三角传球；行进间传接球投篮（看谁投得多）
4	行进间单手运球、运球急停急起、行进间8字变向绕障碍运球；近距离定点投篮（2人一组，看哪组投得准）；投擦板球（看谁投得多）；2人行进间运球传接球投篮比赛
5	看谁传得快：单手头上传接球、双手头上传接球、半场传接球比赛（看哪组传得多）；防守脚步练习，滑步、后撤步、碎步，一对一攻防游戏，半场三对三教学比赛
6	追逐躲闪游戏（一人做变向躲闪，一人做追逐跟随）；防守脚步练习：一人做变向躲闪，一人做滑步跟随；一对一攻防游戏；半场三对三教学比赛

附录3　实验班篮球运动技能练习内容的案例（初中）

周次	运动技能内容（20min，中等强度）
1	移动（启动、急停，滑步、转身，变向跑），运球急停急起，原地基本姿态下左右手交替运球，原地反弹传接球、背后传球，迎面传接球比赛接力，半场三对三或四对四教学比赛
2	三角传球练习，体前变向运球，胯下连续运球，行进间胯下变向运球、体前变向运球接行进间单手肩上投篮，胯下变向运球接行进间单手肩上投篮，半场三对三或四对四教学比赛
3	运球急停急起、体前接胯下变向运球（投篮），传切配合，半场教学比赛
4	单手肩上传接球、双手头上传接球，原地抛球后接球转身变向运球突破（投篮），掩护配合，半场教学比赛
5	运球后转身，体前、胯下变向运球，防守脚步练习，半场人盯人防守，教学比赛（篮球规则的讲解）
6	2人行进间传接球投篮，3人行进间绕8字传接球投篮，抢篮板球，2人快攻、3人绕8字快攻配合、全场教学比赛

247

附录4　实验班篮球运动技能练习内容的案例（高中）

周次	运动技能内容（20min，中等强度）
1	行进间运2球练习；原地干扰运2球练习（一人运球，一人干扰）；行进间运、传、投综合练习（体前变向接运球后转身接传球或技术动作自由组合）；半场教学比赛（三对三或者四对四）
2	追逐躲闪游戏（一人做变向躲闪，一人做追逐跟随）；防守脚步练习：一人做变向躲闪，一人做滑步跟随；1/4场一对一攻防（轮流投篮）；半场教学比赛（三对三或者四对四）
3	防守脚步练习：滑步（横、前）、后撤步、综合练习；防持球"三威胁"：一人持球进攻，一人防守；1/4场一对一攻防（轮流投篮）；半场教学比赛（三对三或者四对四）
4	持球同侧步突破接运球投篮练习（复习）；学习交叉步突破；1/4场一对一攻防轮换（防守消极到积极）；半场教学比赛（三对三或者四对四）
5	半场运球综合练习（变向、转身、急停综合运用）；原地持球顺步或交叉步突破分球；半场二打一攻防；半场教学比赛
6	半场三角传球（练习横切、纵切跑动路线）；传切配合（复习）；学习掩护配合；半场教学比赛

附录5　力量指标实验班级体能练习内容的案例（小学1—3年级）

周次	体能练习内容（10min，中等强度）		
1	1）推小车 2）平板支撑 3）原地收腹跳 4）仰卧起坐 5）抱头下蹲	10m×2组 15s×2组 10个×2组 10个×2组 15个×2组	组间休息20s 组间休息10s 组间休息15s 组间休息20s 组间休息10s
2	1）前后抛球 2）蛙跳 3）跪姿俯卧撑 4）连续跳上跳下 5）举哑铃	10次×2组 6次×2组 15个×2组 20次×2组 15个×2组	组间休息10s 组间休息20s 组间休息10s 组间休息15s 组间休息20s
3	1）助跑起跳摸高 2）背卧起 3）快速跑 4）仰卧举腿 5）弓箭步交换跳 6）侧卧支撑举腿	6次×2组 15个×2组 20m×2组 10个×2组 20个×2组 10次×2组	组间休息15s 组间休息10s 组间休息15s 组间休息15s 组间休息10s 组间休息10s

续表

周次	体能练习内容（10min，中等强度）		
4	1）快速追逐跑 2）原地纵跳 3）快速高抬腿 4）仰卧推起成桥 5）袋鼠跳	15m×2组 15个×2组 10s×2组 10个×2组 15m×2组	组间休息20s 组间休息15s 组间休息10s 组间休息10s 组间休息20s
5	1）负重深蹲起 2）立卧撑 3）翻滚轮胎 4）快速跳绳 5）仰卧两头起	8个×2组 15个×2组 15m×2组 1min×2组 10个×2组	组间休息20s 组间休息15s 组间休息10s 组间休息10s 组间休息10s
6	1）负重转体 2）跳小栏架 3）引体向上 4）阻力跑 5）单膝跪地左右侧向快速投掷实心球10次×2组	10次×2组 10个×2组 15个×2组 20m×2组	组间休息10s 组间休息15s 组间休息10s 组间休息15s 组间休息10s

附录6　力量指标实验班级体能练习内容的案例（小学4—6年级）

周次	体能练习内容（10min，中等强度）		
1	1）平板支撑 2）俯卧背起 3）仰卧举腿 4）跳短绳 5）拉橡皮带	20s×2组 20个×2组 15个×2组 30s×3组 20个×2组	组间休息10s 组间休息20s 组间休息20s 组间休息20s 组间休息20s
2	1）立卧撑 2）抖长绳 3）弓步跳 4）牵引跑 5）侧滑步	15个×2组 20s×2组 20个×2组 20m×2组 20m×2组	组间休息20s 组间休息10s 组间休息20s 组间休息10s 组间休息10s
3	1）仰卧起坐 2）纵跳摸高 3）反复侧跨步 4）跳转体 5）平推小哑铃	20个×2组 5个×2组 20s×2组 10个×2组 20个×2组	组间休息20s 组间休息10s 组间休息20s 组间休息10s 组间休息20s
4	1）静力性拉伸 2）碎步跑 3）开合跳 4）甩长绳 5）双人顶推拉练习	20s×2组 10s×2组 20个×3组 20s×2组 20s×2组	组间休息20s 组间休息10s 组间休息10s 组间休息20s 组间休息10s

续表

周次	体能练习内容（10min，中等强度）		
5	1）跳转体 2）仰卧起坐 3）跳上跳下 4）绳梯跳进跳出 5）推小车	10次×2组 20个×3组 20个×2组 12格×2组 20m×2组	组间休息10s 组间休息10s 组间休息20s 组间休息20s 组间休息20s
6	1）哑铃翻腕 2）平推小哑铃 3）立卧撑 4）快速跑 5）负重转体	15个×3组 20个×2组 15个×3组 30m×3组 15次×2组	组间休息10s 组间休息20s 组间休息20s 组间休息30s 组间休息20s

附录7　力量指标实验班级体能练习内容的案例（初中）

周次	体能练习内容（10min，中等强度）		
1	1）高抬腿 2）仰卧起坐 3）推小车 4）原地纵跳 5）静力性拉伸	15s×2组 25个×2组 30m×2组 20个×2组 30s×3组	组间休息20s 组间休息20s 组间休息20s 组间休息20s 组间休息20s
2	1）平推哑铃 2）原地收腹跳 3）弓步跳 4）引体向上（挂） 5）原地纵跳摸高	20次×2组 15次×2组 15次×2组 30s×2组 5个×2组	组间休息20s 组间休息20s 组间休息20s 组间休息20s 组间休息30s
3	1）仰卧举腿 2）换腿跳高台单腿 3）连续跳上跳下 4）屈蹲跳转体 5）躯干平衡练习	15次×2组 10次×2组 20次×2组 10次×2组 20s×2组	组间休息20s 组间休息30s 组间休息30s 组间休息30s 组间休息20s
4	1）举腿推腿 2）开合跳 3）俯卧抛球 4）侧桥支撑 5）榴莲球练习	15次×2组 20次×3组 20个×3组 30s×2组 30s×2组	组间休息20s 组间休息30s 组间休息20s 组间休息20s 组间休息20s
5	1）开合跳 2）俯撑蛙跳 3）俯卧撑 4）蛙跳 5）拉皮筋抢臂	20次×2组 15次×3组 15个×3组 8次×2组 10次×3组	组间休息20s 组间休息40s 组间休息40s 组间休息40s 组间休息20s

续表

周次	体能练习内容（10min，中等强度）		
6	1）立卧撑 2）负重上下台阶 3）转体传球 4）金鸡独立展翅 5）仰卧起坐抛球	15个×3组 10次×2组 10次×3组 20s×3组 20个×2组	组间休息20s 组间休息40s 组间休息20s 组间休息20s 组间休息30s

附录8　力量指标实验班级体能练习内容的案例（高中）

周次	体能练习内容（10min，中等强度）		
1	1）绳梯练习：单脚跳 2）绳梯练习：侧移俯卧撑 3）坐姿车轮跑（正反） 4）俄罗斯转体 5）纵跳连续拍篮板（网）	12格×4组 12格×2组 20次×4组 20次×2组 1次×10组	组间休息10s 组间休息20s 组间休息10s 组间休息20s 组间休息20s
2	1）提膝跨步弓步压腿 2）撑球俯卧撑（交换球） 3）持球俄罗斯转体 4）双腿夹球仰卧举腿 5）站桩（头肩背靠墙）	15m×2组 10个×2组 20个×2组 15个×2组 60s×2组	组间休息20s 组间休息20s 组间休息20s 组间休息10s 组间休息20s
3	1）俯卧静力肘撑（单臂前举） 2）俯卧静力肘撑（单脚抬起） 3）仰卧屈膝静力收腹举腿 4）侧移俯卧撑（画圆） 5）纵跳连续拍篮板（网）	60s×2组 60s×2组 30s×3组 1个×2组 1次×10组	组间休息20s 组间休息20s 组间休息20s 组间休息30s 组间休息20s
4	1）俯卧提膝 2）直腿跳 3）俄罗斯转体 4）开合跳 5）侧移俯卧撑（画圆）	30s×2组 30s×2组 20个×2组 30个×2组 1个×2组	组间休息20s 组间休息20s 组间休息20s 组间休息20s 组间休息30s
5	1）180°转体半蹲跳 2）俄罗斯转体 3）波比跳 4）俯卧提膝 5）侧移俯卧撑（画圆） 6）立位提前屈接直腿爬行站立	10次×2组 30次×2组 15个×2组 30s×2组 1个×2组 5次×3组	组间休息20s 组间休息20s 组间休息20s 组间休息20s 组间休息30s 组间休息20s

续表

周次	体能练习内容（10min，中等强度）		
6	1)"鸭步"状行走 2)侧卧单臂静力肘撑 3)波比跳 4)俯卧单臂单腿平衡（超人） 5)撑球俯卧撑（交换球） 6)纵跳连续拍篮板（网）	15m×2组 30s×2组 15个×2组 30s×2组 10个×2组 1次×10组	组间休息20s 组间休息20s 组间休息20s 组间休息20s 组间休息20s 组间休息20s

附录9　灵敏指标实验班体能练习内容的案例（小学1—3年级）

周次	体能练习内容（10min，高强度）		
1	1)手足爬 2)绕障碍跑 3)开合跳 4)立卧撑 5)交叉步	20m×2组 30m×2组 20次×2组 15次×2组 20m×2组	组间休息10s 组间休息15s 组间休息10s 组间休息20s 组间休息15s
2	1)快速小碎步跑 2)平板支撑 3)仰卧起坐 4)滑步 5)听信号起跑	30s×2组 20s×2组 15个×2组 10次×2组 20m×2组	组间休息10s 组间休息10s 组间休息15s 组间休息10s 组间休息20s
3	1)高抬腿跑 2)听哨音急停急起 3)单脚跳 4)快速翻标志盘 5)负重弓箭步交换跳	15m×2组 30s×2组 15m×2组 30个×2组 10个×2组	组间休息10s 组间休息15s 组间休息10s 组间休息10s 组间休息20s
4	1)绳梯练习：高抬腿 2)绳梯练习：开合跳 3)绳梯练习：侧移 4)仰卧举腿 5)障碍跑	12格×4组 12格×4组 12格×4组 15个×2组 30m×2组	组间休息10s 组间休息10s 组间休息10s 组间休息15s 组间休息20s
5	1)扔轮胎 2)负重半蹲起踵 3)双脚跳过小栏架 4)俯卧两头起 5)平板支撑	10次×2组 15个×2组 10个×2组 15个×2组 20s×2组	组间休息20s 组间休息20s 组间休息15s 组间休息10s 组间休息10s
6	1)敏捷训练梯：各种跳跃 2)平推小杠铃 3)推小车 4)跳绳快速跑 5)跨步跳	30s×2组 10个×2组 15m×2组 20m×2组 20m×2组	组间休息10s 组间休息15s 组间休息20s 组间休息15s 组间休息20s

附录10　灵敏指标实验班体能练习内容的案例（小学4—6年级）

周次	体能练习内容（10min，高强度）		
1	1）左右侧滑步 2）15m×2折返触摸跑 3）2人俯卧支撑单手击掌 4）瑞士球练习	20s×3组 20s×2组 10次×3组 20s×2组	组间休息20s 组间休息10s 组间休息10s 组间休息20s
2	1）燕式平衡 2）敏捷梯（高抬腿） 3）仰卧车轮跑 4）标志桶四边形快速折返跑	20s×3组 12格×3组 20s×3组 5次×2组	组间休息10s 组间休息20s 组间休息20s 组间休息10s
3	1）多种滑步练习 2）金鸡独立展翅 3）看手势变向滑步 4）交叉跑 5）软梯高抬腿、小步跑练习	20s×3组 30s×2组 20s×3组 20m×2组 12格×2组	组间休息20s 组间休息10s 组间休息20s 组间休息10s 组间休息20s
4	1）变向跑跳步 2）2人一组撕名牌 3）听哨音疾跑急停 4）顺/逆时针跳转体 5）六边形训练器械练习	20s×2组 30s×2组 5次×2组 5次×3组 20s×2组	组间休息10s 组间休息20s 组间休息10s 组间休息10s 组间休息10s
5	1）躯干平衡练习 2）看手势碎步跑 3）前跨后撤步练习 4）假动作推手游戏 5）小栏架跨越练习	20s×3组 10s×2组 20s×2组 30s×3组 10个×2组	组间休息10s 组间休息20s 组间休息20s 组间休息10s 组间休息20s
6	1）贴烧饼游戏 2）脚尖脚跟脚尖跳 3）听哨音转身反跑练习 4）半场四角触摸折返跑 5）跨格接力	40s×1组 20m×2组 30m×2组 4次×2组 20s×2组	组间休息20s 组间休息10s 组间休息20s 组间休息30s 组间休息20s

附录11　灵敏指标实验班体能练习内容的案例（初中）

周次	体能练习内容（10min，高强度）		
1	1）单腿蹲起 2）双脚收腹跳栏架 3）俯卧撑移动 4）跪跳起 5）冲刺跑	10个×3组 10个×3组 10m×3组 10个×3组 30m×2组	组间休息20s 组间休息20s 组间休息20s 组间休息20s 组间休息30s

续表

周次	体能练习内容（10min，高强度）		
2	1）燕式平衡 2）敏捷梯练习 3）屈蹲转体 4）俯卧屈膝拉胶带 5）后撤步	30s×3组 20s×3组 10个×3组 10次×2组 20s×2组	组间休息20s 组间休息20s 组间休息20s 组间休息20s 组间休息20s
3	1）平衡踢腿 2）双腿夹球仰卧举腿 3）双人跳钻 4）交叉跳 5）仰卧提腿拉胶带	10个×3组 15个×2组 20s×3组 20s×3组 15个×2组	组间休息20s 组间休息20s 组间休息20s 组间休息20s 组间休息20s
4	1）变向跑跳步 2）仰卧车轮跑 3）听哨音疾跑急停 4）顺/逆时针跳转体 5）抬腿绕圈跑	20s×3组 30s×2组 20s×3组 5个×3组 20s×3组	组间休息20s 组间休息20s 组间休息20s 组间休息20s 组间休息20s
5	1）立卧撑跳起转起360° 2）台阶跳 3）脚踩弹力练习 4）软梯高抬腿 5）俯卧支撑击掌	5个×3组 20个×2组 10个×2组 10s×3组 30s×2组	组间休息20s 组间休息20s 组间休息20s 组间休息20s 组间休息20s
6	1）双脚连续跳上跳下 2）转体抛球 3）下蹲胸前传球 4）全身波浪起 5）变向滑步	20个×2组 20个×2组 15个×2组 10个×2组 20s×2组	组间休息20s 组间休息20s 组间休息20s 组间休息20s 组间休息20s

附录12 灵敏指标实验班体能练习内容的案例（高中）

周次	体能练习内容（10min，高强度）		
1	1）绳梯：快速高抬腿 2）绳梯：单脚跳 3）绳梯：交叉步 4）绳梯：侧滑步 5）绳梯：里里外外侧向移动	12格×3组 12格×4组 12格×2组 12格×3组 12格×3组	组间休息20s 组间休息10s 组间休息20s 组间休息20s 组间休息20s
2	1）绳梯：快速小步跑 2）绳梯：滑雪步 3）绳梯：侧滑步传接球接 　　　　15m快速运球跑 4）绳梯：里里外外侧向移动 5）比赛：里里外外移动接折返跑	12格×3组 12格×2组 12格×2组 12格×3组 2组	组间休息20s 组间休息10s 组间休息20s 组间休息20s 组间休息20s

续表

周次	体能练习内容（10min，高强度）		
3	1）侧滑步头上传接球 2）变向摆脱防守 3）撑球俯卧撑（交换球） 4）托球碰板	15米×3组 30米×2组 10个×2组 1次×10组	组间休息20s 组间休息20s 组间休息20s 组间休息20s
4	1）变向摆脱防守 2）防守脚步综合 3）正方形对角线移动 4）撑球俯卧撑（交换球） 5）纵跳连续拍篮板（网）	30m×2组 2min×2组 5次×2组 10个×2组 1次×10组	组间休息20s 组间休息20s 组间休息20s 组间休息20s 组间休息20s
5	1）变向摆脱防守 2）防守脚步综合 3）正方形对角线移动 4）撑球俯卧撑（交换球） 5）纵跳连续拍篮板（网）	30m×2组 2min×2组 5次×2组 10个×2组 1次×10组	组间休息20s 组间休息20s 组间休息20s 组间休息20s 组间休息20s
6	1）镜像滑步移动 2）2人抛接球练习 3）比赛：折返跑 4）双手撑球俯卧撑 5）蛙跳	30s×2组 10个×2组 2组 10个×2组 15m×2组	组间休息20s 组间休息20s 组间休息30s 组间休息20s 组间休息20s

后　记

　　岁月不居，时节如流，光阴五载，转瞬即至。依稀记得2014年5月的一个午后，当通过电话得知被华东师范大学录取的那一刻，预示着自己多年读博的心愿终于达成，兴奋感激之情无以言表，当晚我在日记中写道：今生有幸入季门，年逾不惑志尚存。人生自古多磨砺，不叫蹉跎度余生。至此五年，在这条悲欣交集、崎岖不平的学业道路上，有幸遇到了诸多的良师益友，有了他们的教诲指航，我方能在学术道路上策马扬鞭，敢于去追逐自己的梦想。

　　首先，要感谢我的导师季浏教授。恩师不嫌弃我年过不惑的愚钝，将我纳入门下。恩师儒雅大气的学者风范、勤勉敬业的治学态度深深地影响了我，为我日后的学术与人格追求树立了典范。记得初到华师的第一堂课上，您勉励我们在追逐学术道路上既要志存高远，更需脚踏实地。那一刻，我明确了目标。记得我第一次在课堂上近五十分钟乏善可陈的主题汇报时，您坐在一旁静静地听着，不曾打断，而后，您一针见血指出我汇报中缺乏逻辑、条理不够清晰等问题，还特别指出我在科研能力、科研方法及文献阅读等方面存在的问题。那一刻，我找准了方向。记得在我的开题报告汇报会上，您中肯地对我说：确实下功夫了。那一刻，我积攒了信心。还记得2019年的新学期，在论文初稿提交后，您在百忙中抽出时间，仔细审阅我的博士论文，文中留下了您密密麻麻的修改意见与建议。而当我忐忑不安地站在您面前时，您却安慰我说：比我预想得好。在那一刻，我看到了希望。而令我印象最深的是，2016年至2018年，中国健康体育课程模式实验团队扎根实验基地学校的三个年头，团队成员时刻铭记您一贯强调的学习知识务必遵循"学以致用、活学活用"的原则。我们深入基地学校，与师生们互帮互助，打成一片。在基地学校，我们坚持"以科研反哺教学，用实践佐证、夯实理论基础"的学术态度，赢得了当地教育主管部门及基地学校的诸多赞誉。在此，我特别感谢恩师多年来提供如此多的学习机会与平台，让我置身其中，在实践中摸打滚爬、锤炼自我，也让我对如何"做人、做事、做学问"有了更深的体验与感悟。师恩深重，自己唯有加倍努力，才不会辜负恩师的多年培养与悉心教诲。

在研究过程中，我得到了诸多造诣深厚的专家的指导。他们是华东师范大学孙有平教授和尹小俭教授，上海交通大学王坤副教授、复旦大学杨至刚副教授、上海师范大学武海潭副教授、河北师范大学赵焕彬教授、福建师范大学党林秀副教授、扬州大学颜军教授和潘绍伟教授、苏州大学殷荣宾副教授、南京师范大学储志东教授、南京大学陈刚副教授、东南大学严华副教授、南京体育学院赵琦教授、南京市公园路体校许强胜教练，非常感谢各位老师在百忙之中抽出宝贵时间与我交流相关领域的问题。特别感谢汪晓赞教授在体育科研方法与统计学等方面给予的指导与帮助，感谢李世昌教授、孙有平教授、尹小俭教授、杨剑教授、李琳教授、卢健教授、董翠香教授、刘薇娜教授在我论文的开题、研究过程和答辩中为我提供的指导与支持。感谢徐波教授、王树明教授、朱伟强教授、马德浩副教授、尹志华副教授、孙鹏副教授、李玉强老师、王国栋老师、张喆老师、金燕老师对我平时学习的指导与帮助。

感谢2014级体育与健康学院博士同窗的相互鼓励与陪伴。他们是陈福亮、李凌姝、孙健、季泰、贺静、徐亚涛、赵昱、何耀慧、刁玉翠、陆乐、钱帅伟、闫清伟、赵常红等。感谢中国健康体育课程模式团队的刘春燕、翟芳、苏坚贞、夏树花、殷荣宾、陈福亮、李凌姝、郝晓亮、蔡瑞金、戴圣婷、王乐等给与的帮助，跟你们在一起工作与学习给我留下了一段珍贵而又美好的记忆。

感谢高邮市教育局孔祥鹏副局长、体卫艺办杨俊生主任和蒋桂华副主任为我在当地筛选实验学校，并亲自陪同我前往实验学校实地调研、协调实验相关工作；感谢高邮市第一中学金其宝校长、王鹤兴主任、夏生兵主任、张学东老师、张海龙老师、刘华老师、王学郅老师、靳超老师。感谢高邮市城北中学蒋国荣副校长、却龙高主任、朱恩广主任、吕宏超老师、赵有龙老师、刘琳老师、刘刚老师、顾瑞君老师。感谢高邮市实验小学王国照副校长、查满银主任、乐健民主任、陆有华老师、张卫平老师、戴玉成老师、吴珏老师、卞国强老师。一年的教学实验得到实验学校各位领导与师生们无私的帮助与支持。不仅如此,为减少我舟车劳顿之苦,高邮市第一中学还为我解决了实验期间的食宿难题,让我能够安心地从事自己的科研工作。

感谢华东师范大学体育与健康学院为我的学习和科研提供了宝贵的平台,感谢体育与健康学院办公室的鲍继华老师、孙洁丽老师、邱林利老师和辅导员胡玉娇老师,感谢你们对我学习和生活上的帮助与督促,使我能够顺利度过五年的博士生活。

感谢金陵科技学院的各位领导及体育部同仁们在我读博期间给予的支持、关心与帮助。

最后,感谢我的父母与岳父母对我考博及读博的全力支持,特别感谢我爱人李文芳,在我近二十年工作与求学的不断更替中,在我人生的每一次重大抉择面前都义无反顾地支持我、包容我,无怨无悔!

感恩导师!感恩华师大体育与健康学院!感恩华师大!

博士论文的付梓于我而言是科研之路的又一个崭新的起点。路漫漫其修远兮,吾将上下而求索!

周国海
2019年5月于华东师范大学图书馆